趋势

2021 环球趋势案例

本书编写组 编

人民日报出版社

·北京·

图书在版编目（ＣＩＰ）数据

趋势：2021环球趋势案例 /《趋势：2021环球趋
势案例》编写组编. —— 北京：人民日报出版社，2022.5
　　ISBN 978-7-5115-7347-6

　　Ⅰ.①趋… Ⅱ.①趋… Ⅲ.①世界经济－经济发展趋
势－研究 Ⅳ.①F113.4

中国版本图书馆CIP数据核字(2022)第072218号

书　　　名：**趋势：2021环球趋势案例**
　　　　　　 QUSHI：2021 HUANQIU QUSHI ANLI
主　　　编：《趋势：2021环球趋势案例》编写组

出 版 人：刘华新
责任编辑：袁兆英　刘晴晴
封面设计：三鼎甲

出版发行：人民日报出版社
社　　　址：北京金台西路2号
邮政编码：100733
发行热线：（010）65369509　65369527　65369846　65369528
邮购热线：（010）65369530　65363527
编辑热线：（010）65363105
网　　　址：www.peopledailypress.com
经　　　销：新华书店
印　　　刷：炫彩（天津）印刷有限责任公司
法律顾问：北京科宇律师事务所 010-83622312

开　　　本：710mm×1000mm　1/16
字　　　数：322千字
印　　　张：21.25
版次印次：2022年7月第1版　　2022年7月第1次印刷

书　　　号：ISBN 978-7-5115-7347-6
定　　　价：98.00元

编 委 会

2021年是党和国家历史上具有里程碑意义的一年。在庆祝中国共产党成立100周年，实现第一个百年目标，开启向第二个百年目标进军的新征程之际，世界也正经历百年未有之大变局，如何在危机中育先机、在变局中开新局，科技创新是其中一个关键变量，而社会责任、营商环境、文化传承、公益发展等也是衡量社会进步和发展的重要条件。

本书通过强化科技创新、和谐社会责任、优化营商环境、还坚持文化传承、坚定公益发展五个主题的具体案例向读者展示了优秀企业和组织的积极尝试，从微观的视角去审视这些社会发展中的生动案例，从中看到企业和组织的积极探索。

本书每个案例篇幅不长，但是重点突出，紧紧围绕"创新""科技赋能""人本关怀"等主旨，让人们看到了社会向前发展的趋势，企业创新的成就和示范性的实践。这些案例组合起来，是一幅宏大的画卷。各行各业的积极、主动、创新与踏实的实践，是我们的发展之源、兴邦之本。

在这本书中，我们看到时代背景下一个又一个小的组织，无论是企业还是事业单位，实现自己改革创新目标的行动，感受到各行业发展的趋势，这个"趋势"，是我们应对内外部复杂环境积极作为的动力，也是我们面对艰难局面的底气。

以上这些也许就是本书的魅力所在，没有理论说教和逻辑推论，而是告诉读者，"我们"通过尝试所得是什么、收获是什么、经验是什么。生动而又新鲜的实践总能为我们带来一些思考，些许成长……

目 录
Contents

自强——科技创新　兴业兴邦

自驱——ESG理念　和谐发展

自主——营商环境　持续优化

自信——文化传承　活力迸射

自发——社会责任　公益担当

自强

——科技创新 兴业兴邦

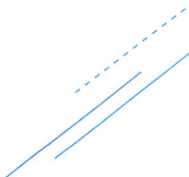

科技创新开篇语

科技是国家强盛之基，创新是民族进步之魂。

2021年11月24日，习近平总书记在主持召开中央全面深化改革委员会第二十二次会议时强调，开展科技体制改革攻坚，目的是从体制机制上增强科技创新和应急应变能力，突出目标导向、问题导向，抓重点、补短板、强弱项，锚定目标、精准发力、早见成效，加快建立保障高水平科技自立自强的制度体系，提升科技创新体系化能力。

当今世界正经历百年未有之大变局，科技创新便是其中一个关键变量。我们要于危机中育先机、于变局中开新局，必须向科技创新要答案，把握大趋势，下好先手棋。

作为"十四五"开局之年，2021年我国全社会研发投入达到2.79万亿元，同比增长14.2%，研发投入强度达到了2.44%，国家创新能力综合排名上升至世界第12位，实现连续9年提升。我国面向世界科技前沿，支持探索基础科学和前沿技术，涌现一批原创性重大成果。

自研技术不断突破

具有自主知识产权的核心技术，是企业的"命门"所在。企业必须在核心技术上不断实现突破，掌握更多具有自主知识产权的关键技术，掌控产业发展主导权。因此，对于科技企业来说，拥有自研技术，不断进行技术创新突破，才能推陈出新，获得可持续发展。

2021年9月，vivo首款自研影像芯片V1发布，历经24个月超过300人团队的投入研发，V1的发布也成为vivo开启行业"硬件级算法时代"的标志。也是这一年，OPPO经历4年6代对折叠屏技术探索，发布旗下首款折叠屏旗舰

OPPO Find N，凭借自研精工拟椎式铰链，实现无缝隐痕的折叠效果和自由悬停的全新交互体验。

人工智能技术也在更多的应用场景落地。百度智能云为中国跳水"梦之队"日常训练打造了国内首个"3D+AI"跳水辅助训练系统。"3D+AI"跳水辅助训练系统通过对训练视频进行摘要、动作抽取、姿势纠正等处理，快速进行归纳整理，突破了体育运动定量评价与数据分析的难题，将竞技体育更精细化地定格在时间和空间维度。

对于中国企业来说，技术研发不再只是"引进模式"，而是成为自身的"成长基因"。自研技术已经成为企业最重要的成本投入方向，应用场景已经遍地开花结果。

中国技术方案出海

随着新一轮科技革命和产业变革深入发展，数字经济成为未来全球经济增长的新引擎，全球合作与竞争面临新形势。增强中国数字经济的全球竞争力，"出海"是必然选择。

2022年1月份，发改委等9部门出台《关于推动平台经济规范健康持续发展的若干意见》，提出支持平台企业推动数字产品与服务"走出去"，增强国际化发展能力，提升国际竞争力。

实践中，中国数字经济在过去几年出海加速，科技企业在全球价值链中稳步向上。一些企业加快开拓海外市场，逐步从产品输出、资本输出向技术输出、模式输出转变，不断提升国际竞争力。

在建筑领域，中国建筑等企业应用先进BIM技术，为超大异形混凝土结构施工、装配式施工、变形控制提供依据，总结出成套海外BIM施工技术，助力工程的完美履约，提升了我国建造水平在国际上的影响力。

在制造领域，美的集团等企业正在通过先进技术打造全新工厂，展现工业4.0时代全新面貌。2021年3月份，位于广东顺德的美的集团微波炉园区成功入选世界经济论坛(WEF)"灯塔工厂"。美的凭借工业4.0技术及数智技术的应用的突出表现，再次闪耀世界智能制造舞台。

"技术出海"正在成为中国科技企业出海的新趋势。中国科技企业在提升国际竞争力上责任重大，大有可为。尤其是数字科技企业应及时把握住全球数字化快速发展、各行业加速数字化升级的窗口期，加强全球化布局，对外推广"中国技术""中国方案"。

融入全球科技创新网

2022年1月1日开始施行新修订的《中华人民共和国科学技术进步法》，既反映了中国近年来的技术进步，也是中国为应对全球共性挑战做出的积极回应。

近年来，中国参与全球共性挑战的科技治理能力逐年提升，但如何以更开阔的视野，参与更多全球共性挑战课题的全球治理，是中国作为负责任大国担当的时代命题，中国企业也正在加强与国际机构和组织的合作，积极参与国际标准制定。

在基建方面，二十多年来，国家电网建成多项特高压输电工程，成为世界上输电能力最强、新能源并网规模最大的电网，创造了全球特大型电网最长安全纪录。目前，我国已经建成了南方、西北、华东、华中、华北和东北六大跨省区域电网，输电线路总长度已超过115万千米，500KV及以上的输电线路已成为各区电网的输电主力。在此基础上，国家电网加快与周边国家的能源合作，以科技合作为先导，为重大工程建设突破技术瓶颈、提升工程质量提供技术保障。

在城市建设方面，特斯联正在加强产学研合作，并致力于通过成立联合实验室，进一步细化城市级碳排放监测与核算体系，并以此为我国在世界范围内争取碳达峰、碳中和话语权提供更多依据，同时在全世界范围内推动以TacOS为核心的人工智能城市超级综合体AI CITY的拓展，通过城市级智能化方案的实施，综合考量多个场景的双碳需求。

基础设施建设、数字经济发展……每一项重任，倒逼人类知识储备升级的同时，更考验不同利益社群合作共谋的智慧。实际上，科技开放合作为解决"一带一路"沿线国家和地区面临的共性问题提供新途径。作为走在前面的发展中国家，中国正在尽己所能提供科技咨询和技术转移等服务，促进各国共同发展。

中国智慧建造出海，打造援外工程BIM标杆

摘要：本案例详细地阐述了由中国政府援建的柬埔寨国家体育场项目的建造过程。

柬埔寨国家体育场项目由中国建筑股份有限公司承建，建筑结构复杂、施工难度大。为此，中国建筑团队在体育场的索塔、预制看台和金属幕墙等结构复杂建筑主体中，系统性地应用了BIM（Building Information Modeling，建筑信息模型）技术，并结合了VR（虚拟现实技术）、AR（增强现实）、HoloLens MR（混合现实）、三维激光扫描、3D打印等先进BIM技术，为超大异形混凝土结构施工、装配式施工、变形控制提供依据。另外，中国建筑公司还从中总结出一整套海外BIM施工技术。

柬埔寨国家体育场项目先进的建筑设计与施工技术，以及智慧化的建造过程，不仅助力了工程项目完美履约，还进一步提升了我国建造技术在国际上的影响力。

2021年9月12日，柬埔寨首相洪森与中国国务委员兼外交部部长王毅一同出席了由中国援建、中国建筑承建的新国家体育场的交接仪式。

王毅部长在这次仪式上表示，柬埔寨国家体育场是中国迄今为止援助过的规模最大、等级最高的体育场。这个新体育场是中国人民赠送给柬埔寨人民的一份珍贵的礼物，它必将成为又一个象征中柬传统友谊的重要地标，工程项目完工交付的那天，也必将成为中柬友好交往史中又一个值得纪念的日子。

随着建筑与人文环境、自然环境的有机融合，由空间自由延伸出的形态美学，以及由建筑本身呈现出的空间美学，逐渐受到人们的青睐。现如今，越来越多的建筑将国家或地区的文化象征融入其中，进一步彰显城市建筑发展的多样性和丰富性。

此次，由中国建筑承建的柬埔寨国家体育场，在设计时就将柬埔寨"双手合十礼""传统建筑屋脊"等国家文化象征，融入了索塔结构之中，并形成

了自由高度超高的空间异形结构。不仅如此，中国建筑还将柬埔寨"隆都花"形象元素，添加到围绕在体育场周边的金属幕墙之中。

图1 柬埔寨国家体育场完工效果图

此次，柬埔寨国家体育场项目的成功，绝对离不开中国建筑技术团队的智慧建造，尤其是索塔、预制看台和金属幕墙等建筑主体，更是呈现出了的"中国建造"的高品质和高水平。就以金属幕墙为例，中国建筑将结构造型复杂的扭曲面设计，应用到金属幕墙的板面中，再通过不同比例的穿孔率实现花形，最终形成了如今人们看到柬埔寨体育场外观整体。

建成之后的柬埔寨国家体育场，深受当地民众和游客的喜爱，大家更是争相到此处打卡。

技术出海：用BIM技术打造索塔结构

索塔是一种多见于斜拉索桥和斜拉索罩棚结构体系的公共建筑。无论是在国内还是在国外，传统斜拉索桥上的索塔不仅结构设计单一，外形变化较小，形体也基本都在同一个平面之内。

中国建筑公司为柬埔寨国家体育场设计的索塔，突破了传统索塔架构单一、刻板的形象，将具有柬埔寨特色的"双手合十礼"的形状融入其中。

"双手合十礼"形象的索塔建筑，采用了中空混凝土结构，最大内倾为22米，最大外倾为31米，总高度为99米、双肢对称，在78米高处双肢合拢，截面面积由385平方米逐渐向高处递减。由于该建筑结构复杂，造型多变，使索塔在施工建造的过程中，出现了易变形、不能自稳等问题。

从技术角度来说，索塔结构的外轮廓由五条空间曲线组成，很难用传统的二维图纸具体描绘出索塔结构形态，更无法对其复杂结构进行计算分析。这些问题都使索塔的建造面临巨大的挑战。

为了保证索塔复杂的结构造型效果，中国建筑团队基于由Revit设计出的模型，导出建筑的三维CAD实体。并用开发造型木模板设计方法，提出了"矩阵式造型木"设计理念。在此基础之上，中国建筑团队创新设计出一种"木模板+造型木+工字木梁+槽钢背楞"的三维变曲面连续缩减模板体系。为了验证该设计的合理性，中国建筑BIM团队还将加工完成的模板，通过三维激光扫描，用获取的点云模型与设计的模板模型进行复核。

为了保证模型的成型精度，避免返工，设计团队还在合模之前完成整改，最终形成了适用于复杂变曲面混凝土结构的配模流程，解决了索塔形体难以实现的施工难题。

为了解决索塔在施工过程不能自稳的问题，中国建筑设计了钢支撑塔作为变形控制结构，兼竖向综合垂直运输通道，使形体设计与结构分析能够高效联动。再将基于结构分析的结果，反馈到Dynamo[①]中，再通过不断地调整，最终形成索塔最优的BIM模型。

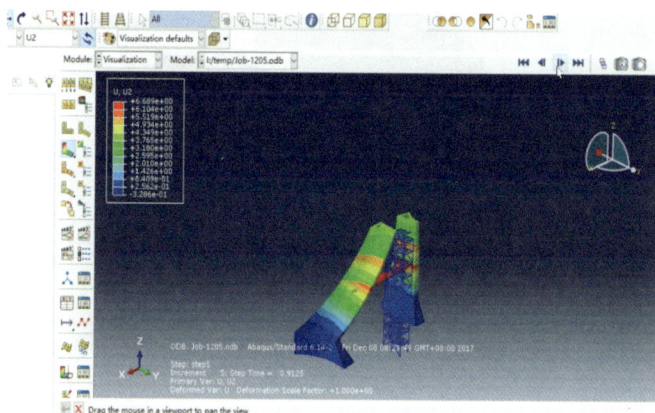

图2　结构分析过程

---

① Dynamo为建筑工程领域软件，下同。

为了解决索塔建造中出现的技术问题，中国建筑BIM团队通过Dynamo结合Grasshopper[①]建立的参数化模型，再在模型上不断地进行微调，力求最大程度还原索塔的设计形态。基于高精度索塔模型，中国建筑团队又对索塔结构的图纸进行补充，再依据BIM模型导出的坐标及控制点，进行钢筋定位、钢结构安装、模板拼装等环节的操作。

为了保障施工过程中的安全性和可靠性，中国建筑BIM团队还通过Abaqus[②]、Ansys[③]等结构受力分析软件，逐级试算各阶段的力学状态，获取受力参数，再反馈到Tekla[④]对钢结构进行深化设计。基于高精度的钢结构Tekla模型，转换出NC文件，进行数控精确加工。

从三维建模到二维详图，再到完成施工，索塔设计过程中每一根线条、建造过程中的每个环节，都倾注了中国建筑团队的智慧与心血。

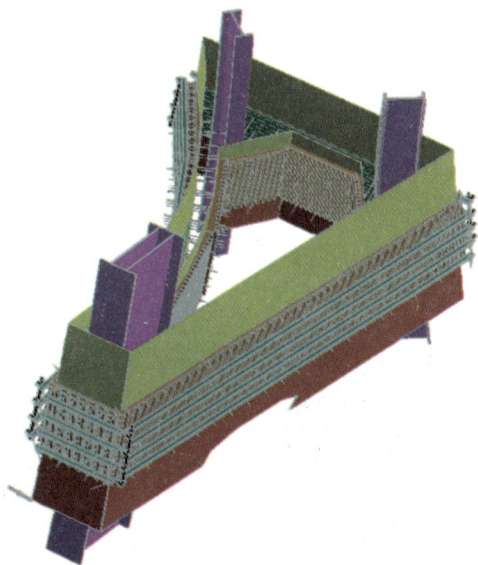

图3　索塔结构三维变曲面连续缩减模板体系3D建模

①　Grasshopper 为建筑工程领域软件，下同。
②　Abaqus 为建筑工程领域软件，下同。
③　Ansys 为建筑工程领域软件，下同。
④　Tekla 为建筑工程领域软件，下同。

图4　索塔结构完工效果图

节约成本：BIM技术规划装配式结构施工

在中国国内，类似鸟巢和深圳大运会体育场之类大型建筑的工程看台板，均由专业厂家代生产，再运输至现场进行安装。但是由于柬埔寨国家体育场项目地处海外，所以运输成本极高。

为此，中国建筑先通过Revit[①]软件，对预制看台厂进行规划设计，在柬埔寨本地直接建立了工程看台板工厂。目前，该看台板工厂不仅满足了体育场项目的需要，大大降低了预制看台的建造成本，还可以为中国在海外的其他项目提供预制构件的生产制造。

在预制看台实施过程，基于柬埔寨方提供的概念、效果及参数，中国建筑以相邻锯齿梁为基准，确定最终看台板长度，又综合锯齿梁截面来确定看台板截面。另外，中国建筑团队还运用了Revit内建模型，进一步优化了U型、T型、L型等各种类型的看台板结构。在看台板的设计过程中，中国建筑团队自建族库286个，最终制作出4324块栏板和2884块踏步共计7208块看台板。

为了保证看台板的顺利安装，中国建筑BIM团队还对制作完成的看台板逐块进行虚拟拼装，再与现浇结构进行对比拟合，直至达到模型层次于预制现浇结构的高度融合之后，才进入具体的施工环节。

---

① Revit 为建筑工程领域软件，下同。

另外，为了保证看台板的加工精度，项目组还基于看台板模型，运用Revit对看台板模具进行深化设计。中国建筑设计团队根据看台的截面形态，将286组深化后的看台板模型进行分析对比，并对其中造型相似的模具进行了重组设计，从而设计出L形双面调节、T形三面调节、U形多面调节等一系列可调整式的钢模具。经过深化设计之后，仅需46套模具即可完成国家体育场全部看台板的生产需求。

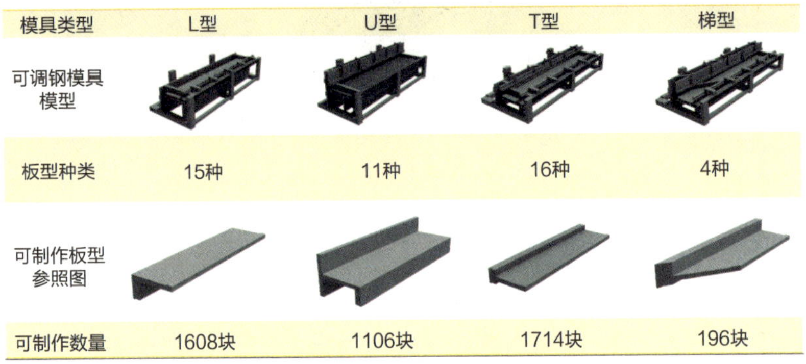

模具类型	L型	U型	T型	梯型
可调钢模具模型				
板型种类	15种	11种	16种	4种
可制作板型参照图				
可制作数量	1608块	1106块	1714块	196块

图5　46套即可完成全部7208块看台板的生产需求

最后，中国建筑团队还充分运用了数字化和智能化技术，来解决看台结构锯齿梁施工标准高、控制难、误差大等问题。在看台板施工前，中国建筑团队会先通过三维激光扫描仪，来获取锯齿梁点云模型，再与设计模型进行比对和质量整改。之后再对扫描获取的看台板点云模型进行虚拟预拼装，这样就能最大限度地确保实际施工时的准确性。

此外，在柬埔寨国家体育馆施工的全过程中，中国建筑还通过自主研发的C8BIM云平台对构件进行二维码编号。这些二维码编号相当于是这些建筑构件的"唯一身份证"。建筑设计、管理和施工人员通过扫描二维码，就能浏览到该构件生产图纸、定位堆放位置及其最后的安装位置、是否完成质量验收等信息。基于先进的数字化和智能化的设计建造技术，中国建筑在整个设计施工过程，真正实现了智慧建造和精细化管控。

身份证二维码制作　生产交底　看台板状态统计

指导运输堆放　移动端扫码　构件定位　信息查询更新　状态跟踪

图6　装配式结构跟踪系统

VR沉浸式外观体验：推动金属幕墙施工应用

在项目设计和施工的全过程中，中国建筑BIM团队深度应用了BIM技术，以及基于AR的增强现实技术，以及基于SketchUp[①]并借助HoloLens MR设备进行数字沙盘等辅助施工技术，使用户可以借助VR设备获得沉浸式体验。

中国建筑BIM团队借助Agisoft Metashape Pro[②]制作的720实景模型，可用于帮助各方了解现场施工的实时进展。BIM团队又在Revit模型的基础上，通过工业级3D打印机制作出沙盘模型，同时，用3D光固化打印机制作索塔等建筑主题的复杂结构，使现场技术交流更加直观。除此之外，

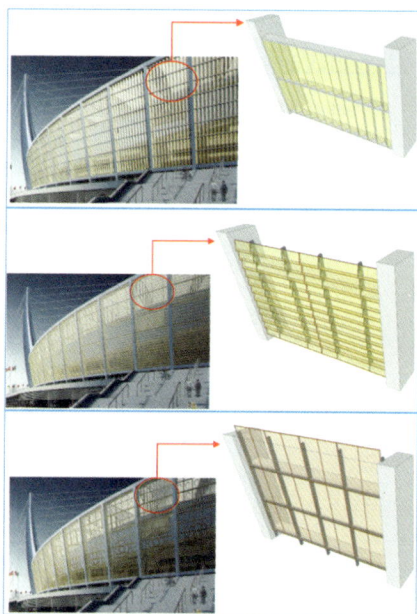

图7　基于FUZOR模型金属幕墙
不同方案的选择

① SketchUp 为建筑工程领域软件，下同。
② Agisoft Metashape Pro 为建筑工程领域软件，下同。

中国建筑使用倾斜摄影技术，将所获取实景模型导入Revit软件，让各方都能全面感知施工现场进度，继而能够合理规划现场布置。

柬埔寨国家体育馆项目基于FUZOR模型，借助HTC VIVE①设备，实现了VR沉浸式金属幕墙外观体验。此外，用户还可以在信息平台，直接调整金属幕墙的颜色和不同程度的穿孔率，实现了多功能交互体验，让施工团队在加快设计封样工作同时，减少实物样板的资源耗费。在项目完工之后，中国建筑团队还通过BIM应用的形式与当地团体和国际组织进行交流，使体育馆建筑的表现形式更加富有生命力。

柬埔寨国家体育馆项目完工之后，获得了各方的一致认可与好评。该项目的成功设计和实施，不仅提高了当地建筑行业对BIM技术的认知水平，还用BIM手段协助打造出了援外工程标杆，推动了中国标准的国际化进程。

案例评点

柬埔寨国家体育场援建项目不仅设计新颖、结构复杂，还融入柬埔寨国家的"双手合十礼"和"国花隆都花"的文化象征，是文化与建筑融合的典范。另外，该项目还深度应用了BIM智慧建造技术，在节约成本的同时，建造出具有VR沉浸式外观体验的新型数智化建筑。

柬埔寨国家体育场项目的成功设计建造，在一定程度上提升了我国建造水平在国际上的影响力，对于推动我国海外工程建设也有着积极的促进作用。

————环球趋势案例编委会

---

① HTC VIVE 是由 HTC 与 Valve 联合开发的一款 VR 头显（虚拟现实头戴式显示器）设备。

88枚奖牌收官背后，是中国体育科技的新觉醒

摘要：2021年，中国跳水队在东京奥运会赛场上成绩斐然。本案例描述了中国跳水队在东京奥运会取得惊艳表现背后的科技力量。

"3D+AI"跳水辅助训练系统可以对训练视频进行摘要和动作抽取，并进行快速归纳整理，帮助纠正运动员在训练过程中的错误姿势。这不仅帮助中国跳水队突破了体育运动定量评价与数据分析的难题，而且将竞技体育更加精细化地定格于时间和空间维度，让体育训练变得更为科学、智能、合理、有效，真正实现了"看得清""看得准""看得全"和"看得懂"四大核心能力。

根据百度方面提供的数据显示，赛前训练的最后几个月，"3D+AI"系统辅助训练帮助跳水运动员将训练效率有效提升了百分之二十，训练效果十分显著。

2021年的夏天，中国健儿在东京奥运会上可谓是"群星璀璨"。2021年8月8日，东京奥运会正式落下帷幕，中国代表团以38枚金牌、32枚银牌和18枚铜牌共88枚奖牌的好成绩完美收官，国人在为此激动欢呼的同时，也让全世界看到了另外一种力量——这就是与中国健儿一起逐梦奥运的"中国科技"力量。

正如《国务院办公厅关于印发体育强国建设纲要的通知（国发办〔2019〕40号文件）》中所提到的"统筹国际国内体育科技资源，构建跨学科、跨地域、跨行业、跨部门的体育科技协同创新平台，加强科研攻关、科技服务和医疗保障工作"，科技在体育发展中，尤其是在竞技体育中，扮演着至关重要的角色。以中国跳水队为例，队员们之所以能在各种比赛中取得好成绩，能一如既往地延续霸主地位、捍卫国家荣誉，不仅离不开每位中国选手的天赋与努力，更离不开系统、科学地训练。

奖牌背后的"科技"力量

近百年来，竞技体育之所以能够蓬勃发展，与科技的进步息息相关。现如今，以5G、AI为代表的前沿科技新时代的到来，正在助力各行各业开启智能化的新进程。而在科技助力的诸多行业之中，就包括了中国体育事业。

2021年7月25日，也就是东京奥运会的第二个比赛日，中国跳水"梦之队"在奥运赛场传来捷报，施廷懋、王涵在跳水女子3米板项目中，以总分326.40分、远超第二名25.62分的好成绩，为中国跳水队摘得首金，这也是中国代表团在东京奥运会上获得的第四枚金牌。中国跳水队在赛场上的惊艳表现，不仅仅是队员充分利用每一分钟，刻苦训练获得的成绩，更是在科技领域不断探索尝试获得的成果，尤其离不开百度智能云提供的AI技术辅助分析，为运动员日常训练不断进行分析和调整的功劳。

2021年7月28日，中国队在赛艇项目女子四人双桨决赛中摘得金牌，这是自2008年北京奥运会后，中国队在奥运会夺得的首枚赛艇项目金牌。夺得这枚金牌也与中国航天风洞的科学训练，有着密不可分的关系。

2021年8月1日，苏炳添在男子百米半决赛中以9秒83的成绩晋级决赛，并拿到了总决赛第6名的成绩，成为首位闯入男子百米决赛的中国人，刷新了亚洲男子百米项目的新纪录。此后，苏炳添曾在一次自我研究时明确提到，自己提高竞赛成绩的首要条件，便是借助了科学技术的力量。

我们在为中国奥运健儿取得优异成绩欢呼的同时，也绝对不能忽视这些奖牌背后的"科技"力量。

中国体育科技新觉醒

不仅仅是中国跳水队需要科学技术的支持，整个中国体育界都需要科技的助力。而中国体育界究竟需要什么样的科技助力，一直以来都是业界的难题。就以跳水项目为例，跳水要求运动员在短时间内完成很多复杂且精细的动作，同时运动员还不能佩戴任何传感设备，甚至连一块胶布都不行，没有传感设备的辅助，就无法对运动员的训练动作做到精准地量化评估。难道科学技术真的对量化跳水项目动作无能为力了吗？

百度技术团队告诉记者，他们的技术人员不仅亲身到跳水队进行长期参观调研，回去之后还反复地钻研各种技术，终于找到了完美的解决方案——即利用3D视觉技术，从单目视频中重建3D姿态和动作序列，并在此基础上，对跳水动作进行一系列的指标量化、推断和求解。

"与其他体育项目相比，跳水项目具有一定的特殊性，运动员从起跳到入水的时间，大约在1.8秒左右，而运动员在这短短的两秒钟内，需要完成较为复杂的空中动作。"中国跳水协会主席周继红表示，"中国跳水队日常训练追求精益求精，现在有了这套系统，三秒就可以看到反馈，有时候出去开会、出差，也能看到队伍里的训练情况，反馈非常及时。系统可以切换不同的角度，抠不同动作细节，一目了然。"

图1　"3D+AI"跳水辅助训练系统示意图

而百度智能云开发的这套系统，就是专门为中国跳水"梦之队"日常训练打造的国内首个"3D+AI"跳水辅助训练系统。中国跳水队和百度智能云将这套系统称为"国家队的AI教练"，这个称呼可以说是非常形象了。"3D+AI"跳水辅助训练系统几乎完全覆盖到跳水训练动作的每一个环节。

图2 "3D+AI"跳水辅助训练系统示意图

"AI教练"是如何辅助跳水训练的？

正如前文中所说，跳水运动是一个高速、甚至超高速的运动，从起跳到落水的时间必须控制在两秒钟之内。就以奥运跳水冠军林跃为例，他在完成最擅长的十米台高难度动作之一——5255B，需要在两秒钟之内完成900度的转体，再加900度的翻腾，简而言之，就是他要在两秒钟之内完成1800度的旋转翻越，在"AI教练"出现之前，对日常训练的信息采集几乎是不可能完成的事情。

面对这样的情况，百度智能云基于"3D+AI"技术，针对跳水训练中的痛点，首次开发出了以"云-边-端"三维且软硬一体的AI辅助训练系统。"3D+AI"辅助训练系统的特点，就是通过AI技术对训练视频进行摘要和动作抽取等处理，快速有效地对运动员的训练动作进行归纳整理，纠正训练过程中的不完美姿势。这套AI辅助训练系统不仅解决了体育运动定量评价与数据分析的难题，还将竞技体育在时间和空间两个维度进行了更加精细化的定格。

具体而言，目前AI辅助训练系统已经具备了四大核心亮点，并从技术上解决了以往跳水日常训练中所遇到的训练信息采集、分析和复盘等问题。这四大核心亮点分别是"看得清""看得准""看得全""看得懂"。

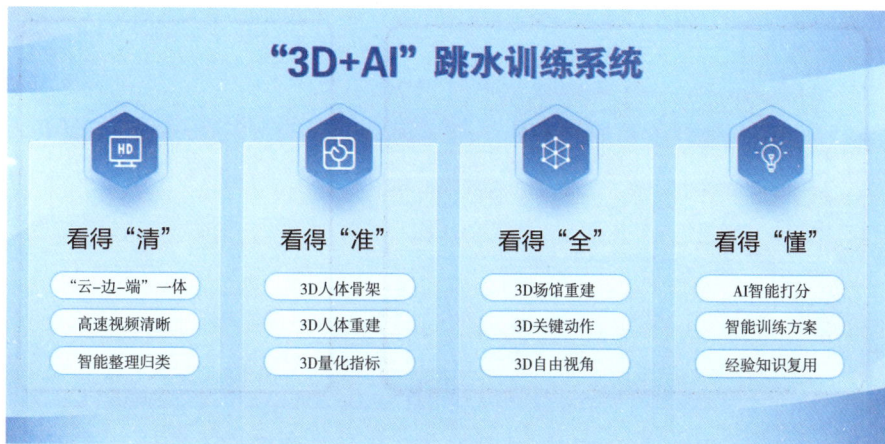

图3　"3D+AI"跳水辅助训练系统四大核心亮点

首先，什么是"看得清"呢？"3D+AI"跳水训练系统在百度大脑和智能云的基础上，搭建了"云-边-端"三维一体的软硬件系统，对运动员训练视频进行高速视频智能采集。该系统首先需要在跳水队训练场馆内，部署高速相机等一系列采集处理的硬件设备。再通过高速视频智能采集、视频数据智能整理以及数据的安全加密，以及在云端的3D视觉感知、AI智能解析以及智能云等核心算法，对采集到的视频信息进行相关的分析服务。最后，在端侧可利用平板电脑等移动终端，通过3D的交互系统与智能训练助手，将视频数据转化为专业的知识模型，便于教练和运动员清晰、直观地看到日常训练中的动作瑕疵。

从运动员踏上跳板那一刻，这套系统就开始采集录制，进水之后停止录制。高速视频可实时反馈到教练员的平板电脑上，方便对运动员的姿势、动作等进行针对性地指导，也可以在赛前集中回顾、观看。

其次是"看得准"。所谓"看得准"，就是对跳水动作三维姿势计算、跳水动作量化等方面的评估。通常情况下，通过高速相机采集到的视频一般都是2D的，在这种情况下，就需要通过百度大脑3D视觉技术和深度神经网络，来估算出运动员三维的姿态，并获得每个动作节点的三维角度。除此之外，"3D+AI"技术还能通过人体三维重建技术，重现运动员跳水的全过程。有了这样的3D人体姿态和三维重建结果，就可以实现对跳水动作精准度的量化评估。

图4 "3D+AI"跳水训练系统的三维姿势计算

第三，是"看得全"。AI辅助训练系统所要求的"看的全"，不仅包括了对跳水场馆的三维重建、对关键动作自动提取，还实现了3D视角自由观看，以及360度自由视角的时空定格。换句话说，"3D+AI"跳水训练系统完全实现了将跳水的一系列持续动作定格在三维空间，并可支持360度的自由旋转观看。

最后，是"看得懂"。"3D+AI"跳水训练系统还实现了跳水动作智能打分与训练技术智能制定，使金牌教练员的经验可以复用和传递。另外，AI辅助训练系统还能构建跳水动作的姿势点，系统在运动员完成每一个动作之后，都能自动识别出所完成动作的对应代码和难度系数，并对运动员的完成质量进行智能评分。AI辅助训练系统通过"3D+AI"技术，让教练员和运动员的专业知识变得更加数字化、模型化和直观化，在对青少年运动员的培养方面发挥着非常重要的作用。

根据百度方面提供的数据显示，中国跳水队赛前训练的几个月，AI系统辅助训练将运动员的平均训练效率有效提升了二十个百分点，训练效果十分显著。

从"AI教练"的案例可以看到，3D、AI等科技正成为提升竞技体育水平的"新帮手"。尽管每项体育运动项目的技术特点不尽相同，但使运动员的日常训练更加科学、智能、合理、有效，却是中国体育的共同追求。相信在未来，3D+AI技术不仅局限于跳水运动，在田径、游泳、体操等同样具有高标准和复杂场景的体育赛事中，3D+AI技术同样也会有无限探索可能性。

案例评点

中国跳水队一直走在世界前列，是中国体育界的"梦之队"。此次，中国跳水队与百度智能云合作，将国内首个'3D+AI'跳水辅助训练系统纳入日常训练中。智能AI辅助训练系统为中国跳水队备战本届奥运会，提供了科技助力。从始至终，我们都秉承创新发展的理念，中国跳水队也因此在世界舞台上成为一颗闪耀的明星。现如今，世界跳水项目发展势头迅猛，动作难度也越来越大，未来我们将会拥抱科技、改革创新、学习先进技术，使日常训练更加科学、有效。

——中国跳水协会秘书长　刘江平

再摘世界经济论坛"灯塔工厂"荣誉

摘要：作为"数字化制造"和"全球化4.0"的示范者，美的集团在整合了机器人自动化、IoT（Internet of Things物联网）等多方面工业能力的基础上，搭建出M.IoT互联网工业平台，并利用该平台，对美的微波炉工厂的各个环节进行优化，让工厂充分发挥出"软件＋硬件＋制造业知识"三位一体的优势，真正实现了贯穿研发端、制造端和供应链端的全价值链条数字化。

2021年3月份，位于广东顺德的美的集团微波炉园区成功入选世界经济论坛（WEF）"灯塔工厂"。美的凭借工业4.0技术及数智技术的应用的突出表现，再次闪耀世界智能制造舞台。

现如今，世界正处于一个快速变革的时代，工具、技术、制造等许多领域都在被重新定义，尤其是物联网、云计算、人工智能等突破性技术的研发，更是让人类社会大步跨进入了工业4.0时代。

你听说过"数字工厂"吗？你是否能够想象，装有"眼睛"的无人物流小车，可以在注塑车间穿梭自如；流水线设备"手速了得"，能够自动实时安装各种机器零部件？美的集团就将这一切变成了现实。

2021年3月份，位于广东顺德的美的集团微波炉园区，凭借工业4.0技术及数智技术的应用的突出表现，成功入选世界经济论坛（WEF）"灯塔工厂"，让"中国制造"再次在世界智能制造舞台上光芒闪耀。

数据流动：寻找资源配置的最优解

"灯塔工厂"这个简单的词汇，却形象地诠释了人们对于这个时代关于制造业的想象。作为"数字化制造"和"全球化4.0"的示范者，美的集团在整合了机器人自动化、IoT等多方面工业能力的基础上，搭建出了M.IoT互联网工业平台，并利用该平台，对美的微波炉工厂的各个环节进行了优化，让工厂充分发挥出"软件+硬件+制造业知识"三位一体的优势，真正实现了贯穿研发端、制造端和供应链端的全价值链条数字化。

如何评价企业在"数字化"和"智能化"方面的投入？或许不同的时间、不同的人，都会给出不同的答案，而美的集团董事长兼总裁方洪波对此却有自己独到的见解。

方洪波总裁曾这样表示道："过去，很多企业的经营、运营、制造甚至决策，只能凭借一些已有的模型或者经验，资源配置效率非常之低。今天的世界，几乎每天都在发生翻天覆地的变化，已有的经验已经不能完全适应企业的运转，因此，我们需要通过数字化转型，从数据中寻找答案、配置资源、优化资源，最终达到提高资源使用率的目的。"

图1　美的工厂流水线

中国制造：美的智能数字化工厂标杆

美的微波炉工厂是目前全球最大的微波炉制造基地，产品业务主要集中于微波炉、蒸烤箱等产业。目前，美的微波炉工厂已覆盖了全价值链的研发、工业设计、模具开发制造、磁控管、仓储、物流等多个核心环节。

美的集团通过工业互联网平台M.IoT不断提升产能，美的微波炉工厂也随之完成了全面智能化升级。以MES（制造执行系统）为主的生产运作模式、车间数据透明化采集和交互，生产自动化，以及可视化订单排产模式等，将订单——工厂——销售的全过程完全打通，在有效降低成本的同时，又提升工厂生产的效能。与以往相比，微波炉工厂的订单交付周期缩短了56%，渠道库存下降了40%，产品品质指标提升了15%，内部综合效率提升了28%，能耗节降了15%。

美的集团在完成全面智能化和数字化转型之后，微波炉工厂实施了采购数字化、弹性自动化、质量管理数字化、物流智能化和销售数字化等一系列举措，让美的彻底实现了以数据驱动全价值链运营的全新突破，成为中国制造产业智能数字化工厂的标杆。

图2　美的微波炉工厂厂区

产品升级：智能产品不断升级

从消费者的角度来说，或许他们无法看到美的微波炉工厂在后端研发、制造、仓储、物流等环节的智能化水平。但是，当产品从交付到用户手中那一刻，相信他们便可从中深刻地感受到美的在智能化升级上所下的功夫。

作为行业的龙头代表，美的微波炉工厂的"定温热"技术，凭借独创的定温加热控制算法，颠覆了传统的微波炉的温度控制方式。以往微波炉调节火力只能通过增加时间来实现，优化之后的"定温热"技术，可以直接调节温度，精准掌握微波炉的"火候"与"时长"。"定温热"技术解决了消费者在使用传统微波炉时的痛点，也因此获得了被誉为全球电器界"诺贝尔"奖的VDE技术认证。

另外，美的燃卡料理炉率先研发出了"脱脂减盐"技术，即通过炭火热风蒸汽烤技术快速逼出食材油脂，并借助高温蒸汽裹住食材，降低食材表面的盐分浓度，在保持食物美味的同时还最大程度锁住食物的营养，满足消费者的健康需求。不仅如此，美的燃卡料理炉还是首批搭载华为鸿蒙系统的料理炉，实现料理炉与手机一键智联，打造作息、美食、运动等全方面健康闭环。

而集微波、蒸、烤等多种功能于一身的美的微蒸烤复合机，不仅做到了节约空间、更是将专业功能都发挥到极致，无论是在智能互联、用户交互，还是在线食谱方面，都更加智慧化。

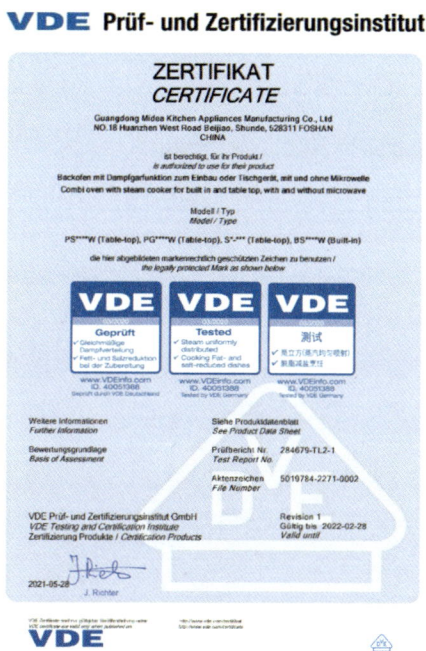

图3　美的获得的VED技术认证

美的微波炉工厂在经过全面智能化升级之后，通过数据驱动进行决策，不仅更加科学、实时、准确，还能够让资源配置更有效率，真正做到与全球智造接轨，这也是美的探索出的一条中国制造产业新道路。美的集团表示，未来将持续推动数字化与智能化变革，为中国制造业提供示范样本，以"灯塔"之名，始终为中国智造领航。

案例评点

再度入选"灯塔工厂"的美的集团，为全球制造企业的转型与创新树立新的标杆，引领"中国智造"领跑世界，也为实现2025中国制造重大目标，增添了浓墨重彩的一笔。

——环球趋势案例编委会

变频、定温热、燃卡等核心技术的创新和迭代，搭配独树一帜的美的美居智能化生态和完善的产品服务，形成了美的在微波炉行业特有的竞争力。

——环球趋势案例编委会

"一站式定制智慧家"时代已到来

摘要：本案例描述了海尔智家旗下场景品牌三翼鸟是如何通过场景、生态转型推动智慧家庭定制落地。

自2020年以来，海尔三翼鸟从开发场景、开拓生态，到建设体验店、焕新局改、交互用户等多个方面，不停地丰富品牌的内容，并在此过程中持续升级，终于在2021年推出"一站式定制智慧家"平台，实现了涵盖家电、家装、家居、家生活的一站式定制服务，为消费者和行业开启了"从让你选择到为你定制"的新时代。

如今，三翼鸟平台已经聚合了超过2万人的专业设计师团队、3万多个家电客户、1000多家装公司、1000多套家居生态、1.4万以上的成套服务管家。在这个庞大的生态下，不同城市的用户一站式定制智慧家。至此，三翼鸟打破了智能家居、家装、家电等相关领域行业边界，开启了行业共创智慧家的新里程。

1995年，比尔·盖茨在《未来之路》一书中曾经预言道："在不远的未来，没有智能家居系统的住宅，就像一座没有网络的房子一样，不符合潮流"。自2017年智能音箱爆发式的发展开始，国内智能家居行业开始逐渐呈现出百花齐放的局面，而如今，比尔·盖茨所预言的"智能住宅"，已经逐渐走入大众生活。

随着人工智能、物联网和高速网络的发展，智能家居正在从组装式的智能单品，走向"集家电、家居、家装、家生活于一体"的全屋智能时代，但不可否认的是，目前全屋智能仍处于初级阶段。

受到人机交互能力等因素的限制，不同的智能家居单品之间不仅差异大，而且标准也不统一，很多的全屋智能解决方案也并不成熟，导致部分消费者体验感较差。因此，无论是上游的技术和产品供应商，抑或下游的家装行业服务商，都迫切需要一个"掌舵者"，来打造一个开放的智能家居生态圈，将家居行业的前装、后装、平台和云服务串联起来。作为中游智能设备制造商的海尔智家，无疑是这个"掌舵者"最合适的人选。

图1　海尔智家2021AWE展会现场

2020年9月，海尔智家推出了三翼鸟场景品牌，为用户提供衣、食、住、娱成套智慧家庭解决方案。据海尔智家2020年年报显示，得益于三翼鸟品牌的加速落地，海尔智家成套产品销量同比增长41%，其中高端智慧成套销量同比增长63.2%。

在渠道建设方面，2021年三翼鸟已经在国内建成了1563家体验店，三翼鸟App上线5个月，已经向15590个家庭提供了15747套方案。

智能家居转型正当时，三翼鸟领飞"全场景全屋智能"

仅仅凭借声音命令，就能"指挥"家中的一切操作，这样的场景最初只出现在各大科幻片之中。事实上，海尔智家布局智能家居领域已经长达十五年之久。早在2006年，海尔智家就通过Uhome涉足智能家居领域。

大约在十几年前，也就是2005年左右，国内智能家居才刚刚开始萌芽，那时候只有在一些高端别墅和小区里才会出现小规模的智能集成系统，这其实就是早期智能家居的雏形。

随后，海尔的智能家居经历了由家居单品到单品物联。所谓的家居单品物联，主要指的是例如智能开关、智能插座、智能门锁、智能摄像机、智能灯泡、智能音箱、智能电视等智能家居单品，从最初彼此孤立的存在，逐渐转变为互相连接和通信的状态。

当然，尽管此时的单品智能设备规模惊人，但这些整合性的、系统性的家居产品还不够成熟，远远不能满足消费者对于系统性智能家居场景的消费需求。因此，智能家居产业很快迎来了从单品智能向全屋智能演化的下半场。

为了适应智能家居发展趋势，自2015年开始，海尔智家就已经开始策划并发布智慧家庭战略，并于2020年发布了行业首个场景品牌——三翼鸟，进一步完善智慧家庭全场景解决方案。

2021年9月9日，三翼鸟发布了升级版的"一站式定制智慧家"平台，推出了涵家电、家装、家居、家生活一站式定制服务。消费者在家装过程中遇到的问题，无论是量房设计，还是施工改造，甚至是建材入场、家居家电配套等从头到尾任何一个环节，三翼鸟团队都能够按照用户的所思所想，为用户定制专属的家装方案。

图2　2021年9月9日三翼鸟发布一站式定制智慧家平台

换句话说，三翼鸟场景品牌可以解决用户装修到入住过程中遇到的任何问题，海尔智家副总裁、全球超前研发总经理王晔将三翼鸟的这种全场景服务称之为"智慧家、新居住"。

传统家装思维认为，家的建设是在做"选择题"，选设计、选建材、选家居以及选施工，等等。但无论是哪个环节的选择，用户都要耗费巨大的心力，然而最终效果还未必会非常理想。而海尔三翼鸟的理念则是与其让用户做选择题，不如直接给出最优解。三翼鸟不但可以定制智慧家，更能定制智慧生活，这不仅是三翼鸟在面对市场竞争时的独有优势，更是一种全新的生活方式和生活理念。

三翼鸟给用户带来最直观的家装体验就是更加地省时、省心。如果用户想打造一个智慧家，只需登陆三翼鸟App，就能预约设计师上门量房、设计。在敲定设计方案后，改造、施工、配套也都由三翼鸟来代劳，用户只需要等待自家房子从毛坯房变成智慧家即可。

在这样一个全面定制的智慧家中，日常生活也将更加便捷。比如说，屋主爱吃北京烤鸭，就可以直接定制"烤鸭一键享"场景，以后只需要在冰箱的大屏上下单鸭胚，然后再放入蒸烤箱，就能轻松吃上正宗的烤鸭大餐。又比如说，屋主是一个健身爱好者，他不但可以在阳台配套健身器材，而且还可以在每次运动完之后，直接把运动服放进洗衣机，智能洗衣机会自动识别衣物种类进行洗护，还可以根据室外天气推荐合适的晾晒方式。

图3　在三翼鸟厨房，三步即可享用正宗"北京烤鸭"

总而言之，三翼鸟一站式定制智慧家服务不仅包含了传统家用物联网的服务内容，还进一步拓展到了家居和家装领域，为消费者打造舒适的生活空间和生活方式，这也大大提升了大众对智能家居和智慧生活的认知。

三翼鸟的这种创新填补了家电、家居和家装之间的空隙，让产品直接抵达消费者的终极需求，并通过个性化服务让产品发挥最大价值。曾经使用过三翼鸟一站式定制智慧家服务的常女士曾表示，刚开始的时候，自家孩子选择了三翼鸟一站定制服务，她还有些不放心。出乎意料的是，整个装修过程都让她感到十分顺利、便捷、舒心，如果以后身边有其他朋友需要装修，她一定会推荐海尔三翼鸟一站式定制服务。

一站式智能化是大势所趋

智能家居3.0时代所面向的更多是普通大众群体，因此普通消费者对于智能家居的体验变得至关重要。如果说2019年之前，还是以智能硬件为主体的智能家居时代，那么在随着5G牌照发放、AI进入大规模商用阶段之后，智能家居早已不再局限于以往所谓的"互联网家居"。

当前，我国智能家居面临的最大问题，就是用户体验的割裂化、碎片化，因此如何打通数据"孤岛"，让智能硬件之间能够更好地互联互通，是家装、家电等企业最需要思考和解决的问题。那三翼鸟究竟应该如何下好生态融合这步至关重要的棋，让平台同时兼具软件和硬件能力上的优势呢？

IoT技术的发展，让智能家居设备实现互联互通，智能家居构建起的网络进而发展成为独立平台，可以与云端互联网服务相结合，继而实现真正的物联网智能家居。而智能家居解决方案的致胜关键，则在于硬技术与软服务。所谓的硬技术，主要指的是AI与IoT；而软服务则是指互联网内容与服务、IoT服务等等。在这两个方面，三翼鸟为整个行业提供了一套全新的思路。

第一个思路就是场景生态。海尔智家不仅能够提供包括爆款网器在内的高中低端成套方案、衣食住娱的全场景智慧解决方案，还可以提供全屋局部焕新场景解决方案。可以说三翼鸟已经完全具备从高端网器到成套场景，以及整装和局改服务的能力。

第二个思路则是体验云平台。海尔智家体验云通过线上线下一体的触点网络建设，开发出智家App、体验中心001等入口，为各类用户提供"设计一个家、建设一个家、服务一个家"的全流程方案和终身关怀。海尔智家体验云可以根据体验云平台的用户画像，精准地为用户提供从一台智慧家电到整个智慧家庭全场景的定制服务。

第三个思路是三翼鸟的"1+N"的服务体系。这里的"1"，指的是用户的服务管家"1对1"与用户对接，为用户提供"1"管到底的服务；而"N"则指的是相关资源方，其中包括了各类家电服务人员、服务商、经销商、橱柜商和家装公司等。所谓的"1+N"服务体系，则是指由服务管家对接资源方为用户提供家电、家装一体化服务。这套服务体系不仅可以保障局改、整装智家升级方案落地，还可以根据每一位用户特定需求提供服务。一旦用户有新的需求，三翼鸟就可以直接通过场景迭代，为用户个性化定制主动进行升级。

如今，更好的智能化体验，已经逐渐成为消费者定制家居场景的首选因素。除此之外，鉴于家居环境私密性高的特点，满足用户隐私安全的需求也成为企业必须要考虑的因素。在群雄逐鹿的智能家居市场，智能家居、家装行业、家电中间的壁垒逐渐在被打破，家用物联网行业将充满更多可能性，更多新的参与者将参与到这个全新的赛道中来。

目前，智能家居从过去的组装式、集成式，已经逐渐转型为产品、系统与平台服务一体模式、智能家具行业也开始进入产业化的初期阶段。智能家居的一站式解决方案，不仅为解决用户需求提供了新的解决思路，也为行业发展提供了新的发展方向。在当下智能家电厂商同质化、价格战的激烈竞争中，科技含量高、可以为用户需求提供个性化服务的智能家居企业，必定会在市场竞争中更胜一筹。

过去的相关平台、软件，做的大多是"卖产品"的生意，而三翼鸟传递给消费者的不仅仅是冰冷的产品，还有人性化、智能化的服务。实际上，智能家居已经成为AIoT最为复杂、也最有潜力的应用场景之一。据IDC报告显示，目前2021年中国智能家居设备市场出货量高达2.5亿台，同比增长21.1%，增速保持良好趋势。相信在不久的未来，更多的普通用户都将会体验到像三翼鸟这样的企业提供的全屋智能场景，那个时候，我们也将迎来真正的智能家居3.0时代。

案例评点

一场以"新居住"体验引领的新消费趋势，正在发生。

——国务院发展研究中心国际技术经济研究所、

世界发展研究所原秘书长、研究员　郑砚农

三翼鸟正以家电、家装、家居、家生活的一站式定制能力，重构人们对家和生活的体验与连接，开启了"一站式定制智慧家"的新时代。

——场景方法论提出者、场景实验室创始人　吴声

海尔智家旗下三翼鸟正站在行业的风口上，为国人打开"一站式定制智慧家"的时代大门。

——著名财经评论人　石述思

开启无人机自主巡检模式

摘要：本案例描述了中国电网基础设施巡检数字化升级背后的科技力量。

如今，中国电网的基础设施建设已在全世界范围内遥遥领先。多年以来，我国也从未发生过类似于美国、印度等国家影响数千万甚至上亿人口的大规模停电事件。中国电网之所以能做出这样的成绩，一方面归功于运维检修人员为加快推进电网转型升级、进一步缩短停电时间而做出的夜以继日的努力，但另一方面，也对现有的"人巡为主，机巡为辅"的巡检模式提出了更高要求。为此，复亚智能携手百度飞桨，为电力巡检行业打造了国内首个无人机"AI大脑+3D感知导航"智能巡检飞行系统。

智能巡检飞行系统可以通过电网通道，获取精准的可视化数据，并快速进行三维实景建模。该巡检系统不仅突破了常规激光点云建模，还解决了以往需要规划航线执行拍摄、再倒出数据建模，并在等待数天后才能预设航线，才能实现无人机自动巡检的难点。

"AI大脑+3D感知导航"以"三维感知、目标识别、任务路径实时规划、目标拍摄"让无人机电力巡检变得更加智能。另外，无人机携带的AI大脑、激光雷达和视觉系统，还能够通过在线3D建模和深度学习技术，区分直线塔、耐张塔的种类，规划巡检路线，并根据运检规范，优化运检方案中对光线要求较高、细小物体建模精度低、时效性差等问题。"AI大脑+3D感知导航"自主化无人机巡检方案，不仅适应多种杆塔类型，还使巡检效率提高了100%，人工成本降低60%，大幅提升了电网巡视的速度和频次。

2021年秋，在某家中国电网企业的指挥中心内，当工作人员按下无人机自动巡检平台上的"任务开始"按钮时，一台搭载"AI大脑+3D感知导航"的无人机便从自动机场内腾空而起。

这是一架不依赖预先点云建图和人工航线规划的全自动巡检无人机。这架无人机不仅可以对站外5～8公里半径内的杆塔与线路进行巡检，还能采集到架空的高压线路上的导线、金具、绝缘子等外观数据，并实时将拍摄的照片上传至云端进行缺陷识别，最后再按照线路、杆号和缺陷进行归纳、整理。

《国家电网有限公司架空输电线路无人机智能巡检作业体系建设三年工作计划（2019-2021年）》中明确指出，无人机平均巡线率必须高于60%，发达省份平均巡线率则必须率先达到85%。所以，对于无人变电站而言，除了每周固定频次的日常巡检之外，还应具备较强应急能力。因此就需要通过无人机对变电站进行高速、高效的巡检，并尽快识别出其中潜在风险设备。

二十多年来，国家电网建成多项特高压输电工程，成为世界上输电能力最强、新能源并网规模最大的电网，创造了全球特大型电网最长安全纪录。国家电网取得的成绩离不开每一位电网人夜以继日的拼搏努力，更离不开每一位电网人对技术不断革新的孜孜以求。目前，我国已经建成了南方、西北、华东、华中、华北和东北六大跨省区域电网，输电线路总长度已超过115万千米，500KV及以上的输电线路已成为各区电网的输电主力。

变革，无人机助力传统电力巡检

我国幅员辽阔，地形和气候条件复杂，不同地区的地理环境差异很大，这就给跨区电网和超高压输电线路工程的建设，带来了极大的挑战。尤其是对于电网建成后的维护与保养工作，仅靠现行的检查手段，很难满足对电网进行快速高效巡检的工作要求。

将无人机应用于电力输电线路巡检，一方面，无人机可以不受地形地貌限制，在险峻山区、河流交织的地貌中自由穿梭；另一方面，机载高清摄像设备还可以对输电线路故障进行定位和实时监控，地面站的控制人员也可根据无人机的回传实况及时发现重大隐患。尤其是在地形复杂的区域，无人机巡检效率是人工巡检的十倍以上。

电网领域无人机技术的应用，不仅提高了杆塔巡查效率，节省了大量人力物力，在一定程度上降低了巡检人员工作风险，还提高了输电线路巡检效率与质量，加速了电网自动化系统的集成度，更有效缓解了因电网不断扩大而对巡检人员的需求。

当然，新技术的应用也会带来新的痛点。首先，采用无人机进行巡检作业，需要雇佣大量的飞手，这就需要很高人员成本。其次，在我国将近百分之四十的电力杆塔都在山区，山区地理环境复杂，人员安全不仅得不到保证，还需要支付高额的通勤成本。第三，巡检人员操控无人机水平参差不齐，也会造成飞行精度和一致性存在着较大差异。

那究竟应该如何解决这些方面的问题呢？

挑战，无人机的完全自主飞行模式

无人机自动飞行巡检最常见的两种方式是人工试教和离线规划航线。所谓人工试教，就是飞手在现场手持遥控飞行，运用遥控器记录飞行位置编辑最佳巡检航线，最后，无人机便可按照航线规划的路径，进行飞行作业。而离线规划航线，则需要重建整个工作场景的三维环境数据，再根据任务需求，在三维地图中规划任务航线，生成运动轨迹控制指令在软件中仿真和调整轨迹，最后生成控制代码传输给无人机。

虽然这两种规划方式都能满足固定航线下自动飞行航线规划需求，但是却仍然存在应用成本高、操作专业度要求高、数据获得时间长等问题，因此电网急需更加简单、易于上手的无人机自动巡检技术，促进无人机巡检应用的规模化普及。

目前，无人机完全自主巡检技术主要面临以下四大挑战：

第一，电力杆塔类型多达二十种以上，面对不同类型、不同尺寸电力杆塔，无人机检测精准度很难得以保证；

第二，电力杆塔多处野外，地理情况复杂，无人机巡检方案需要覆盖不同塔型，这就增加了杆塔数据的识别和提取难度；

第三，无人机进行深度学习时，由于学习样本的数量有限，会出现如精度低、漏识别、误识别、多次识别、局部识别等无人机检测效果不佳的问题；

第四，由于AI大脑需要加载在无人机上，因此对AI大脑的重量与尺寸有严格限制，这在一定程度上限制了无人机巡检的算力和检测速度。

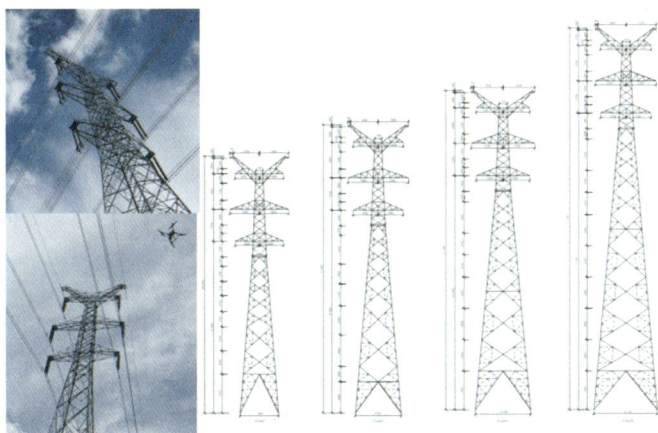

图1 输电线杆塔种类

破题，AI大脑+3D感知导航

为了解决上述这些问题，复亚智能经过反复的技术钻研，终于找到答案——即利用3D视觉技术，在基于飞桨深度学习开源平台的PaddleDetection（目标检测）、PaddleSlim（模型压缩工具）上，研发出一套全自主无人机巡检系统，为电网作业巡检用户提供不依赖三维点云和预设航线（即不依赖预先点云建图和人工示教航线规划）的全自主电力杆塔与通道巡检系统。

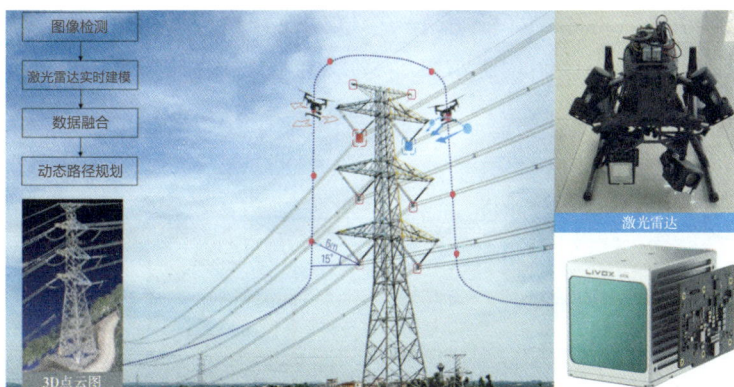

图2 "AI大脑+3D感知导航"全自主运检专家系统示意图

这套全自主无人机巡检系统，通过在无人机上搭载高倍光学变焦高清摄像镜头与激光雷达，再利用图像识别技术，对杆塔类型和杆塔部件目标种类进行自主识别。在探测到目标的精确位置之后，最后运用飞桨的图像分类检测，计算出杆塔相对无人机的方位角。

特别是无人机上的机载激光雷达，可以快速地获取输电线路通道沿线地貌形态、地表附着物（树枝、建筑等）、线路杆塔等实时点云数据，完全自主规划飞行巡检路线，最终完成对杆塔目标的检测任务。

由复亚智能研发的全自主无人机巡检系统，目前已具备了以下四大核心亮点：

亮点一：效率高。

全自主无人机巡检系统每四分钟就能完成一次对一级巡检塔的全自主巡检。与飞手操控无人机巡检相比，全自主无人机巡检系统的巡检时间至少缩短了百分之三十，预计可降低人力成本百分之五十以上。

全自主无人机巡检系统，不仅大幅度提高了巡检效率，而且节省了人力开支和通勤所产生的车损和油耗，安全事故也会随之大幅度减少。

亮点二：看得准。

全自主无人机巡检系统在拍摄杆塔部件时，激光雷达可以对其进行实时建模，并捕捉到深度信息，计算出杆塔部件的三维坐标。

此外，AI大脑的深度神经网络还可以精准检测到目标在镜头中的位置，有效排除杆塔上其他相似部件干扰。不仅如此，高清镜头还会将目标始终锁定于画幅中央，并自动调整焦距对细节进行放大，继而对电力杆塔故障进行针对性地诊断。

图3　无人机机载相机自动目标对准与放大

亮点三：看得全。

全自主无人机巡检系统可以通过视觉对杆塔类型识别，实时规划飞行路线，确保需要检测的目标无一遗漏。巡检系统的后端处理系统还会根据缺陷识别规则，对所拍摄图像中典型部件进行自动定位、识别、缺陷整合分析，对缺陷的部件类型、缺陷类型、缺陷状态等多个维度进行分类，便于电网运维人员后续展开查询和复盘工作。

亮点四：全自主。

全自主无人机巡检系统的视觉识别和激光雷达，可以实时感知被检测目标以及周围环境，避免无人机与外部的障碍物碰撞导致的安全事故发生。不仅如此，全自主巡检系统还会对拍摄质量进行复核，如果识别到曝光、虚焦、画质问题图片，无人机将自动调整朝向和相机云台角度，再次对目标进行拍摄，确保最终拍摄质量。

通过过去几个月全自主巡检系统的实测数据显示，相比常规自动无人机电力杆塔巡检方案，"AI大脑+3D感知导航"全自主化无人机巡检方案，将效率提升了三十个百分点。

"无人机+AI"以常态化、精细化、智能化、在线化的显著优势，已成为工业巡逻、巡检的必然发展方向。复亚智能也开始思考，如何在电网巡检、交通巡逻、水务巡检、光伏巡检、园区巡逻等多领域，做到全自主无人机巡检应用的规模化落地。随着传统领域数字化转型的深入，以及智慧城市应用的快速发展，相信工业无人机自动巡检系统的应用在未来会有无限的可能性。

案例评点

中国虽然是能源大国，但是随着社会经济不断发展，用电设备不断增多，用电需求和人力限制之间的矛盾仍在日渐增大，电网的负荷也整体呈现出上升趋势，这也成为制约电网运行的重要因素。

为了保障电网设备的可靠运行，电网企业联合复亚智能科技、复旦大学等企业和院校，首次在国内将无人机"AI大脑+3维感知导航"全自主运检专家系统，融入电网运维和运检之中，该技术的运用对中国电力巡检提供了科技助力，也为中国电力的持续发展起到了积极的促进作用。

——国网泰州供电公司智能运检中心

中国智慧城市解决方案为世界描绘未来发展"蓝图"

——特斯联携手重庆高新区打造绿色、低碳AI CITY

摘要：本案例描述了智能科技驱动下，未来城市治理的全新模式。凭借其全面的AIOT实力，特斯联打造了软件与硬件相结合，一站式的AI CITY解决方案，以统一的城市操作系统协同全场景的城市智能硬件基础设施，助力重庆高新区革新其城市及区域治理体系。借助这一解决方案，重庆高新区的综合治理能力得以全面增强，物业服务效率实现大幅提升，城市中的商家可以更智慧地决策，而生活在城市中的人也有机会享受到全面数字化的生活体验。截至目前，特斯联与重庆高新区合作的云谷项目数据化程度已达90%，云谷中的每一个节点都在产生数据，数据也已成为云谷乃至整个高新区发展的全新生命动力。特斯联该解决方案在全国的落地项目中，案件发生率实现了超90%的下降，建筑运维人力成本实现了40%的节省，能耗实现了30%的降低，服务了超过千万的人口。

在人们的印象里，从《超能陆战队》到《头号玩家》，大家对影视、文学作品中未来城市的场景并不陌生——科技高度发达、AI自觉、人与机器人共同生活。现实生活中，尽管诸多厂商都在探索利用AI、大数据为代表的智能科技手段来解决现实城市的困扰，然而距离想象中的智慧城市似乎总隔着一层薄纱。

从政策层面，2021年全国两会，"碳达峰"和"碳中和"被首次写入政府工作报告，"十四五"开局，又作为我国"十四五"污染防治攻坚战的重要目标，被首次写入经济和社会发展的五年规划。随着城市化进程的不断加速，资源分配不平均、环境恶化、出行困难等愈来愈多的"城市病"涌现。如何能有效地利用全新数智科技推动城市的精细化治理，作为"碳中和"目标实现的最大应用场景，城市的绿色可持续发展至关重要，这都成为我国各级市、区政府探索的核心目标。

对此，一批深耕城市智能化的科技企业已有应对之策。以特斯联为例，依托AI CITY（智慧城市）人工智能城市的持续落地，从软件、硬件、生态等多渠道加快绿色可持续发展的设计与规划，推动产业经济的全面升级转型、全力打造新型绿色科技之城。

打造"云谷"AI CITY，树立城市精细化治理样板

重庆高新技术产业开发区（重庆高新区），坐落于重庆市西部，是首批27个国家高新技术产业开发区之一。高新区设立以来，即肩负着建设重庆科学城的战略定位和发展使命，亦兼备着以数智科技实现精细化、系统化治理的目标。

为此，特斯联携手高新区，打造了云谷项目，以一套软件与硬件相结合，一站式的AI CITY解决方案，助力重庆高新区实现精细化、系统化的治理目标。借助该解决方案，重庆高新区的综合治理能力得以全面增强，物业服务效率实现大幅提升，城市中的商家可以更智慧地决策，而生活在城市中的人也有机会享受到全面数字化的生活体验。截至目前，特斯联与重庆高新区合作的云谷项目数据化程度已达90%，云谷中的每一个节点都在产生数据，数据也已成为云谷乃至整个高新区发展的全新生命动力。

基于特斯联的技术优势和产业经验，以及共同的未来城市愿景，重庆高新区管委会与特斯联于2020年7月达成合作，共建科技新城，意图以科技的力量重塑城市综合治理范式。同年，特斯联AI CITY的首期项目"云谷Cloud Valley"落地重庆高新区。双方期待以云谷项目，打造精细化城市治理样板，攻克包含人口管理、安全管理、能源管理等城市难题的同时，为人民提供更安全、更便捷、更精彩的生活体验。

AI PARK（智慧园区）是特斯联打造的人工智能城市先行区。作为特斯联未来之城AI CITY的"序章"，AI PARK是一个未来城市体验、研发测试，以及人与机器人交互的实验基地。

从2020年12月19日开始基础施工，到2021年2月1日封顶，特斯联团队仅

用43天便将一处平地构筑出AI PARK的整体结构。重庆AI PARK自2021年4月底正式开放以来，已吸引来自政府及社会各界团体走访调研。5月中旬，重庆市委书记陈敏尔亲赴位处高新区核心地带的特斯联AI PARK调研科技创新，深入了解了特斯联运营模式、技术创新成果及产业生态建设情况。

2021年7月16日，特斯联在重庆AI PARK举行产品发布会，新一代云原生、全场景City OS——TacOS（特斯联智慧城市操作系统），特斯联AI行业云，未来城市超级入口——泰坦(TITAN)系列智能机器人，以及Powered by TacOS生态联合解决方案等集中亮相。

图1　重庆高新区云谷全景图

以数智科技打造绿色低碳智慧城市治理

要实现城市治理的精细化，数据在各城市场景间的无障碍流通、各智能单元的实时协同及统一管理就显得尤为重要。为此，特斯联开发了一套软件与硬件协同的一站式AI CITY解决方案——以统一的城市操作系统，协同全场景的城市智能硬件基础设施，来实现前述目标。

具体而言，特斯联在云谷中部署了包含智慧大屏、智能机器人、智慧门禁，乃至智慧跑道、智慧健身器材、智慧垃圾桶等一系列智能硬件。这些智能硬件将作为数据的入口，在与人交互的过程中，将各个场景产生的需求数据上传至由特斯联打造的统一的城市操作系统，TacOS（全称：特斯联智慧城市操作系统）。TacOS会基于其内置的人工智能算法对所收集到的数据进行分析、推演，并制定相应策略，调用相应的云服务来满足需求。基于人工智能的学习能力，TacOS亦将不断学习云谷中的需求，随城市的生长而生长，做到自身的迭代。

不妨将遍布的智能硬件视作城市的"手"，将置于云端的城市操作系统视作城市的"大脑"，AI CITY不同于其他智慧城市解决方案的亮点即在于"脑"与"手"的协同。云端的"大脑"使城市的运转得以具备海量数据的智慧，而渗透在城市各个场景与环节的"手"则使智慧得以下放到城市运转的各个角落。同时，"脑"与"手"的协同还确保了城市各智慧单元间的统一调度，数据的无障碍流通，避免了数据孤岛，执行后滞等传统单点智慧城市解决方案中常见的问题。

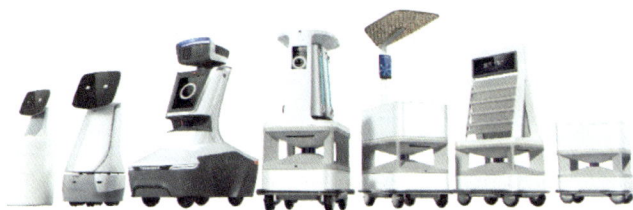

图2　全场景机器人满足城市全场景服务需求

特斯联AI CITY是从城市的顶层设计出发，依托AIoT技术构建的城市整体数智化解决方案。其早在规划之初就全面融入了碳中和理念，并通过数字孪生系统实现场景数据可视化、能源排放可追溯。在特斯联的规划中，通过AI CITY的建设与运营，将为目标城市打造成一个集自然与科技于一体的智能化、可持续发展空间。以重庆AI CITY首期项目AI PPARK为例，据测算，正式运营后，AI PARK每天的碳排放量远远小于碳吸收量。在建设运营16个月以后，AI PARK将有望中和建设阶段产生的少量碳排放。运营50年后，也即到2071年，AI PARK还将吸收周边约17万吨二氧化碳。

以垃圾处置场景举例说明。设置在云谷的智慧垃圾桶可以在用户倾倒垃圾时收集行为数据并将数据上传至TacOS，TacOS内置的AI算法可依据区域内经常出现的垃圾分类等环保问题，对其进行分析、决策，并通过智慧垃圾桶提供自动化的解决方案，对垃圾进行处置。此外，TacOS还可将云谷的数据与区域、城市顶层数据打通分析——设置在云谷的智慧大屏则可对其区域范围内的垃圾处置、水电消耗等环保情况进行展示，进一步引导人们节能、节水，培养低碳的生活习惯。

图3　智慧大屏实时显示安保、节能等信息

在特斯联创始人兼CEO艾渝看来，TacOS智能城市操作系统亦如智能手机的操作系统和智能汽车的智能中央计算模块（CCM），其统一的调度能力、远程升级能力，将不断帮助城市的管理者实现更系统、更精细的治理。而TacOS作为操作系统的包容性，亦降低了产业链合作伙伴的开发门槛，使得基于TacOS的城市服务生态，不断生长、壮大，惠及城市的治理者以及城市中居民。

可复制的智慧城市"中国解决方案"

截至目前，重庆高新区云谷项目的数据化程度已达到90%，云谷中的每一个节点都在产生数据，使数据成为城市的生命动力。而值得一提的是，AI CITY解决方案可复制，可扩展，目前已在全球范围内落地。

特斯联的TacOS共开发出Lite，Enterprise，Metro，Matrix四个版本，满足单体、区域、城市乃至城市集群等各规模的城市数智化需求。同时，特斯联还针对包含社区、园区、应急、教育、碳中和、新零售、文旅、建造、党建、消防等场景开发了十五大行业云，从而得以壮大TacOS的能力，针对各具体场景需求提供场景化的服务。

截至目前，特斯联已基于其解决方案，在全国范围内，落地了超过9000个规模项目，助力城市管理者、企业运营者实现更系统、更精细的治理。在特斯联全国的落地项目中，案件发生率实现了超过90%的下降，建筑运维人力成本实现了40%的节省，能耗实现了30%的降低，服务了超过千万的人口。

目前，特斯联已同时开启其海外探索的旅程。特斯联成了2020迪拜世博会唯一一家来自中国的官方首席合作伙伴。特斯联为今年开幕的迪拜世博会提供了152台泰坦系列智能服务机器人，支持世博园区内包含安保、物流、送餐、娱乐等诸多需求。后世博时代，特斯联还将深度参与"后世博特区"智慧城市的建设，助力打造中东第一座AI CITY，支持中东地区未来的城市数字化、智能化转型，为世界贡献智慧城市建设的"中国解决方案"。

图4　由特斯联打造的迪拜世博会吉祥物机器人"Opti"在世博园区内与游客互动

案例评点

AI CITY具备三大基本功能：第一、收集所有的数据，包括走在路上的人、周围的空气、空气的噪声等；第二、分析这些数据并进行决策，例如更换交通信号灯等；第三、预测人们行为的变化。

——麦肯锡全球资深董事合伙人、麦肯锡全球研究院院长　华强森

助力智慧城市建设，促进产业数字化转型

摘要：本案例主要描述了影创科技在5G、XR（扩展现实，包含VR/AR/MR）及人工智能的产业道路上持续创新。

影创科技依托5G、XR、云端大地图、云渲染等技术上的领先优势，构建了基于5G云边协同和云端大地图的XR智慧导览解决方案。在政府全面推进城市数字化转型过程中，实现了城市导览方案整体性转变和全方位赋能。

在实现革命性重塑的当下，推动智慧城市的发展尤为重要。而在智慧城市建设的过程当中，一些以5G+XR定位与导览为需求的景区、大型展馆、园区、工业厂房乃至城市等大规模应用场景下，始终存在着终端设备储存空间与算力受限的问题。为了解决上述问题，影创科技率先研发出了云端大地图技术。

云端大地图技术可以支持超大规模的地图数据，不仅实现了直接在云端创建场景的功能，还能与终端连接进行交互。该技术结合5G网络与云边协同处理，在构建数字孪生场景的同时，实现了高精度定位与路径规划，为多场景下的XR智慧导览解决方案提供了强有力的技术支撑，从而促进智慧城市的建设与发展。

现如今，以5G、XR和人工智能为代表的技术革命，正在逐渐改变着人们的生活方式。尤其是5G技术，不仅加速了万物互联和数字变革，更进一步推动了新一代信息技术与各行业、各领域深度融合。

影创科技作为一家致力于开拓科技创新的企业，秉持着"用先进科技赋能产业智能化发展"的理念，将自主研发的全系列人工智能算法应用于XR终端平台和云端。由影创科技推出XR智慧导览解决方案，也为实现城市高质量发展、高品质生活、高效能治理略尽绵薄之力，助力城市向数字化、智慧化方向转型。

助力红色教育，全面推广XR智慧导览方案

2021年7月初，南昌市政协智慧文史展览馆正式开馆。在进入智慧文史展览馆之后，参观者只需要佩戴鸿鹄MR智能眼镜，无须配备讲解员，就可独立观看全部展览内容，这就是由影创科技提供的XR智慧导览解决方案。这种智慧导览方式不仅可以有效地节省人力、资源、教育场地和宣讲成本，交互式、沉浸式教学环境，也让展览内容更直观化、生动化展现在参观者眼前。

在南昌市政协智慧文史展览馆的展区内，部分展示内容通过5G版鸿鹄MR（混合现实）智能眼镜，实现了线下实景空间与数字内容完美结合，让所有图文、视频跃然于空中，形成立体互动空间。参观者佩戴上鸿鹄MR智能眼镜之后，只需要通过眼镜扫描展厅内的浮雕或者其他指定内容，眼前便会呈现出全息虚拟视频及图文解说，此时，参观者可以通过自然手势，点击视频进行观看。

XR智慧导览解决方案可以将历史更加真实地展现于人们眼前，有效提升体验者的参观感受和学习兴趣，让大家能够全身心投入红色教育的情景中，帮助大家提高学习效率。

图1　南昌政协文史馆XR智慧导览

与以往传统的导览方式相比较，影创科技提供的智慧导览方案具有以下几项优点：

首先，智慧导览方案可以为用户提供全息导览路线指引和路线导航，参观者可根据自身需要，选择合适的游览路线。其次，MR导览方案解决了以往景区内部地图软件路线精度低的问题，实时为景区游客和展馆参观者提供高精度的定位，让用户随时随地都能清楚地了解自身所处位置，方便用户进行针对性游览。另外，MR导览方案还可实现MR景点展示，即以文字、图片、视频等形式，对景点展品等进行全息讲解或复原，提升用户游览深度与游览体验。

与此同时，文旅导览管理系统还可实时掌握景区、展馆数据，对终端设备、用户信息、导览路线与景点分布等方面的工作，进行统一的管理与维护，从而实现景区展馆到XR终端、再到用户的全方位管理，创建出真正覆盖全域的智慧文旅导览平台。

XR智慧导览：科技赋能新生活

由于终端存储空间和算力有限等原因，传统展馆系统无法存储超大规模的地图数据。于是，影创科技考虑到可以通过基于5G云边协同与云端大地图的XR智慧导览解决方案，来解决这一痛点问题——即在云端创建地图并与终端进行交互，来完成园区、景区、大型展馆乃至城市等超大规模的场景。

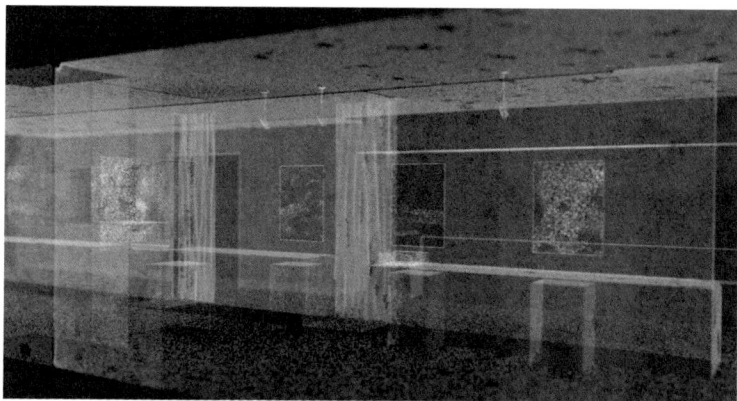

图2　点云地图

第一阶段，影创科技利用地图采集设备，事先对场景进行数据采集，然后在云端服务器上对所采集到的数据进行汇总、分析和处理，进而完成地图的绘制。而且，每一个终端设备都可以在定位和建图的同时，把数据上传到云端服务器，通过用户采集的周边地图信息，在云端服务器上生成更加细致、完整的地图，实现云端地图的储存与实时更新。

第二阶段，影创科技结合了5G版鸿鹄MR眼镜的相关算法与技术，再利用云端地图匹配计算出终端实时位置信息，实现对用户的高精度定位。

5G版鸿鹄MR眼镜不仅兼容Android（安卓）应用，还具备了平面检测、离线地图、图像识别、SLAM空间定位等多种功能。鸿鹄MR眼镜结合5G网络的高带宽、低时延、泛在网等优势，为MR云端地图与云渲染等对于传输实时性要求较高的数据传输，提供了高速低时延的保障。

另外，5G的应用还解决了云端和边缘端通信的速度瓶颈。5G的高传输速度和低时延的特征，增加云边协同的效率，使边缘计算从靠近感知层向平台层方向移动，双向克服了云平台与边缘设备距离较远的弱点和边缘计算终端算力较弱的短板，实现了真正的实时云边协同。

第三阶段，影创科技根据位置信息，为用户提供基于起点和重点的最佳路径规划，将全息导览路线呈现于XR终端，实时为用户提供导览路线指引，并提供位置地图服务，随时随地呈现用户当前位置。不仅如此，后台还可设置多条导览路线供用户选择，用户也可灵活设置XR内容，触发位置信息。

第四阶段，影创科技可通过XR眼镜端进行全息内容展示，为用户提供身临其境的沉浸式体验。

基于高精度定位信息，XR导览或展示内容可实现自动触发呈现，用户离开相应区域后，导览内容则会自动消失。XR全息内容触发显示后，用户可通过多种方式与XR内容进行交互，进一步提升用户体验与工作效率。目前，5G版鸿鹄MR眼镜支持的交互方式主要为自然手势和双6DoF（自由度）智能手柄两种方式。用户可通过这两种方式进行任务切换、系统操作以及对全息物体进行点按、拖拽、缩放等操作。

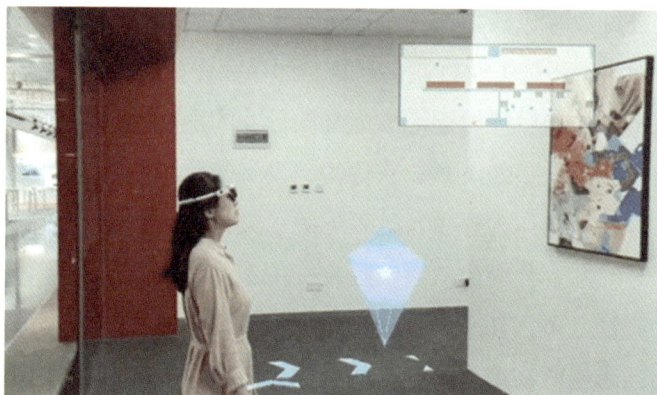

图3　XR智慧导览——展馆

图4　XR智慧导览——展馆

　　另外，面向景区、园区、展馆等管理运营用户，XR智慧导览方案还能够实现后台综合管理，全方位掌握系统运营数据。后台综合管理系统可以为用户提供导览信息、场景管理、导览路线设置、电子围栏设置、景点管理、系统告警、终端管理、历史轨迹记录、用户管理、数据的实时统计与展示等多维度全方位的运营管理功能。其中，数据实时统计与展示覆盖了场景地图展示、场景统计、导览线路统计、终端统计、热门线路统计、用户统计等多个方面。

"对症下药"，实现数字化转型

　　影创科技一直以来都以"科技赋能人类新生活"作为发展目标，力求帮助各行各业进行数字化转型发展。在进行市场调研的过程中，影创科技发现无论是文旅行业，还是工业行业，都普遍都存在许多痛点问题。

目前，90后和00后开始逐渐成为文旅行业的消费主体，但国内大部分文旅景区基础硬件水平参差不齐，软件的铺设又受到传统观念制约，优质文化缺少有效的落地载体作为抓手，这就导致了文化旅游资源的开发缺乏突破创新，景区应对的内容升级也缺乏国际化、生态化、科技化。还有部分景区和展馆面积大、景点多，初来乍到的游客只能借助景区内导览标识，逐一进行浏览。另外，诸如博物馆之类的一些展馆，游客对导游依赖性较强，而导游及其配备的硬件设备有限，这也让游客的游览深度大打折扣，大部分游客反馈游览体验较差。

而工业行业面临的最大难题，则是信息管理困难。数字化时代来临，大量工业设备、资产、巡检、维修操作等信息记录繁杂，仅靠传统的记录方式十分容易遗漏，再加上工业管理工作覆盖面积大、持续时间长，这也为信息的管理带来了一定困难。除此之外，工业企业在新人入职和员工换岗时，需要做大量岗前培训，工作人员的日常操作流程复杂烦琐，这些问题的存在，都使工业企业的生产效率大打折扣。更有一些行业的作业员工，如化工、电力、石化等危险品生产企业，存在安全风险问题。以上这些都是工业行业目前急需解决的重点问题。

近几年，随着中国科技的高速发展，城市面临着数字化城市转型建设。影创科技发现，在此过程中众多智能硬件设备对城市生活的改善，还仅仅停留于"智能"层面，并未将智慧城市的精髓——全面物联、充分整合、协同运作，真正地激发出来。智慧城市的建设需要各部门进行数据共享，但就目前而言，各个部门不仅存在条块分割、数据孤岛的现象，部分城市、商场或园区甚至没有准确的数据，又或者根本没有任何数据记录，使得智慧城市的建设工作缺少最基本的数据信息。

为了解决智慧城市数字化转型中遇到的上述问题，影创科技自主研发了全系列人工智能算法，并将该算法应用于XR终端平台和云端，并在此基础上推出了XR智慧导览方案。

科技助力文旅行业、工业及智慧城市建设

首先，面向整个文旅行业，影创科技的XR智慧导览解决方案不仅可以应用于各类展馆、景区，更是颠覆了传统导览形式，将导览模式由以往的"人随景走"转变为"景随人走"数字化、智能化模式。可以说XR智慧导览解决方案重新定义了文旅导览的新形态。

图5　智慧文旅

其次，XR智慧导览解决方案还可应用于工业行业。比如说，XR智慧导览解决方案可以通过5G网络云边协同，为工业企业提供基于云渲染的全息虚拟产品形态和全息操作内容辅助，极大提高操作人员信息接收效率，进而提高工业企业的工作效率。又比如说，工业企业可以借助云端大地图技术和5G网络，通过XR终端设备采集厂区的三维地图，并传输至云端，继而绘制出厂区数字孪生地图。这样工业企业的管理者就可以随时调取查看工厂各个区域的生产线和相关生产信息。

XR智慧导览方案还可以为巡检人员提供路线指引与导航。在佩戴上XR设备之后，巡检人员在巡视厂区的时候，导览系统就会为其提示相应设备的信息，提升巡检人员的巡检工作与厂区管理效率。

除此之外，借助5G云边协同与实时定位技术，XR智慧导览系统还可以对操作对象和环境进行实时扫描，并提供相对应的设备操作流程与3D全息操

做指引，为工业巡检、维修指导、产线操作指导与培训等工业中的刚需场景，构建新型智慧工业解决方案，为关键业务降本增效，提升传统工业的工作效率。

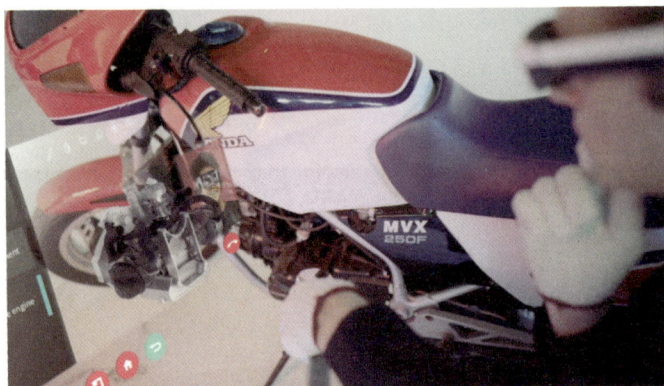

图6　智慧工业

在智慧城市的建设过程中，也可以利用XR智慧导览系统，绘制出全云端存储与处理的智慧城市数字孪生地图。XR智慧导览系统可以实现对整个城市进行实时扫描，以及空间地图采集，实现云端存储、处理与更新。XR智慧导览系统的高精度定位更可向用户提供如商场导览、园区导览、校园导览、城市交通导览等各种不同场景的智慧导览服务，实现真正的智慧导览。

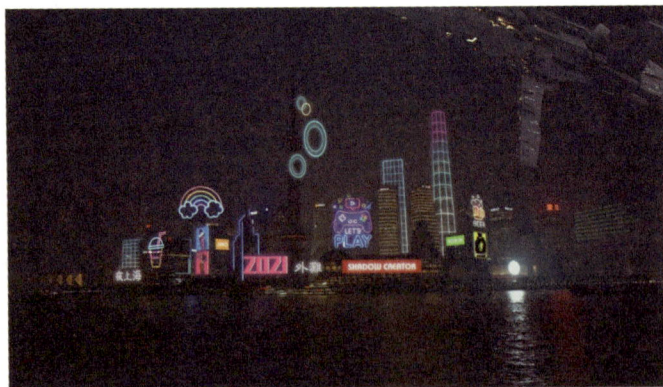

图7　智慧城市

由影创科技提供XR智慧导览解决方案，基于5G云边协同及云端大地图技术，以循环可用性原则为核心，通过定制化开发的方式，不断迭代升级，现如今不仅可以满足不同行业用户的通用需求和个性化需求，同时还能兼顾未来的发展，创造出巨大社会价值和经济价值。

科学技术正在推动着全行业发展，数字城市的全面建设离不开各行各业的共同努力，产业的创新改革也离不开各行各业的全面助力。影创科技在帮助各行各业提高效能与效率的同时，让科技赋能新生活。相信在不久的将来，影创科技的XR智慧导览方案将助力更多行业与场景进行数字化升级转型。

案例评点

现如今，中国多项产业面临人手不够、操作困难等难易度不同的瓶颈。随着中国科学技术水平的逐步提高，在国家大力推崇科学技术辅助的政策下，影创科技所推出的基于5G云边协同与云端大地图的XR智慧导览解决方案，可以将混合现实技术与各行业相融合，从而促进文旅、工业、智慧城市等数字创意产业蓬勃发展，极大提高传统行业的生产效率及经济效益，更是力争引领消费和生活方式的变革，提高产业链水平，推动行业进步，为我国信息化发展做出了重要贡献。

——极赫CEO　罗江

建设文明城市，AI大有可为

摘要： 本案例展示了人工智能技术在道路交通系统落地应用的可实现性、可拓展性以及推广前景。

某市交警支队为治理该市非机动车违法现象，引入了闪马智能的"VisionMind视频智能分析平台"。该市电动车和摩托车基数庞大，驾驶人员交通安全意识薄弱，随意停车、不按规定车道骑行等行为给交通出行造成了很大的安全隐患。

"VisionMind视频智能分析平台"接入该市重点路口的视频监控资源后，在不改变原有城建监控资源的前提下，对该市非机动车行驶数据进行全天候监测和分析。"VisionMind视频智能分析平台"建立了独有的非机动车守法率评价系统，协助交警部门推动"绿色交通、文明出行"建设。

在我国城镇化率高速增长、城镇人口规模迅速扩张的大背景下，城市道路交通系统的压力也与日俱增，尤其是在城市的中心区域，交通需求和道路资源之间的矛盾尤为突出。

目前，交通管理的压力主要来自两个方面：一是城镇居民机动车、非机动车保有量的增加，对道路资源的需求大幅度地提高；二是城市道路所涉及利益方较多，配套工程较为复杂，导致城市道路改扩建工程难以实施。

在这样的情况之下，若想要保证道路交通系统顺畅、高效、安全地运行，就需要交通管理部门具备更高的交通治理能力。闪马智能从实际情况和道路需求出发，发挥AI技术优势，为某市交通管理提供了针对性的解决方案。

传统交通治理方式的缺陷

据不完全统计，某市市区内电动车保有量大约在10万辆以上，摩托车保有量大约在12万辆以上。而且，相较之汽车驾驶员，电动车与摩托车驾驶人员的交通安全意识更加薄弱，随意停车、超速行驶、不按规定车道行驶等行为，给道路交通造成很大的安全隐患。因此，该市交通治理中的最重要的工作之一，就是提升非机动车和摩托车驾驶人员的交通守法率和文明守法意识。

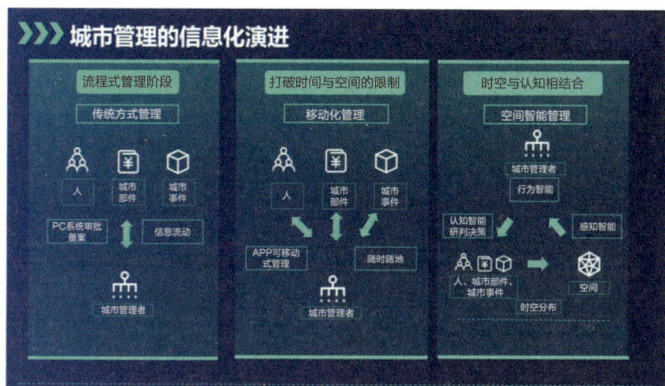

图1　城市管理的信息化演进

传统的交通管理通常有以下两种方式：一种是交管部门安排警力进行现场治理，又或者通过指挥中心的人工巡检视频发现违法行为，输出违法证据，记录违法率报表。这两种交通治理方式不仅需要投入大量的警力，而且工作效率低，很难覆盖到所有城市道路的重点路口，也无法对交通违法行为起到持续的震慑效果。另外，通过人工记录的各种数据，对于违法情况缺乏详细、完整的数据分析和统计，更无法精准地评价现场执法的成效。

根据该市交通治理的实际情况，闪马智能针对性地使用了基于"Vision Mind视频智能分析平台"建设的非机动车守法率评价管理系统，大幅度提升交通治理效率。

GPU加算法

由闪马智能开发的非机动车违法管理智能分析系统，结合了视频利旧、资源复用的理念，只需在中心机房部署GPU服务器，并安装视频分析算法软件，后端的AI分析平台便可以通过城市道路中现有的电子警察、卡口、监控摄像机等视频资源，检测到道路上非机动车和摩托车的违法行为。

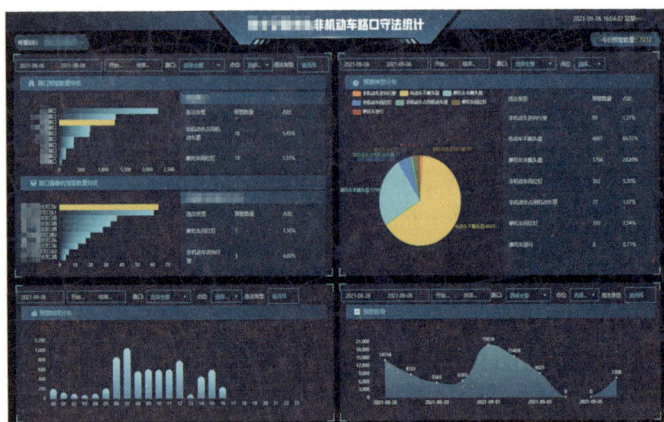

图2　非机动车违法管理智能分析系统违法率统计分析模式

如今该系统已经有两种运行模式，即违法率统计分析模式和违法取证模式。

在违法率统计分析模式下，系统会自动记录视频中的非机动车和摩托车违法行为，并进行分析统计，评估出相应路段的违法情况和违法率，继而帮助优化警力部署。而在违法取证模式下，系统则会对视频中非机动车和摩托车违法行为，进行进一步的取证。系统不仅能够识别出非机动车或摩托车号码牌，还可以将违法数据推送到指定的第三方平台。

图3　非机动车违法管理智能分析系统记录的一次非机动车逆向行驶事件

目前，该系统可以识别的违法行为包括：非机动车和摩托车闯红灯、占用机动车道、逆行、在人行横道行驶、闯禁令以及外卖类骑手交通违法行为等。此外，该系统还集成了大屏展示、实时预警、渲染流、违法事件管理、违法处置、违法态势分析、布控管理等、权限管理、资源管理、违法详细统计分析等功能。

自非机动车违法管理智能分析系统上线以来，该市交警指挥中心的视频巡查人员的工作效率有效提升了百分之八十，违法整治效率也大大提高。

除了能够使用AI技术帮助交管人员治理非机动车和摩托车之外，闪马智能"工具箱"中的机动车违法识别系统、交通事件感知系统等多种智慧交通工具，还能全方位地为城市交通系统提供帮助，为创建文明城市贡献力量。

图4　非机动车违法管理智能分析系统违法取证模式

交管之外的广阔天地

除了应用于交通治理方面之外，AI智能技术在建设文明城市的过程中，还有更加广阔的应用前景。

比如说，AI技术可以作为摄像头的"智慧大脑"，通过对视频内容的分析、识别和信息处理，让整座城市的运转得更加高效、安全。

又比如说，在城市环境治理方面，AI技术可以联动环保、环卫、城管、交警等多部门，重点针对建筑工地、混凝土搅拌站、大型运输车辆等各类扬尘源进行监管，精准执法、全面执法和全时执法，更加有效地维护城市环境。

如今，AI智能技术已经走出科学实验室，走进人们的日常生活，并逐渐融入人们的生活轨迹之中。站在历史的新起点向未来眺望，未来AI智能技术将拥有更加光明的前景，为各行各业注入强大的动力，也继续为人们的生活提供了更多的便利。

案例评点

闪马智能研发的"VisionMind视频智能分析平台"应用人工智能技术，可在不改变原有城建监控资源的前提下，对城市交通治理中非机动车多种违法行为进行全天候智能分析与评价管理，大幅度提升交通治理效率，具有较好的拓展及推广前景。

——中国信息通信研究院华东分院 人工智能与大数据事业部主任　陈俊琰

专注汽车电子核心技术国产化，做"中国造车"的坚实后盾

摘要：本案例描述了中国汽车行业从经历燃油车壁垒到电动车转型期间所遇到的机遇与挑战。作为一家创新型的汽车零部件民族企业，英诺菲特（北京）科技有限公司专注突破汽车电子控制的核心技术，完成了多项核心汽车电子产品的自主研发和产业化，为中国汽车行业自主品牌发展添砖加瓦。

现如今，英诺菲特已拥有软件著作权、发明专利等新型实用知识产权共计三十多项。其中，集成电路设计、控制算法和机械设计方面的技术在国内遥遥领先。

英诺菲特投放市场的主要产品有控制器、电子助力转向系统（EPS）和试验检测设备三大类共17个品种、上百种型号。此外，英诺菲特还能根据客户需求进行设计、定制和开发。

目前，英诺菲特的主要客户有长安汽车、东风汽车等。除此之外，英诺菲特还与北汽新能源等国内一大批主机厂及配套供应商建立了长期业务联系。

从汽车行业的起步开始，中国汽车制造业的崛起之路，同样也是一条落后工业国家追赶先进工业国家的坎坷之路。

20世纪80年代，德国《明镜》周刊曾有过这样的报道：中国国内几乎没有任何配件厂，上海大众公司仿佛是被扔在一座汽车生产的孤岛之上。

"汽车孤岛"这个称呼，曾经让我们国家的汽车行业备受耻辱，但令人意想不到的是，中国汽车核心零部件的国产化之路，恰恰就是从这个"孤岛"开始的。

从举着"榔头"造零件到赶超德日技术，汽车核心零部件国产化的四十年，也是中国一代又一代科研人努力攻坚的四十年，更是自主生产整车最关

键的四十年。换句话说，若无"孤岛"、无逆行，也就不会有今日中国汽车零部件和汽车行业的发展快车道。

中国汽车人坎坷的国产化之路

20世纪70年代，"以市场换技术"成为中国引进汽车新技术的一条"捷径"。正是通过这条"捷径"，中国培育出了第一批汽车制造业的有生力量。但是，想要通过"以市场换技术"的合资模式，来推进中国汽车的自主研发制造，几乎是不可能实现的。

为了能让我国科学技术水平追上世界水平，国务院于1986年11月启动实施了高技术研究发展计划（简称为"863计划"），该计划选定了自动化、新材料、新能源等7个领域、15个主题作为中国高科技重点发展计划。现任清华大学车辆运载学院副教授的季学武，就重点参与了"863计划"。

一直以来，中国汽车工业长期处于一个全盘接收国外技术、缺乏自主创造的时代。当时，无论是整车市场还是EPS市场，都长期被国外品牌所占有。之后，随着电池、电机、电控，智能座舱和智能驾驶系统的第三方崛起，整车工厂很难再利用自研发动机和数量繁多的车型来制造差异化。

新旧交替的行业变革，尤其是新能源时代的到来，为自主品牌整车厂及零部件供应商提供了新的机遇。在如今这个汽车电动化、智能化时代，国外汽车巨头企业所筑起的技术壁垒，已经不再是一道难以逾越的关卡，这也为自主EPS技术的诞生创造了生根发芽的条件。

季学武教授长期致力于汽车电控转向领域的研究，他的"汽车电动助力转向技术"研发，一做就是十余年。终于，功夫不负苦心人，十年之后，季教授的"汽车电动助力转向技术"终于成为国内首批自主研发的EPS（电动助力转向系统）技术之一。

由季学武教授英诺菲特团队研发的自主EPS技术，创造了真正属于国人自己的汽车制造时代。

国产自主EPS产品，做"中国造车"的坚实后盾

作为"工业中的皇冠"，汽车产业正在为一代又一代中国科学家，实现工

业强国之梦。当下，工业新势力层出不穷，汽车的电动化、智能化已经是大势所趋，蔚来、小鹏、理想等新一代中国汽车人，正再度吹响冲锋的集结号。

随着我国自主品牌汽车崛起，汽车零部件行业正进入"国产替代"的全新时代。作为拥有中国自主研发能力的创新型汽车电子民族企业，季教授带领的英诺菲特正成为"中国造车"的中坚力量。

成立于2017年的英诺菲特（北京）科技有限公司（下称"英诺菲特"），一直专注于研发汽车电子控制的核心技术，并以此为中心建立了从核心控制器、电子助力转向系统到相关检测设备的完整产品线。

在季教授的带领下，以清华大学车辆运载学院、国家重点实验室副教授马小平为总工程师的英诺菲特研发团队，已经实现多项核心汽车电子产品的全自主研发。目前，英诺菲特已拥有软件著作权、发明专利、实用新型等共计三十多项知识产权，并在集成电路设计、控制算法和机械设计等领域始终保持国内领先地位。

近年来，随着汽车不断向电动化、智能化方向发展，EPS凭借其自身具有节能、环保及性能优势，得到了快速的发展，现已成为汽车的主要发展的趋势之一。而由英诺菲特研发团队主导的EPS产品，作为汽车安全行驶的安全保障环节，能有效地引导驾驶员更加便捷、轻巧地驾驶和使用车辆。

在这个电动化、智能化时代，当汽车属性和出行方式正在被改写的时候，中国汽车人正迎来百年一遇的好机会。在中国汽车行业不断发展的势头下，EPS产品发展势头迅猛。

2011年，国产EPS还仅仅只有44.5万台，到了2020年，国产EPS的数量已经达到680万台。在不到十年的时间之内，国内EPS的产量增长了近15倍。近年来，英诺菲特已持续为长安汽车、东风汽车等公司提供核心零部件，并与北汽新能源等国内一大批主机厂及其配套供应商建立了长期的业务联系。

汽车工业拼的是体系，从上游的研发制造，到下游的销售与售后服务，配合得越默契，技术壁垒就越高，竞争力也就越强。

2020年，河北省国资委旗下开滦集团联合英诺菲特共同出资成立研发生产中心，并打造京津冀首个新能源汽车电子产业小镇，准备开设两条EPS生产线，两条ECU（汽车电子控制单元）生产线，为更多自主品牌汽车提供质优价廉的汽车电子产品。

在传统燃油车时代，中国企业没有理由赢；但是，在即将到来的智能电动车时代，中国企业也没有理由输。英诺菲特的最终目标就是成为中国"造车梦"的核心环节和坚实后盾，在这场汽车行业电动化转型的马拉松中，让"中国造车"令世界刮目相看。

案例评点

汽车产业是推动国民经济发展的支柱产业之一，中国汽车工业正处于由大到强的转型关键时期，寄托着国人"弯道超车"的期望。以资本赋能科技，将提升汽车行业自主创新水平，加速中国汽车产业转型升级，增强"中国智造"竞争力。

为有担当的企业和企业家喝彩、加油！

——《华夏时报》副总编辑　陈锋

十年磨一剑为中国空间站打造航天微波炉

摘要：本案例描述了数十年来，民族品牌格兰仕是如何发挥微波炉产业优势，为中国空间站打造全球首个航天微波炉。

格兰仕拥有全球领先的微波炉研发、制造的实力，在十余年航天微波炉的研发过程中，格兰仕研发团队攻克了各种技术难关，终于让航天微波炉能够在低能耗、零重力、空间狭窄的空间站环境中，为中国航天员提供健康的烹饪方式。

一直以来，格兰仕始终怀着航天梦想，以强大的意志力与惊人的创造力，出色地完成了研发任务，让中国家电技术再次位于世界前列。

2021年5月29日，中国空间站天舟二号货运飞船在海南文昌航天中心成功发射，由国民家电品牌格兰仕研制的第一台航天微波炉，随着天舟二号货运飞船一起飞向太空。这台航天微波炉，持续在中国空间站核心舱为航天员提供健康饮食。

格兰仕航天微波炉研发人员在讨论

在航天微波炉研发制作的过程中，作为民族品牌的格兰仕，发挥出了一个家电行业龙头企业的效能和作用。事实上，航天微波炉成功升空，还只不过是中国航天事业飞速发展的一个缩影。

十年磨一剑，助力中国航天科技

虽然微波炉已经成为人们生活中，十分常见的厨房电器，但自微波炉发明之日起到其登上太空，却花了近七十年的时间。

在过去，航天员在太空中也并非没办法吃上热菜热饭，只不过烹饪的效率不高而已。自1969年人类第一次登月开始，美国惠而浦就为宇航员定制了"太空厨房"。但是，直到2008年，美国宇航员桑德拉·马格努斯在太空中烹煮食物，仍然需四个小时才能将一颗洋葱完全煮熟。

中国航天烹饪技术也曾经历过一段漫长的发展时期。2005年，中国神舟六号飞船首次搭载了食物加热器；2008年神舟七号升空时，在太空中加热一个人的餐食，需要半小时左右。

虽然最早的微波技术起源于航天项目，且有着极高的加热效率。但直到2021年，格兰仕航天微波炉的出现，才让空间站烦琐的烹饪变得简单。由格兰仕研发制作的航天微波炉，只需要七分钟就能完成三名航天员的主食烹制。

多年来格兰仕一直深耕微波炉技术领域，是开发航天微波炉的不二之选。格兰仕集团董事长兼总裁梁昭贤也曾经提到，有机会给国家做贡献，也是一种荣誉。

2011年，中国航天中心向格兰仕集团董事长兼总裁梁昭贤发来问询。中国航天中心表示，希望格兰仕能够开发出未来能在中国空间站使用的微波炉。梁昭贤董事长二话不说，便应承下了这个无比重要的任务。自此，格兰仕航天微波炉项目正式立项，随即格兰仕便成立了航天微波炉研发中心。

在接受了中国航天中心研发任务之后，格兰仕第一时间启动了特种磁控管的研发。作为微波炉的核心组件，磁控管在太空中面临截然不同的使用环境。格兰仕通过对零部件集成创新，使航天微波炉达到超一级能效，在节约空间站宝贵能源的同时，还能以高效快捷的方式为航天员提供营养可口的食物。

空间站对设施用品的规格和重量，都有着极其严格的限制。若要使微波炉符合火箭发射与太空工作的要求，使其在火箭发射升空过程中能够承受过载与高频震荡，进入太空后又能够工作十年的使用寿命，就需要对微波炉的结构与核心部件进行重新设计和研发。

太空微波炉在工艺设计上有着严格的尺寸、重量和功耗限制。为了让微波炉达到太空作业的要求，在减少微波炉的体积方面，格兰仕研发人员不断优化产品结构，加强产品的机械强度，并采用了紧固件、一体成型等创新工艺；另外，格兰仕还特制了变频微波电源代替传统高压变压器，来大幅度减轻太空微波炉的重量。

2021年，5月29日20时50分许，天舟二号货运飞船的运载火箭在中国文昌航天发射场顺利点火起飞。从直播画面中看到火箭腾空飞起，格兰仕集团中山基地研发大楼内掌声和欢呼声，在大楼内久久回荡。航天微波炉项目研发团队花费了十年时间研发出的世界首台航天微波炉，搭载天舟二号货运飞船终于升空成功，格兰仕探索太空的夙愿在此刻成为现实。

毫不夸张地说，在航天微波炉研发成功背后，凝聚了格兰仕在微波炉行业近三十年的技术积累。

"登天"项目凝聚技术创新的力量

十年磨一剑，在航天微波炉"登天"这一项目上，凝聚了无数格兰仕人的努力。从磁控管到食物盒，再到机身结构，太空微波炉的每一处细节都是对格兰仕研发团队的考验。回顾过去十年，格兰仕航天微波炉研发团队奋斗的过往仍历历在目。

研发航天微波炉的第一年，格兰仕航天微波炉研发团队带着第一台"概念机"去北京接受测验。不料，微波炉刚放上高频振动台进行试验，整台机子就全部散架了，就连关键核心部件单品的测试也没过关。当时，面对参与评审专家提出问题，研发团队代表根本无法立即做出回答。在那一刻，家用微波炉研发领域身经百战的项目负责人李工，才猛然意识到要"达到航天标准"的真正含义。

实际上在那个时候，格兰仕在民用级别微波炉技术领域，已经有了长达二十年的技术积累。但是要从民用级别升级到航天级别，仍旧隔着几乎无法逾越的工艺和技术鸿沟。

当时，民用微波炉所使用的板材，所采用的焊接工艺，甚至包括微波炉的整体结构，都已经非常成熟，组装一台民用微波炉，就好比是对着图纸搭积木一样，一拼一接便可完成。但是，航天级别的微波炉究竟该使用什么样结构，根本没有前人的经验可供参考，设计图纸的绘制更是无从下手。

此后的很长一段时间，研发团队几乎住进了研发室内，累了就在研发室里打地铺，醒了接着学、接着想，微波炉的设计图纸修改了一遍又一遍，每天都要在内部论证会议上进行头脑风暴，试图利用集体智慧找出最终答案。

格兰仕航天微波炉研发中心摆放着一排样机外壳，这些样机外壳见证了研发团队无数次推倒重来的过程。研发团队试图从每一道被震裂的缝隙寻找解决方案，再用仿真技术来倒推优化设计。在反复的研究实验过程中，研发人员的知识结构得到反复地锻打，新的样机也被一次又一次送到北京去测试。随着台下评审专家提出的问题越来越少，研发团队的回答思路越来越清晰，样机在振动台上的表现越来越稳定，格兰仕研发团队知道，他们的项目距离成功越来越近了。

空间站内能源稀缺，对设施用品的规格、重量、能耗都有极其严格的限制。按照"七分钟完成三名航天员主食加热"的目标，航天微波炉的能效指标必须要比民用微波炉一级能效再提高三个百分点。要知道一级能效已经是非常高效的指标了，要在此基础上每提高一个百分点，都是十分艰难的事情。

在一次次技术突围中，格兰仕研发团队向"特别能吃苦、特别能战斗、特别能攻关、特别能奉献"的航天精神看齐，不断攻克技术难关。格兰仕集团旗下的磁控管研发部门，前后用了五年时间，不断优化航天微波炉的结构、性能和箱体方案。格兰仕航天微波炉研发团队还做了无数次的米饭测试实验，用实验结果倒推过程，再用计算机进行模拟，一点一点地改善搅拌器和炉腔的结构，直至微波被"搅拌"得越来越匀称。

经过格兰仕研发团队十余年的努力，终于完成了"七分钟完成三名航天员主食加热"的目标，粉笔盒大小的绿色核心部件，也终于通过了能效和高频振动的测试，其余所有指标也都达到了航天标准。如今的格兰仕航天微波炉，已经申请了十项技术专利。格兰仕终于不负中国航天中心所托，将航天微波炉从概念变成了现实。

"接到项目后，我们研发团队就以航天精神要求自己，逐个攻克每一个技术难点。现在再回看足足有二十公斤重第一台样机，就觉得它又大、又重、又复杂。我们最终交付并投入空间站使用的航天微波炉，重量约减少近一半，不仅如此，使用螺钉数量和结构部件也大幅度减少。我们还将家用微波炉'模块化'设计理念融入其中，大大降低了航天微波炉装配难度，即便是一个人也能独立完成微波炉的装配。"研发团队的负责人李工介绍道，"我们是用作产品的思维、而并非做设备的思维，来制作航天微波炉，因为我们希望航天员在空间站内也能品味到家的味道。"

随着格兰仕航天微波炉在中国空间站的应用，中国成为首个让航天员在太空上吃上健康可口的热饭热菜的国家。航天员们可以在空间站内轻松烹饪天南海北、不同节令家常美食。作为航天员在空间站的日常饮食烹饪工具，航天微波炉还必须做到足够易用、好用和耐用。

空气炸微波炉面世，宇宙厨房走向现实

"我们什么时候也能用上航天微波炉？"这是不少普通消费者看到格兰仕航天微波炉上天后的第一反应。

在厨电领域，目前还只有格兰仕航天微波炉能够适应火箭发射的高频震荡和空间站的零重力环境，并成功进入太空持续工作。如今，格兰仕已经在不断地加速技术转化，让航天技术更好地服务于普通消费者。

2021年7月28日，格兰仕集团&惠而浦（中国）品牌升级战略暨新品发布会在合肥举行，格兰仕立足航天微波炉等最新科技成果，推出了"宇宙厨房"的概念，并发布了"食尚味来舱"DR空气炸微波炉新品。

"宇宙厨房"的概念，一方面指的是在太空中的厨房场景，另一方面也是对未来厨房充满想象力的构思。

格兰仕的"宇宙厨房"，旨在把航天微波炉的技术普及到人们的日常生活中：厨房可以搭载程序设置，将各种美食烹饪方法数据化、程序化，并植入微波炉等厨电产品。用户只需指尖操作，即可实现一键式自动烹饪，真正满足人们对新时代智慧厨房的想象。

一直以来，大火煎炒炸煮都是中国人的传统观念里最喜欢的烹饪方式，而烘炸类的美味享受与健康自然理念却是相悖的。为此，格兰仕的宇宙厨房

提供了新的健康生活解决方案，让现代消费者不再纠结于是要享受油炸美食还是享受健康生活。

在格兰仕"宇宙厨房"中，只需要"食尚未来舱"——DR空气炸微波炉这一台机器，即可解决一日三餐的烹饪。DR空气炸微波在变频微波功能的基础上，创新增加了空气炸和立体烤的功能，既可以微波加热，又能提供烧烤、烘焙、烘炸等多种烹饪方式，是市面上首台空气炸微波炉。

DR空气炸微波炉还可以称得上是一个"美食百宝箱"。消费者仅仅使用DR空气炸微波炉，就能烹饪出上百道风味不同的美食，切实满足了不同人群的多元化烹饪需求。

除了航天微波炉和DR空气炸微波炉之外，自主可控的全产业链实力，让格兰仕在微波炉、蒸烤箱、微蒸烤一体机、洗碗机、冰箱、洗衣机、燃气灶、吸油烟机等不同类型家电产品领域，均有出色表现。由高端智能的格兰仕智慧家电所打造的格兰仕宇宙厨房，采用了无明火、无油烟的烹饪方式。这一整套和谐的科技产品，构成充满极简未来感的舒适布局，给消费者带来了前所未有的健康烹饪体验。

格兰仕每迈出的一小步，都有可能成为家电产业的一大步。在家电行业中，只有不断输出更高科技力的创新成果，才能打造真正的高科技宇宙厨房。相信在不久的未来，会有越来越多像格兰仕一样的中国制造企业，成为助力航天事业的先行者、开拓者、探索者。格兰仕也将继续独辟蹊径、勇攀高峰，引领家电行业为消费者铺设一条通往星辰大海、美好未来的天梯。

> **案例评点**
>
> 航天微波炉的"服役"在中国航天发展史上写下浓墨重彩的一笔，中国成了全球首个让航天员在太空吃上健康热食的国家。10年研发历程里，通过多次实验技术突围，格兰仕研发团队克服能耗、重力、空间等方面难题，让航天微波炉顺利在太空实现应用，把烹饪场景延伸到星辰大海。该项目不仅为太空烹饪做出了开拓性贡献，同时有力证明了中国制造领先世界水平，是人类烹饪历史中的一次重大突破。
>
> ——环球趋势案例编委会

多方合作释放5G潜能

——无锡市卫生健康统计中心、无锡急救中心、无锡移动、高通等助推医疗智能化发展

摘要：5G具有超高速率、超大连接、超低时延等特性，能够为医疗行业应用创新提供更好的技术支持。无锡市卫生健康统计中心、无锡市急救中心、高通公司、无锡移动合作推进的"5G+智慧急救"项目，通过在新型急救车上搭载高通X55芯片的5G智慧网挈设备，可将患者生命体征、车载OBD（On-Board Diagnostics）自动诊断系统和现场音视频数据，通过5G急救专网，直接回传至市卫健委数据中心，确保医疗数据的安全性和可靠性，救治医院可实时获取患者和救护车信息，提前制定抢救方案。同时，救护车辆在路上还可以发送优先控制指令，实现救护车辆的信号优先控制，为患者提供院前院内无缝衔接的医疗救治绿色通道。目前，四方已创新建设了全域覆盖、全民参与、全程管理的市域"5G胸痛救治平台"，以信息化手段支援医疗救治工作，共同提升医疗应急救治服务能力。

作为新一代移动通信技术，5G正加速应用到各行各业，为经济社会发展创造价值。10月22日至10月25日，2021年世界物联网博览会在无锡盛大举行。博览会期间，无锡市卫生健康统计中心、无锡市急救中心、高通公司、无锡移动正式达成四方战略合作，基于合作共赢的理念推进"5G+智慧急救"项目。目前，四方已创新建设了全域覆盖、全民参与、全程管理的市域"5G胸痛救治平台"，以信息化手段支援医疗救治工作，共同提升医疗应急救治服务能力。据悉，该项目已获得无锡国家传感网创新示范区物联网与5G十大应用标杆项目，以及工信部举办的第四届"绽放杯"全国三等奖，成为多方合作打造"5G+智慧医疗"的新样板。

图1 高通公司全球高级副总裁钱堃（右二）出席2021世界物联网博览会中国移动物联网开发者大会5G+智慧急救合作签约仪式

技术方案

急救车辆上配备的核心设备飞行事故记录器是5G智慧网擎，它可以自动记录并上传车上所有的数据，包括运行数据、OBD数据、音视频数据等，并保证所有节点数据的准确性。以前受到很多客观或人为因素影响，数据的准确性和及时性都无法保证，但急救需要争分夺秒，每一个时间点都非常重要，需要各个环节彼此紧密衔接。同时，急救又是相对分散的行为，所有救护车全部在外面跑，不容易做到有效管理，现在有了智慧急救管理系统，我们就能够对各个急救任务的时限和效率进行分析，然后把分析结果提前通过5G专用网络传输至数据中心和医院，让病人能够得到及时有效的救助。

这个设备实时采集的信息，包括所有的体征报告和心电图报告，都可以通过5G网络及时上传。这个系统基于卫健委的健康平台，已接入无锡4家三级医院、14家二级医院、54家社区卫生中心。从病人发病开始，不论地点在哪，通过智慧网擎以及实现的互联互通，就可以为病人快速选择最佳救治医院，并提前通知医院做好相关准备。无论是基层医疗机构还是救治医院，它们分散在城市的各个地方，而智慧急救管理系统就像是一张网，可以把这些点全部有效地串联在一起，保证所有节点数据能够准确传输。现在大医院经常人满为患，很多时候病人送到了才发现手术室是满的，或者急诊室是满的，通过这个系统，让卫健委的全市居民健康平台与救护车实现互联互通，通过智慧网擎和5G网络，可以实时抓取病人的既往病史，从而为及时有效的救治提供了便利和帮助。

同时，救护车上也能够提供实时心电图报告，这份报告不仅急救中心可以看到，包括目标医院也能看到，而且报告还能自动识别心脏疾病。因为报告做到了等比例缩放数据，不但可以让医生准确诊断病情，还可以无限拉伸成为一个读片影像系统，与全市的心电读片中心和诊疗中心连通，实现专家组的远程读片和诊断。之前由于网络的限制和源数据采集的问题，系统不够完善。现在通过高通公司、无锡移动以及其他第三方公司的合作，共同打造了这个智慧网擎的核心设备，它融合了5G传输、本地计算，还有互联网数据采集等技术，能够准确地生成分析结果。

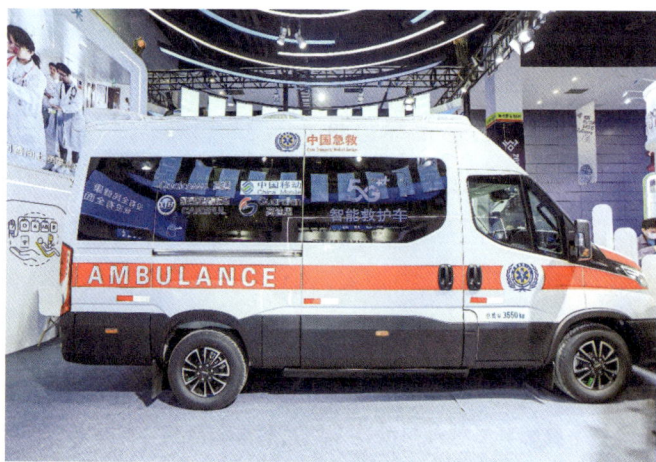

图2　基于高通技术的5G智慧急救车外观

此外，急救车上还安装了很多传感探头，这些探头可以代替人去收集各种数据，比如OBD开门数据、影像AI数据等，从而判断病人是否已上车、医疗人员是否就位、设备是否齐全、氧流量是否正常等。通过收集这些信息，就可以远程判定该车能否出勤或是正常行驶。以前需要逐一靠人工操作，现在可以远程对急救过程的所有节点进行详细的管控。

不仅如此，急救车还实现了与车联网的同步对接，通过GPS、北斗、格洛纳斯的三家卫星导航系统定位和秒级传输速率，保证了与车联网系统的有效对接。如外面路演所见，当救护车临近红绿灯时，可以通过车联网数据识别前方拥堵情况，并在车辆的直行、右转、左转方向全部开放绿灯，以保证救护车先行，待救护车通过后再恢复到正常状态。这个技术目前已经进行了局部路口测试，覆盖了200个红绿灯。未来，特殊通行权只会给予危重症患者需要的救护车。

患者体验

从患者角度而言，如果拨打120，市急救中心将在第一时间通过急救指挥调度系统，调度离患者最近的救护车辆前往。当救护车辆接到患者后，系统将根据救治医院的距离以及急诊医疗资源空闲情况自动匹配到最佳救治医院，同时救治医院也会立刻获取患者信息和救护车辆信息，提前开展救治准备。另外，在将患者送往目标救治医院的途中，救护车辆既能接收到路口控制运行信息，又能发送优先控制指令，实现救护车辆的信号优先控制，为患者提供院前院内无缝衔接的医疗救治绿色通道。

目前，该平台已接入无锡4家三级医院、14家二级医院、54家社区卫生中心、84辆救护车，成为"医疗救治更精确、调度指挥更可靠、急救转运更高效"的5G智慧急救新样板。

案例评点

"传统急救车的院前急救是相对孤立的，和医院联系比较少。当5G全面覆盖120急救车后，现在病人上车就与前方接收医院达成信息共享，车上的急救人员也可以与医院急诊抢救医护团队实时沟通，进行远程医疗指导，将部分急救工作前移，为救治争取了最大化的抢救时间。"

——无锡市急救中心调度信息科科长　吴隽

"2016年就有这个设想，但当时没有5G设备和5G网络支持实现目标。急救车在高速运行的状态下，医疗数据要实现可靠、稳定地传输，远程专家要通过高清音视频设备进行远程诊疗，这些场景只能借助5G来实现。"

——无锡市卫生健康统计信息中心科长　解明

用科技与历史对话，以计算之美溯源人类文明之美

摘要： 本案例描述了吉林大学古DNA实验室取得重大考古发现背后的科技力量。

DNA考古，就是利用现代分子生物学的手段，提取和分析保存在遗骸中的DNA。由于年代久远，又经历了水解、氧化、微生物降解等多种方式的破坏，通常情况下，古DNA很难完整地保留下来，而且可提取到的量十分稀少。另外，与现代DNA相比，古DNA序列也更加简短，因此，科研人员需要对珍贵的古DNA进行更大规模的测序，才能获得更多的有效数据。而通过测序得到的海量DNA数据，又对计算力和计算效率都提出了非常高的要求。

吉大考古学院与浪潮信息合作，创新性地开发了基于浪潮智算的基因测序加速应用方案，最大限度地提高了测序精准性、提升了古DNA使用效率。

如今，基因测序加速应用方案可以在9.64小时内完成全基因组分析，48分钟完成全外显子组分析。相比之前基于CPU的方案，基因数据处理速度提升了近39倍，大大加速了古DNA研究成果的诞生。

"我们是谁？我们从哪里来？"

想要认识和研究历史，就一定离不开考古学。考古不仅为我们揭示了中华文明起源，重现了中华文明的灿烂成就，展示了中华文明对世界文明的重大贡献，还增强了国人的民族自信心。

近年来，我国在考古学研究方面也确实取得了丰硕的成果。例如，中国科学院古脊椎动物与古人类研究所付巧妹团队"关于古基因组揭示近万年来中国人群的演化与迁徙历史"的研究成果，填补了东方尤其是中国地区史前人类遗传、演化、适应的重要信息缺环；作为中华文明多元一体发展模式的重要实物例证，三星堆六座文化"祭祀坑"的考古新发现，充分体现了古蜀

文明和长江文化曾经对中华文明做出的重要贡献。

图1　浪潮助力吉大古DNA实验室解锁藏在DNA里的秘密

多年以来，我们溯源历史的脚步从未停止，探寻答案的途径也更加多样。随着科学技术的发展，考古学研究不断深入，科技在考古研究中占比也在大幅度提升。

2021年，也是中国考古学诞生100周年，浪潮携手吉林大学古DNA实验室，将智算技术应用到DNA考古研究领域，为溯源人类文明，解锁古生物的生命奥秘，向世人重现了古老文明演变的轨迹，贡献出了科技的力量。

科技赋能，溯源更多未知文明

1984年，科学家从早已灭绝的南非斑驴样本中，找到了微量的DNA并对其进行了测序，古DNA研究就此诞生了。

1997年，科学家对尼安德特人的研究，证实了古DNA存在的可靠性。

2012年，科学家通过对西伯利亚一个洞穴内发现的一组牙齿和指骨化石上提取的DNA进行分析，证明了丹尼索瓦人的存在。这一发现曾被《科学》杂志评为2012年度十大科学突破之一。

2020年，中国科学家从甘肃夏河县白石崖溶洞的土壤沉积物中，提取出丹尼索瓦人的线粒体DNA，表明了丹尼索瓦人自倒数第二次冰期开始至末次冰期为止，一直生活在青藏高原。

现如今，分子考古学已经成为国际考古研究中的前沿领域和热点方向。

分子考古学，就是将基因分析应用于考古学研究中。众所周知，生命的遗传信息通常都保存在DNA中，因此，分子考古学的核心就是古DNA。而所谓的DNA考古，则是利用现代分子生物学的手段，提取和分析保存在遗骸中的DNA，同时依靠考古学和其他学科交叉研究，揭示古代生物种群特征及相互关系。

分子考古学不仅弥补了传统考古所不能企及的精度，还能使考古成果更加精准、科学、客观。

1998年，吉林大学建立了国内首个考古DNA实验室，并利用考古学、人类学以及语言学等的跨学科交叉，为我国北方地区和新疆地区的古人类DNA、古动植物DNA研究和古文明的溯源，做出了巨大的贡献。

2019年，吉大古DNA实验室成功实现了世界首例古小麦全基因组的破译，为理解东西方文化交流及农业传播，提供了跨时间维度的直接证据。

2020年6月1日，吉林大学古DNA的一项研究成果还原了新石器时代农业革命以来中国北方地区的人群互动，为探讨中华文明的起源、形成和发展提供了重要证据。

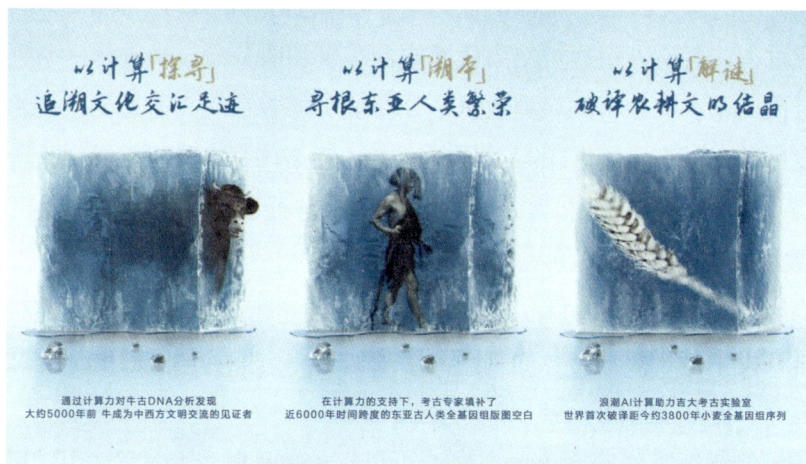

图2　吉大古DNA实验以计算之力实现古文明溯源

强大算力，解锁藏在DNA里的秘密

因为古DNA的年代久远，又经历了水解、氧化、微生物降解等多种方式的破坏，因此很难被完整保留下来，可提取到的量也十分稀少。再加上与现代DNA相比，古DNA的序列更加简短，所以提取古DNA并不是一件容易的事情。科研人员需要对珍贵的古DNA进行更大规模的测序，才能获得更多的有效数据，而测序得到的海量DNA数据，对计算力和计算效率都提出了更高的要求。

通常情况下在古DNA的研究中，研究人员会先对骨骼样本进行采集，再用专业工具获得骨骼粉末。之后，再使用特有的试剂盒对粉末进行DNA提取；继而对提取液中的古DNA进行文库的构建及测序。

通过测序仪测得DNA片段的序列信息后，研究人员首先会比对（MApping）所研究物种的参考基因组（References），然后再利用群体遗传学分析工具、系统发育软件等对序列信息进行分析，与现代或者其他古代人群、动物等遗传信息进行比对，从而追溯个体或群体的来源、迁移以及融合过程等。

无论是通过比对（MApping）、还是通过群体遗传学分析、系统发育分析等方式得出的研究数据，都需要强大的算力来进行数据处理工作。

在过去，科研人员通常使用普通的台式机和服务器，来进行一系列数据分析，因此单次能分析的序列数量十分有限。随着二代高通量测序技术平台的开发应用，对小片段古DNA分子捕获能力逐渐增强，科研人员实验所获得的DNA序列也大幅提升，普通的台式机和服务器已经远远无法满足巨大的DNA数据处理需求。

为解决古DNA研究过程中的数据处理问题，吉大考古学院与浪潮合作，创新地开发了基于浪潮智算的基因测序加速应用方案，最大限度地提高了测序精准性、提升了古DNA使用效率。

基于浪潮智算的基因测序方案，可以在9.64小时内完成全基因组分析，48分钟内完成全外显子组分析。相比原来基于CPU的测序方案，浪潮智算的基因数据处理速度提升近39倍，大大加速了古DNA研究成果的诞生。

浪潮正不断通过科学技术的力量，实现与历史的对话，溯源和追问未知答案，继而推动人类文明发展。除此之外，浪潮还将继续把智算力注入宇宙探索、文明研究、生态环境、物种保护、交通出行等各个领域，在追求人与地球的和谐共生的同时，为不断变化的世界匹配持续迭代的科技，用计算之美诠释人类文明之美。

案例评点

　　分子考古学，是科技和考古结合的一段非常创新的历程。通过古DNA打开历史的窗户，可以看到几千年、上万年甚至数万年来，生命的演化和迁移等过程。

　　此次，吉林大学古DNA实验室与浪潮信息合作，把人工智能技术应用到分子考古中，不仅提高了测序精准度和科研效率，还将对吉林大学考古研究乃至中华文明溯源都起到非常积极的作用，也为科技发展指明了前进的方向。

　　　　　　　　　　　　——高效能服务器和存储技术国家重点实验室副主任　刘军

以专业影像芯片开启硬件级算法时代

摘要：本案例描述了vivo在影像赛道上的长远布局，以及其持续科技创新背后的故事。

目前，各大科技厂商均拥有各自的赛道布局，而vivo长期致力于在设计、影像、系统、性能四条长赛道的创新与布局。作为中国著名的科技企业，vivo坚持长期投入科研人力与资源，不仅完成了首款自主研发的专业影像芯片V1，还完成了智能终端的搭载。

一直以来，vivo最大的优势就是更贴近消费者。vivo通过洞察消费者在影像上的需求，并对以往用户的影像需求研究结果进行梳理，再将用户需求与核心算法相结合，最终研发出vivo独一无二的影像处理系统。

不忘初心，埋头种因，即便消费者的需求一直在变，vivo对专业芯片的思考却从未改变过。这些年，vivo始终坚持在设计、影像、系统、性能四条长赛道上的探索，持续为用户带来更多的创新技术。

vivo始终认为，创新应该是一家科技公司必备的基本技能。但如果把创新简单理解为例行升级，不仅违背了科技企业的初衷，更无法向消费者交出一份满意的答卷。所以，vivo自创立以来，一直坚持"长期主义"的基本方针，努力在产品、技术、渠道、品牌等各个方面夯实基础，保证企业稳步前行。

多年以来，vivo一直很关注影像芯片的研发工作。一方面是因为现在的消费者非常注重影像方面体验，尤其是在很多场景之下，手机拍照功能几乎已经完全取代了相机。然而，手机移动影像的拍摄与录制，与专业单反相机相比，仍存在着较大差距。手机在拍照和视频录制功能方面，无论是在感光单元，还是算法部分，都有很大的提升空间。

另外一方面，随着手机摄影向生产力工具演变，消费者拍摄需求也随之增加。而手机在计算能力方面，面临运算量大和高能耗等诸多问题，尤其是在光源复杂的夜景环境下进行视频拍摄时，影像芯片的运算量更是呈指数级增长，这也对手机的算力提出了更高的要求。在这样的情况之下，vivo V1影像芯片应运而生。

vivo V1开启硬件级算法时代

随着社会和科技的不断发展，用户对于手机影像的需求正在逐渐向更多元、更专业的方向发展，这对手机的ISP而言是一场不可避免的遭遇战。如果仅仅按照传统的更新节奏来推进，显然无法满足用户的长期需求，换句话说，需求和供应一定会产生对冲。vivo正是预判到了这个结果，提前着手影像芯片的研发工作。

目前，很多厂商也在ISP（Image Signal Processor）图像信号处理器方向发力，vivo与其他厂商最大的区别就在于选择的方向不一样。目前，vivo更加关注夜景拍照和人像拍照两个方向，而这两方面的ISP研发是最需要有对应的算法支撑的。

不同于单反相机，手机最大的限制在于空间。简单地说，就是手机能为影像提供的空间较少。因此，需要通过更强大的算法来弥补光学和感光器件物理上的差距。在明确了方向和原理后，vivo的影像芯片研发势在必行。

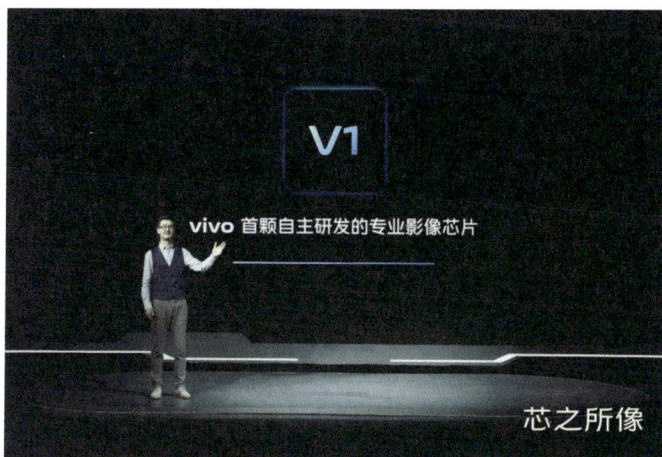

图1　芯之所像 vivo 影像技术分享会

2021年9月6日，在vivo"芯之所像"影像技术分享会上，vivo首款自研影像芯片V1发布，超过300人的研发团队，历经24个月的研发和投入，V1芯片终于和大家见面了。这次，V1的发布也是vivo开启行业"硬件级算法时代"的标志。

实际上，无论是芯片的定位、IP转化、还是芯片的设计过程，都需要很长一段时间。通常情况下，vivo每一代芯片研发周期都是以两年为基本单位。V1从开始规划到产量转化经过整整两年的时间。早在一年之前，vivo又开始规划下一代芯片的研发和制作了。

开拓赛道：自研专业影像芯片V1

曾经超大广角和潜望变焦的出现，突破了人们对于手机摄影光学器件的想象。但是在面对复杂光线、暗光场景、极限夜景以及众多视频拍摄场景时，手机的影像算力、芯片功耗仍需要进一步升级和进化。

为了解决这一问题，vivo最终决定与手机SoC厂商深度合作，成立了超300人的研发团队，花费了整整24个月，终于用自研专业影像芯片V1，开拓出了一条影像芯片的新赛道。

V1是由vivo主导开发、服务高速计算成像的专业影像芯片，也是一颗全定制的特殊规格集成电路芯片。V1芯片可在影像系统中搭配不同主芯片和显示屏，起到扩充ISP、高速成像算力，并释放主芯片ISP（Image Signal Processor）图像信号处理器负载的作用。同时，V1芯片，还可以使用户拍照和录像的需求兼容兼得。

值得关注的是，V1不仅可以像CPU一样，高速处理复杂的运算，还可以像GPU（Graphic Processing Unit）图形处理器和DSP（Digital Signal Processor）数字信号处理器一样，完成数据的并行处理。与CPU不同的是，V1芯片在处理特定任务时，具有高性能、低功耗的特点；而与DSP和CPU相比，V1在面对大量的复杂运算时，能效上又有了指数级提升。

为了实现V1芯片同期处理能力的最大化，vivo还优化了数据在芯片内部的储存架构和高速读写电路，实现等效32MB的超大缓存和全片上储存，超越了目前旗舰级桌面电脑处理器16MB到24MB的数量级，读写速度最高可达35.84Gbps（Million bits per second）每秒传输比特。另外，V1芯片还完全实现了1080P（Progressive）1920×1080的分辨率显示、60FPS（Frames Per Second）一秒输出60张静态图片的实时降噪插帧能力。

V1影像芯片技术极大地强化了主芯片在夜景下的影像效果，提升了用户在夜景下的创作空间。V1高速数据处理的针对性优化设计，让极其复杂的多个计算成像算法，在低功耗下实时并行处理变为现实。在V1的协助下，手机在夜晚拍摄时，可以降低噪点，呈现出清晰的夜间景色。

而在低光录像的情况下，V1主芯片还能以很低的功耗运行4K 30FPS的MEMC去噪和插帧。换句话说，V1影像芯片可以配合主芯片ISP原有的降噪功能，实现二次提亮二次降噪。

除了以上这些优点之外，V1影像芯片在主芯片ISP强大成像能力基础上，叠加V1内计算成像算法，得到1+1>2的成像效果。而且这种效果的提升是通过软件算法实现的，并不需要牺牲功耗。V1影像芯片将功耗转移至V1的专用硬件电路中，让复杂的计算成像功能，不仅存在于成片中，而且在默认拍照和录像预览下也能开启。

相比软件实现的方式，V1的专用算法在高速处理同等的计算成像算法时，将硬件电路的功耗有效降低了百分之五十左右，真正做到了能力更强、能耗更低。

图2　蔡司影像 品阅时光 X70系列新品发布会

联合全球合作伙伴，摄影体验再升级

影响摄影体验不仅仅是芯片，手机所搭配的镜头同样起到了至关重要的作用。但受到内部空间的限制，手机想要做到镜头升级，难度比芯片升级还大。

为了解决手机镜头的升级问题，2020年12月17日，vivo正式宣布与蔡司成为全球影像战略伙伴。经过了与蔡司在影像芯片、光学器件和软件算法各个方面的协同合作之后，vivo终于突破了技术层面的瓶颈，克服了工艺、良品率等技术限制，在手机上实现了高规格玻璃镜片，让手机镜头做到高透光率、超低色散、热稳定强的效果，大幅度提升了用户在使用夜拍、专业人像等影像模式上的体验。

图3　vivo蔡司正式成为全球影像战略伙伴

vivo V1芯片+蔡司影像究竟碰撞出了什么样的火花？vivo X70系列的发布给出了近乎完美的答案。

vivo X70系列在光学系统上实现全链路升级，突破性超低色散高透玻璃镜片，搭载全系列蔡司光学镜头，以及微云台融合防抖、定制大底和行业首发镀膜技术，呈现出了极其卓越的照片与视频拍摄能力。

摄影是光的艺术。vivo与蔡司的深度合作，实现光学技术和计算摄影的再一次突破。蔡司大中华区品牌传播负责人徐文曾经表示，vivo与蔡司全球

影像战略合作，将进一步拓展专业影像技术的边界，提升手机摄影的光学表现力，共同推动产业链的良性发展。

vivo相信，以X70系列高端旗舰之姿开辟出手机摄影新赛道，一定能将移动影像带向一个前所未有的新高度。

案例评点

随着图像数据量增加，图像画质的提升，算法对于硬件性能要求也"水涨船高"，自研ISP芯片无疑成为厂商们寻求的一个新的突破口。V1专业影像芯片的研发助力国产手机拍摄的表现能力更加优秀，尤其对于非专业的大众消费者想要拍出专业的照片表现友好。

—— 环球趋势案例编委会

中国自研铰链技术推动折叠屏从尝鲜走向普及

————OPPO历经4年6代打造黄金折叠尺寸

摘要： 过去10年，智能手机屏幕尺寸增长接近200%，大屏在带来沉浸式体验的同时，对用户的握持与便携性带来了挑战。折叠屏手机可为用户提供大屏体验，以及出色的便携性，能让手机在人类的眼与手之间寻找新的平衡。OPPO经历4年6代对折叠屏技术探索，发布旗下首款折叠屏旗舰OPPO Find N，凭借自研精工拟椎式铰链，实现无缝隐痕的折叠效果和自由悬停的全新交互体验。同时，OPPO Find N以5.49英寸18：9比例外屏，7.1英寸8.4：9比例内屏，定义黄金折叠比例，兼顾单手操控便捷性与大屏沉浸感。为了让用户享受大屏带来的沉浸体验，OPPO Find N首次在大屏折叠屏手机上实现了大屏、分屏、悬停等多形态智能交互，在生活、娱乐、工作等诸多场景为用户带来创新体验。

在过去10年里，手机屏幕变得越来越大，手机厂商为满足用户需求，也在不断尝试提升手机屏幕尺寸，从最早的窄边框，到目前普遍使用的全面屏，使手机屏幕尺寸不断提升，当屏幕尺寸在二维空间无法突破时，折叠屏这种新形态应运而生。

自2018年首款量产折叠屏上市，至今仍被认为是有天然缺陷的"尝鲜性科技产品"，技术不成熟易损坏、屏幕有折痕，手感不好便携性差，是阻碍用户更换折叠屏的核心原因。OPPO希望解决这些问题，做一款真正好用的折叠屏手机，推动折叠屏手机从尝鲜，到常用。

黄金尺寸

目前市场上的折叠屏产品尺寸方案分为两种，一种是上下翻折，开合后为6.7英寸的小屏折叠；或是左右折叠，外屏6英寸以上、内屏7.5英寸以上的大屏折叠。OPPO Find N和市场上其他的折叠屏手机不同，采用5.49英寸外屏，配合7.1英寸内屏，是一款完全不同的尺寸方案。采用与众不同的尺寸，需要极大的勇气来迎接用户、行业和市场的挑战。"我们总在思考，折叠屏究竟能为用户带来什么？更大的屏幕，或者是更便携？二者必须选其一吗？"OPPO Find N产品经理周意保回忆起产品定义初期的思考。

用户对于小屏的需求是小而便捷，实现单手操作是其标准；对于大屏的需求是大而沉浸，开启即有专注体验。这种思路成为OPPO Find N定义产品尺寸的标准和依据。为定义理想的产品尺寸，OPPO曾先后设计26版整机方案，制作120余个模型机，针对200余个用户，进行10余次用户调研。

外屏好用，首先需保证屏幕比例正常，16：9到20：9是用户可以接受的范围。另外，使用的极限场景是全键盘输入，过于狭窄的屏幕，会导致用户在使用全键盘输入时出现误触问题。于是OPPO在现有的机型上不断调整输入法的宽度，并反复测试，发现当屏幕宽度大于60mm左右，可以为用户提供一个较为舒适的输入体验。最终OPPO定义了外屏显示宽度为63mm。在此基础之上，配合较窄的屏幕边框和铰链不可避免的尺寸，将整机宽度控制在73mm，可以保证用户舒适地握持。

人的眼睛是横向生长的，因此人类的视觉范围也是横向而并非纵向。当用户选择使用手机观看视频的时候，仍会将手机旋转90度，试图获得更沉浸的体验，这种行为源于人类的直觉。OPPO认为Find N内屏一定要做横屏，但做横屏软件开发成本极大，经历3个月的时间，在刘作虎和周意保的一再坚持下，最终OPPO"将旋转90度的动作留给自己"，选择了更符合用户直觉的横屏设计。

自研铰链

自2018年以来，OPPO位于东莞长安的实验室内，工程师团队正在打磨折叠屏外折方案，经历了11个月的打磨，屏幕折痕依旧不能让人满意，于是OPPO将这款产品留在了实验室，并继续探索折叠屏技术。2018-2021，4年间，OPPO曾前后迭代6代折叠方案，外折、内折、上下折，穷尽了所有折叠方案。终于在2021年1月，伴随着125项专利，一款成熟的折叠屏方案浮出水面。

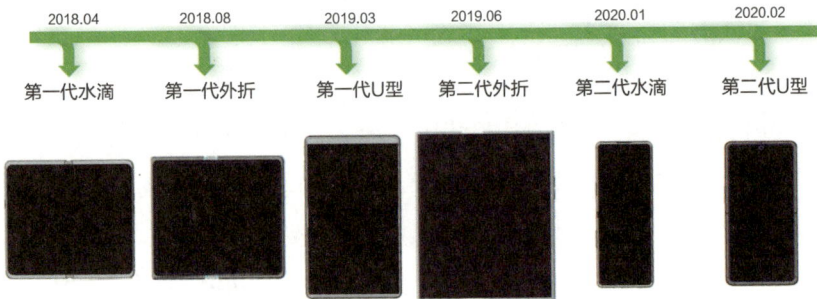

图1　OPPO4 6代折叠方案演进示意

OPPO Find N采用的水滴铰链，就是通过提升弯折半径来降低屏幕折痕。目前行业内常用的铰链形态有两种：U型铰链和水滴形铰链。U型铰链的常规弯折半径为1.5mm左右，而Find N采用的水滴铰链弯折半径为3.0mm，相较提升100%。更大的弯折半径让屏幕弯折和蠕变分散在较大范围，塑性变形更小。仿真的测试表明，水滴铰链相比U型铰链折痕降低48%。

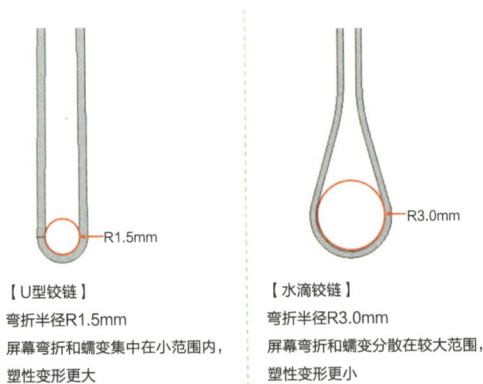

图2　U型、水滴铰链弯折半径对比示意图

相较于U型铰链，水滴铰链机械结构更复杂。普通U型铰链的零件数一般在60个左右，成本不高于200元；而水滴铰链有136个零部件，成本是U型铰链至少4倍。同时，更精密的结构意味着需要更高的工艺要求。OPPO Find N铰链部分有400余个重点尺寸管控标准，最高精度为0.01mm，仅为一张纸的十分之一。

折叠屏不再是"昂贵的玩具"

OPPO Find N屏幕外层采用0.03mm的UTG（Ultra Thin Glass）超薄柔性玻璃，相较于传统CPI（Colorless Polymide）明聚酰亚胺材质屏幕膜抗冲击力提升300%，更为坚挺。屏幕折叠区域采用单层分段钢板黏接方案，在提升可靠性的同时，减少钢板对Panel显示层的拉扯。屏幕最底端采用自研专利网纹矩阵，针对水滴曲率的动态变化重新设计疏密有度的网纹形状，前后18版方案设计使屏幕成型更自然，弯折区域应力降低30%。

图3　OPPO Find N手机

在此之上，对屏幕周边的整机其他结构进行十余套方案的对比测试和持续优化，进一步提升折痕表现。通过这一系列对技术细节不断的探索迭代，经测试，正常使用1个月、或更严苛的实验室高温高湿环境加速老化后的屏幕折痕，相对常规的水滴折叠再一次减轻了30%。

OPPO想为用户呈现一台好用、实用、耐用的折叠屏手机。得心应手的尺寸设计、无缝隐痕的大屏体验、顺滑的开合手感、无极悬停的全新交互模式以及直板机的耐用标准，让折叠屏不再是一个"昂贵的玩具"，而是一台真实好用的手机。

案例评点

OPPO Find N手机，在铰链方面，采用的是我国自研的精工拟椎式铰链，在实现贴合的同时可以多角度无级悬停，基本实现了无缝隐痕折叠效果；在屏幕材料方面，采用的是全新12层复合结构和UTG超薄柔性玻璃，相比传统的折叠屏，有更强的抗穿刺能力，耐用性增强。同时，在软件方面，折叠屏手机的软件适配程度也显著提升，交互操作和多任务处理均已实现。

——赛迪顾问数字经济产业研究中心总经理　刘旭

破解安全困局，数字化转型背后的网安力量

　　摘要： 本案例描述了360公司为天津总医院破解网络安全运营困境，构建动态安全运营服务体系的建设过程。现如今，天津医科大学总医院的动态安全运营服务体系已全面实现了高级持续性威胁可发现、安全事件可预警、安全态势可感知、威胁情报可分析、攻击行为可追溯等网络安保功能。

　　随着5G、大数据、物联网、人工智能等技术的发展，网络安全运营风险日益凸显，这对传统网络安全防护机制提出了新挑战。为实现对安全威胁的提前感知与预测预防，对正在发生安全事件进行实时防御和响应处置，加快医疗行业数字化转型，构建动态的安全运营服务体系，全面提升医疗行业的攻防能力势在必行。

　　动态安全运营服务体系提高了医院态势感知、威胁分析、自动化处置水平，能使医院内部网络系统及时发现、阻断、响应大规模、高级别网络攻击威胁，有效保障了医院内部各业务系统安全稳定运行。

　　近年来，随着医疗行业信息化得到全面快速发展，互联网、大数据、云计算等新兴技术开始不断地与传统医疗互补、融合，医院信息系统也逐渐成为医疗服务的重要支撑体系，在一定程度上促进了医疗服务水平的提升。尤其是近两年对于新冠肺炎疫情的防控，更是加速了我国医疗行业的数字化转型升级。

　　但是，信息系统的数字化转型同样是一把"双刃剑"。对于医疗行业的数字化转型升级而言，一方面它确实提升了医疗系统的工作效率，另一方面，也为网络攻击、软件漏洞攻击等黑客行为，提供了可乘之机。因此，要实现医疗行业的数字化，就必须要有强大的网络安全运营建设来支撑。

　　而医疗卫生行业作为关系国计民生的重要领域，信息系统的安全与稳定

又直接关系到医疗工作的正常运行。因此，医疗领域的信息化安全建设不仅形势严峻，而且迫在眉睫。

截至2021年，经过七十年发展的天津医科大学总医院（简称"总医院"），已成为集医疗、教学、科研、预防于一体的综合性三级甲等医院。总医院作为天津市最大的医学中心，其信息系统的安全性直接关系到整个天津医疗卫生行业的正常运行。而360公司作为数字安全的守护者，积极承建了总医院内网安全运营项目，助力总医院筑起一道网络信息安全屏障。

医疗数字化转型背后的网安支撑

作为我国网络信息安全的重要组成部分，医疗行业的网络信息安全一直受到国家高度重视。即便是从全球网络安全形势来看，网络安全威胁和风险问题也日益突出。而近年来，针对医院的勒索、挖矿和医疗信息泄露等信息安全事件，更是层出不穷。总而言之，医疗领域网络安全工作正面临着前所未有的困难和挑战。因此，医疗行业急需通用数字化思维来重塑网络安全系统，构建新战法、新框架和新能力，形成真正面向数字化的安全新体系。

医院的智慧医疗信息系统内存储了海量数据内容，其中包括医院经营数据和患者医疗数据等私密信息，若是这些信息遭到泄露和传播，必将会给医院、社会和患者带来巨大的安全风险，所以必须从更高的维度、更广的视角来审视医疗行业的网络安全问题。

360在不断地调研和梳理之后，总结出了总医院内网安全运营项目建设目标：即以《网络安全法》《数据安全法》为根本，以《关键信息基础设施安全保护条例》《网络安全等级保护基本要求》等规范要求为依据，在现有网络安全建设基础上，整合安全技术措施和安全管理措施，打造积极防御的内网安全运营体系。

360将网络信息安全的防御思维从传统的"合规防御"视角，转向主动防御和更高层次的安全运营建设，并结合总医院实际业务场景和现实网络基础环境，为总医院建立了全网统一的动态安全运营服务体系，从根本上提升总医院网络安全综合防护能力，保障了总医院的网络空间安全。

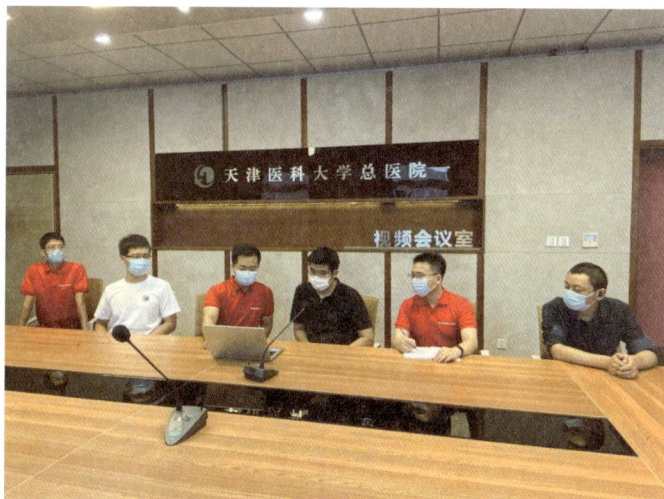

图1　360团队与天津医科大学总医院洽谈业务

在这个金额高达五百万元的大型网络安全项目中，360结合安全大数据能力、顶尖的漏洞挖掘能力、领先的威胁情报能力和高水平的安全服务能力，切实提高了信息系统防攻击、防篡改、防病毒、防瘫痪、防窃密能力，为医院切实筑牢信息安全防线。

赋能行业共建的网络新生态

360公司在很短时间内，就为总医院建成了以360本地安全大脑为核心中枢的全网统一动态安全运营服务体系。

一方面，360公司通过订阅云端安全大脑的多种能力，为总医院网络信息系统提供超越态势感知的大网全局视野和高位安全能力。另一方面，360还为总医院提供了支撑网络安全生命周期和安全体系建设的其他各项能力，其中包括事前资产梳理、风险识别和抗攻击能力评估；事中安全事件分析、溯源和应急处置；以及事后复盘总结，安全运营知识沉淀。

目前，由360构建动态安全运营服务体系，已经形成了全网防控、全域覆盖的安全保障能力，全面实现了高级持续性威胁可发现、安全事件可预警、安全态势可感知、威胁情报可分析、攻击行为可追溯。

360公司为总医院打造出的风险可预警、事件可溯源、能力可评估、安全可闭环的智慧医疗安全运营体系，真正实现了运营平台化和管理一体化，不仅全面保障了总医院智慧医疗业务的安全运行，而且持续提升了总医院的安全运营能力。树立了全国智慧医疗安全运营新标杆。

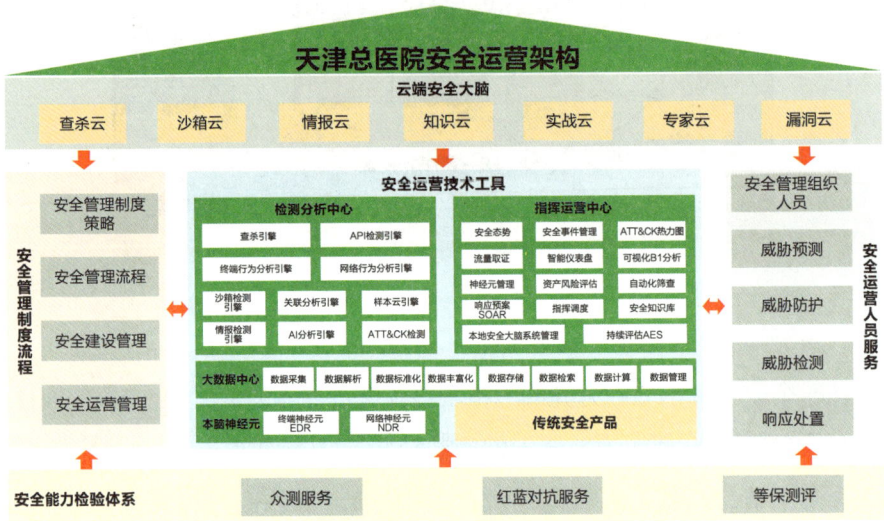

图2　360为天津总医院提出安全运营架构

"急客户之所急，想客户之所想，帮客户之所需"一直是360公司的服务宗旨，那360公司又是如何为客户提供增值服务的呢？

360公司专业的技术人才、成熟运营平台和订阅服务，可以为客户提供安全监测服务、安全数据处理服务、安全分析服务、安全运营服务、威胁情报订阅服务等多项服务内容，切实完善企事业单位网络安全保障能力建设，实现将安全运营服务融入日常工作中，进一步加强了网络信息系统动态模式的安全防护能力，提高了安全监测预警效率，使网络信息系统能够真正适应新形势下的网络安全的新问题和新威胁，有效保障了单位内部各业务系统安全、稳定的运行。

另外，360公司在服务过程中，还会为客户提供了以全网安全大数据为基础的网络云端双向赋能体系和服务专用安全分析平台，为安全运营服务提供强大的技术支撑，进一步强化网络系统的检测与响应能力。

图3　360工作人员在天津总医院机房调试设备

目前，360公司承接的总医院内网安全运营项目，已通过"云端大脑赋能+本地平台化运营服务"的交付方式，深度融合了医疗业务系统和网络安全系统，帮助医院解决了智慧医疗运行过程中面临的各类安全问题，有效弥补了客户内部安全专业人员缺乏、安全技术积累不足等问题，大大缩短了安全事件响应处置时间，提升安全运营工作效率和精准度，为医院内网系统的安全运行提供了可靠的保障。

安全与发展原本是网络系统的一体之两翼，360集团创始人周鸿祎曾多次提出，网络信息安全是信息系统数字化的基础，360公司始终致力于构建真正为数字化保驾护航的安全防护系统。

一直以来，360通过构建新战法和新框架，为工业互联网、车联网、能源互联网、智慧城市等各行各业的数字化场景，提供网络信息安全解决方案，赋能国家、城市、行业、企事业单位，助其实现安全能力的成长与进化，继而为数字时代国家大安全发展添砖加瓦。

在新一代安全能力框架的指导下，360公司将持续输出以能力建设为导向的安全服务，打造更加安全的数字化医疗产业。未来，360也将继续与天津总医院携手，共同为医疗数字化发展建设保驾护航。

案例评点

　　"互联网＋医疗"的崛起，正在为传统医疗行业带来颠覆性变革，随之而来的是不可避免的网络安全问题。尤其是在疫情期间，互联网医疗已成为抗击疫情的"又一战场"，成功地吸引了许多黑客的聚焦，因此，"互联网医疗"也需要实时护航数据安全的"安全医生"。天津总医院安全运营体系的构建，是网络安全企业为医院信息化建设把脉问诊开出的一剂"良方"，希望这样的典型案例可以在医疗系统内更加广泛地推广、复制。

——数据协同安全技术国家工程实验室常务副主任　杜跃进

数字城市建设背后的科技力量

——云从科技人机协同操作系统让城市做到"五个最"

摘要： 本案例描述了天府新区数字城市项目依托数字孪生底座、智慧城市规划、智慧政务、智慧防汛等方面着手建设、打造智慧化管理数字孪生系统，建设与现实城市一一映照的虚拟孪生城市，在数字化的空间平台中彻底打破数据孤岛，实现城市要素间更深层次的互联互通，有效赋能各类创新应用场景的智慧化，从多维度推动城市的协同包容发展。2021世界智慧城市大奖揭晓，天府新区支持的成都市获得宜居和包容大奖。

黄昏时分，锦江江面波光粼粼，水鸟在水中捕食，市民在江边绿道散步。天蓝、水清、地绿的公园城市生态在四川天府新区日益凸显，而锦江的水环境治理只是其中的一个缩影。

兴隆湖、麓湖水城、鹿溪河生态区、天府公园……"颜值极佳"，早已成为外界对天府新区认知的"共识"。

走进天府新区的"内里"，天府新区第一污水处理厂、成都超算中心、天府CBP城市展厅依次展开，呈现天府新区"颜值"之外的"实力"一面。

地表以上是公园，多样的植物与体育休闲运动场地构成备受市民喜欢的公共空间，天府新区第一污水处理厂就这样藏在天府大道西侧、成都科学城内。作为成都首座地埋式污水处理厂，天府新区第一污水处理厂服务于成都科学城、天府总部商务区及周边街道，日处理量达4万吨，年处理量约等于一个西湖。超过26万人生活所产生的生活污水，在这里经过深度处理，水质达到高品质再生水，最终会用于公建清洗、道路清洗等。

梓州大道东侧，去年建成投用的成都超算中心是当下成都科学城耀眼的明星。方形蓝色外观，后现代风格高颜值外观的内里，最高运算速度达到10亿亿次/秒的超算能力。作为科技核心策源能力的重要支撑，成都超算中心在投运前就吸引了各方关注的目光。

"绿水青山就是金山银山"，把生态价值转化成经济价值，天府总部商务区用呈现在眼前的实景，诠释高质量发展的价值。在天府总部商务区8.5平方公里的核心区内，密集布局有119栋超百米高楼，核心东区以三栋488米、300米、290米的建筑为支点，形成"三塔鼎立"的天际线轮廓。

要协同好多个区域与数据，发挥先行示范效应，离不开每个部门、每个位工作人员的规划与努力，也离不开他们背后的科学力量——天府新区数字城市项目。

四川天府新区数字城市建设于2021年1月正式启动，目标是以统筹推进、数据驱动、需求导向、赋能产业为原则，建设以城市大脑为枢纽、数据资源为核心、实体空间和数据模型协同映射的现代数字城市，推动城市管理、市民生活、社会治理的全方位变革。

"基于云从科技人机协同操作系统，天府新区数字城市项目具备天府大脑、智慧防汛、智慧规划、智慧政务等模块，可以实现态势感知、智能预判、统筹调度以及人机协同。这使得管理者可以通过"天府大脑"运用实时在线的数据，来帮助城市管理者及时精准地发现问题、对接需求、研判形势、预防风险。"云从科技技术人员表示。

这也让管理者做到"五个最"：在最低层级、最早时间，以相对最小成本，解决最突出问题，取得最佳综合效应，达到线上线下协同高效处置一件事。

天府新区数字城市项目主要由1+N板块组成：

1：数字孪生的核心-"天府大脑"

天府新区打造虚实共生的数字孪生之城，大幅延伸城市有效边际，赋能城市多维度协同包容发展。

图1　"天府大脑"将城市空间数字化

　　针对当前城市管理平台分散、平台多、网站多、运营单位多，引起的数据呈现不全面、不统一、不及时，进而造成的问题洞察深度不足、资源综合调度效率低、城市管理成效验证周期长、管理调度不统一的问题，天府新区打造了综合枢纽数字孪生平台——"天府大脑"，通过对各类数据资产进行盘点、抽取、采集、转换、清洗，形成一图统揽和一网统管两大核心主题。

　　数据层面上，天府新区已建成564平方公里的数字孪生城市信息模型，其中90平方公里为中等精度建模，其中30平方公里为高精度建模，将三维场景进行实时渲染，并且输出高分辨率稳定帧率的画质，支持实时光源、大气雾、高度雾以及24小时昼夜变换，大气渲染和自动光照变化的等模拟真实肉眼看到的真实世界的效果。

　　应用层面上，天府新区综合枢纽数字孪生平台支持不少于8个城市运行监测主题的可视化包括智慧规划、智慧工地、智慧科创、智慧出行、智慧生态、智慧防汛、智慧应急、智慧管廊、公园城市等，具备多样化的数据加载与渲染能力，构建全新的CDO（Chief Digital Officer）首席数据官城市运行模式，将与实体城市"孪生"的数字空间储存在城市大脑，未来将开放给更多部门进行使用，实现更多的城市运行监测主题的可视化。

　　截至目前，天府新区已建成了1个大数据云平台和人口基础、企业法人、空间地理、宏观经济等信息的4大资源数据库，形成了经济运行、城市建设等6个展示专题，归集11个部门、813项、47.7亿条数据，日均共享交换数据达到2000万余条，为新区经济运行、市场主体发展等提供基础数据支撑。

N：智慧防汛

天府新区打造"事前-事中-事后"全周期智慧应急防汛体系，全面提升城市韧性水平，筑强安平之城。

图2　智慧防汛调度系统提供有力的技术支撑和决策辅助

天府新区地处成都平原南部边缘地带，属四川盆地中亚热带季风湿润气候区，境内水网密布，降水丰富，多年平均降水量855.8毫米，降水主要集中在5—9月份，占全年总降水量83%，洪涝灾害主要类型为江河洪水、城镇内涝、山洪泥石流和水库度汛安全四类。2018年至2020年汛期，天府新区出现区域性大暴雨10次、区域性特大暴雨5次，锦江、鹿溪河等重要流域超保证水位8次、超警戒水位11次，水库超汛限水位37次。当前，天府新区防汛减灾工作面临以下难题，一是监测感知能力不足，监测系统尚未实现天府新区所辖流域全覆盖，且部分监测站点监测手段落后；二是决策辅助智能化水平不高，汛情监测、预判预警和决策指挥缺少技术支撑；三是调度支持和服务能力不强，工程、设备及监测、监控系统相对分散，自成体系，没有形成功能互补有机结合的整体。

随着物联网、大数据、移动互联、云计算和人工智能等技术的全面应用，天府新区充分整合应急、气象、水利、交通、住建、国土等方面监测预警信息，通过数据汇聚、模型计算、智能研判等手段构建智慧防汛系统，为汛情态势感知、预警预报、风险分析和应急响应等提供有力的技术支撑和决策辅助，促进防汛工作转型发展，提升整体治理能力，最大程度减轻灾害损失。

系统在2021年汛期，调度巡查监测、排险抢险人员4510人次、车辆972台次、机具46台次，联动排查处置防汛隐患20次，指导转移安置群众2250人。

N：智慧规划

天府新区（成都）推出智慧规划平台，建设宜居包容之都。

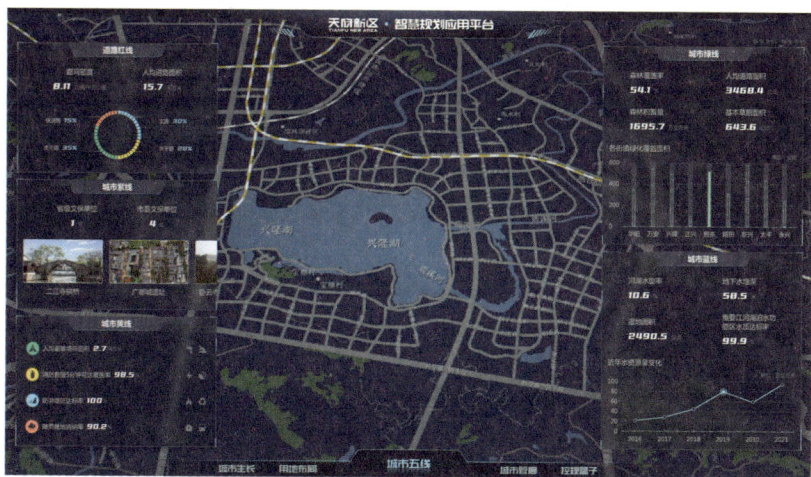

图3　智慧规划应用平台可评估城市规划及运行状态

为针对性地解决目前传统规划模式中的诸多痛点、难点，天府新区着力打造侧重于数字城市智慧规划应用和服务的平台，推出建设现状评估、规划评估、方案分析、专题分析、驾驶舱等子系统，打造智慧化的全新规划模式。

智慧规划平台集成了天府新区过去、现在和未来与城市规划建设相关的信息，一期建成有覆盖天府新区直管区范围内90平方公里范围的优于5cm精度的倾斜摄影实景三维空间底板，多批次遥感影像，多比例尺、全要素电子地图、DEM（Digital Elevation Model）数字高程模型等，可以查询调阅近十年来城市的历史信息，该系统可以提供数据共享、模型计算、业务互通、信息可视化的功能，全面了解城市现状运行状态，通过建设智慧规划评估模拟系统，对规划方案和建筑方案模型实行实时计算分析，引领天府新区智慧城市、公园城市建设。

N：智慧政务

天府新区推出智慧政务，以"一横、一纵、一跨"为核心思路，创新打造以"审批即服务（Examine＆Approve-as-a-Service）"为内核的全新服务治理体系和方式。

图4　四川线下政务服务点

图5　四川政务服务网

（一）一横，全面统筹、信息融合、主动式服务

横向覆盖整个天府新区政务服务领域，以全区一盘棋的思路将统筹统建贯彻到底。夯实区内事项标准同源、电子证照统一、电子印章通用（签章）等共性基础能力；通过区块链、多方数据安全计算、联邦学习等新技术，推动各部门政务数据和市场化平台可信数据有效融合，创造政务数据应用新价值；打造天府新区政务服务政商联盟服务体系，主动迎合营商环境市场化需要，吸引优质资源要素持续集聚，全面提升数字政府服务形象。

（二）一纵，规划总线、数据打通、全周期服务

纵向贯穿省、市、区、街、居一体化服务总线，通过城市大脑大数据治理和人工智能，将咨询、办事、评价、诉求、社区服务和园区服务绘制为多维度知识图谱，串通个人、企业全生命周期形成多阶段主题式服务；打通上级数据壁垒，发挥街、局互通互认、协作调度、全程网办和全区通办作用；逐步推动接件及受理的智能化，实现人机结合的新政务服务模式。

（三）一跨，多域通办、信用共识、联盟链服务

一跨即实现跨区、跨市、跨省多级分段服务模式。通过区块链技术将区内外各方政务服务成员及公共服务成员组建成共识联盟体，细化接件（预审）、受理、审批、办结、现场勘查、公共服务等环节，结合不同区、市、省的协作互认开放程度及群众和企业相关的信用评定，智能匹配相应跨省通办的服务能力。天府智慧政务按照"统筹规划、急用先建、迭代优化"的建设模式，在交付实施上已经取得了良好的社会效益和经济效益，最终实现"网上办理、受理零见面""信息共享、申报材料零提交""自动比对、审批（核）零人工""主动送达、领证零跑腿""全程留痕、纸质材料零归档"的"智慧审批""五个零"服务目标，办事群众只需携带手机及身份证即可办理业务，减轻窗口压力，降低人员履职风险，从而提升工作人员的工作效率，大幅度提高办事企业和群众的便捷度和获得感。

目前，天府新区近年来PM2.5、PM10浓度分别下降16.38%、21.81%，空气质量优良天数增加63天，达到290天，锦江正公路、鹿溪河鱼剑滩断面水质类别分别由2018年Ⅴ类、Ⅳ类提升至Ⅲ类，城市宜居指数持续提高；新增生态绿地1.83万亩和动植物20余种，森林面积提升至143.8平方公里，碳汇能力不断提升；持续构建绿色低碳发展"636"体系，111个房建项目达到绿色建筑标准，绿色不断成为新区高质量发展底色。

同时，天府新区的重大科技基础设施和交叉研究平台总量跃居成都市首位，引进重大项目212个、世界500强11家、总投资超2400亿元，较2017年累计数实现双翻番；主导产业营收达150亿元，较2017年增长近8倍；引聚高新技术企业438家、年均增速全市第一；聚集新经济企业3600余家、年均增速超20%；引育高层次人才273名，较2017年增长近5倍。

> **案例评点**
>
> 人机协同是人工智能的必然趋势，机器通过算法、储存、搜索、判断、计算等过程形成的形式化智能决策，人通过直觉、学习、经验、知识、推理等形成的意向性智能决策，两者优势互补、扬长避短，深刻改变人们的生产、生活、学习方式。天府新区数字城市建设基于人机协同操作系统，打造感知、认知、决策闭环的人机协同体系，构建"数据驱动、人机协同、跨界融合、共创分享"的智能经济形态，对成都建设人城境业高度和谐统一的大美公园城市，推动经济社会高质量发展具有重要意义。
>
> ——中国信息通信研究院副总工程师　许志远

智慧餐厅带来的沉浸式就餐新体验

摘要： 本案例描述了海底捞智慧餐厅对餐饮数字化转型和智能化发展的探索与尝试。如今，年轻一代的消费群体不仅追求独立个性和养生健康，也更加注重体验感。海底捞利用新技术打造出的智慧餐厅，既实现了个性化口味定制，丰富了顾客的消费体验，也提升了食品安全保障水平，为餐饮数字化转型和智能化发展创造了更多可能性。再加上"线上+线下"的融合发展模式，智慧餐厅突破了传统餐饮行业发展限制，为顾客触及产品与服务体验提供了更多选择渠道。在个性化、数字化和智能化的市场导向之下，智慧餐厅正逐渐成为当前餐饮行业发展的潮流。

2021年8月，海底捞推出的最"新餐品"——沙棘锅底正式在智慧餐厅上线。除了产品带来的口味上的创新之外，沉浸式包厢亦成为海底捞餐厅的一大亮点。

海底捞的沙棘火锅沉浸式包厢一比一还原了沙棘的生长环境和气候，创造出全新的沙棘用餐视听体验，让顾客能够如身临其境般，感受到神秘的大西北生态，从而更好地理解沙棘的生态价值。

这种沉浸式服务体验概念的提出与实践，不仅满足了消费者多元化和个性化需求，也契合年轻一代注重体验感的消费新特点，已然成为未来中国餐饮行业发展新趋势。

2021年4月，商务部在例行新闻发布会上提出，要发展流通新业态新模式，推动实体商业企业发展加快数字化、智能化改造和跨界融合，发展智慧超市、智慧商店、智慧餐厅，推进线上线下更广更深的融合。

海底捞作为国内餐饮企业的代表，一直致力探索行业的数字化转型和智能化发展之路。海底捞在智慧餐厅领域多年耕耘的过程中，不仅取得了诸多成果，也为未来餐饮行业发展做出了全新的尝试。

图1　海底捞沙棘火锅沉浸式包厢

新技术打造智慧餐厅新形态

360度全屋环绕式立体大屏、六块穹顶屏幕，雪域高原、凡·高星空、热带雨林、无垢之域、浪漫樱花、浩渺宇宙六大主题场景，每十五分钟会随机切换一次……这就是海底捞利用智能技术打造出的智慧餐厅。

图2　海底捞智慧餐厅沉浸式就餐环境

如今，海底捞智慧餐厅的等位区，不仅有可容纳80人的超大座位区，还有14m×3m巨型投影屏。有别于传统餐厅的标准化环境，智慧餐厅让顾客拥有更加丰富的感官体验。

"从等位开始就能感受到满满的科技感，一走进餐厅就让人忍不住边走边拍，大屏幕上的互动小游戏，让我有一种在科技馆吃火锅的感觉。"一位年轻消费者在社交平台如此评价道。

为了探索出一条以新技术改变餐饮企业成本结构，利用数字化和智能化的手段来提升顾客体验、降本增效和保障食品安全的发展之路，海底捞早在2018年就推出了智慧餐厅。智慧餐厅所谓的"智慧"主要体现在以下几个方面：

首先，在保障食品安全方面，海底捞智慧餐厅真正实现了无人化操作。海底捞智慧餐厅的配菜房一直保持在0～4度的恒温状态，并配备了机械臂自动配菜出菜。而且每份菜品都有RFID（射频识别技术，全称Radio Frequency Identification）标签，如果遇到临期的菜品，系统就会自动报警；如果有到期的菜品，系统则会直接将其淘汰下架。菜品在制作好后，会由传菜机器人配合人工一起送至顾客的餐桌上。

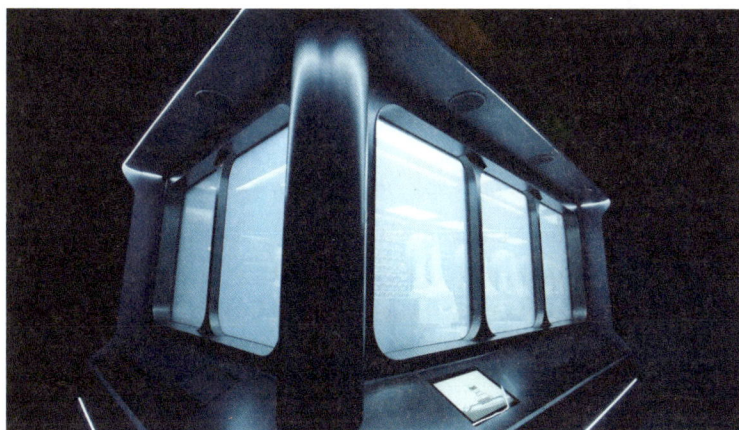

图3　0～4℃全封闭式"太空舱"，机械臂自动出菜，实现智能配菜

其次，智慧餐厅的"智慧"还体现在口味选择上。火锅的核心就是锅底和调料，由于每个人对麻、辣等味道的接受程度不同，对于锅底和调味料的

选择也不尽相同，为此海底捞推出了锅底"私人定制"服务。顾客可以根据自己的需求，调制出符合自己口味的麻辣香咸度和油水比例，并保存在智慧餐厅的CRM（会员管理系统，全称Customer Relationship Management）系统中。之后，自动配锅机就会精准地配置出火锅的原料、辅料和鲜料，为顾客做出一份"私人定制"的锅底。

由于年轻消费群体更注重独立个性，"私人定制"锅底也因此大受欢迎，如今在社交平台上已经出现了众多海底捞DIY锅底攻略，这也显示出年轻消费群体对定制化、个性化产品的热衷。

图4　自动配锅机精准定制专属口味锅底，实现一个人一种口味

第三，海底捞还自主研发了业内第一个厨房综合生产管理系统——IKMS系统（Intelligent Kitchen Management System）。目前，该系统已具备生产管理、设备实时监控、智能化库存管理三大功能。除此之外，海底捞还实现了后厨自动化、智能化的管理。智能后厨的应用，让更多工作人员从后厨解放出来，使他们拥有更多时间和精力，来满足顾客的个性化服务需求，进一步提升顾客满意度。

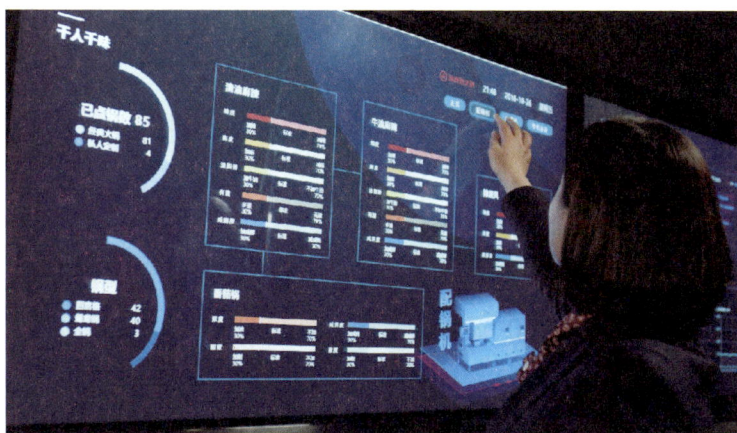

图5 IKMS智慧总厨大脑

餐饮服务线上线下融合

在传统餐饮服务场景下，顾客与餐饮门店的交集仅限于到店消费的过程中。而在数字化浪潮下，餐饮服务场景已然从线下向线上延伸，使顾客与餐饮企业两者之间的互动更加全面、有效。

作为二十一世纪的颠覆性技术之一，云技术已成为企业数字化转型的基础。自2016年开始，海底捞就陆续将各种业务系统上云，如今，海底捞无论是点餐收银、会员管理、订餐排号、还是后勤系统，都已经实现了全面"云化"。截至2020年，海底捞已经实现前端、后端所有核心业务系统全部上云，"海底捞"也彻底转型为数字化、智能化的"云上捞"。

以海底捞超级App项目为例，海底捞已经完成中台架构的搭建，即建立移动中台、业务中台和数据中台的基础架构。挖好了"地基"，接下来要做的就是为业务部门的"造房"需求提供底层支持。超级App项目重构整个会员体系上云，以支持高并发的流量需求，如今，新系统已经可以轻松支持上亿会员数量和千万参与者的线上活动。

对顾客而言，通过海底捞超级App线上移动入口，可以更加便捷地享受海底捞的产品与服务。例如，超级App项目解决了海底捞一直以来的排队难问题。顾客不仅可以通过超级App提前预订座位，还可以选择"靠窗""靠游乐园"或者"相对安静"的位置。在没有座位的时候，顾客还可以通过超级

App入口直接参与当日排号，另外，超级App还为顾客提供了生日聚会、同学聚会的场景选项，以及准备"宝宝椅""儿童餐具"等特殊需求。

"今天约了朋友一起小聚一下，以防止到店排队，我已经提前在海底捞App上订好位置、点好餐，海底捞的超级App特别好用。"不少网友对海底捞超级App的使用早已驾轻就熟。

截至2021年6月30日，海底捞已拥有8500万会员，2021年上半年，会员消费金额占总营业额的八成以上，超级App用户日活动最高峰值超过31万次。

为餐饮数字化探索更多可能性

不断涌现出的科技创新技术成果，不尽推动数字经济结构的优化，也促使各行各业数字化规模逐年上升。近年来，类似于数字化消费、数字化生产这样的新模式、新场景和新业态层出不穷，数字经济成为驱动我国经济增长的关键力量之一。据统计，我国数字经济规模高达39.2万亿元，占国内生产总值（GDP）的38.6%。

而在餐饮领域，随着国民消费的不断升级，行业正跨入以客群整体需求为中心的精细化管理模式，因此，推进行业数字化进程也成为大势所趋。

由于市场规模巨大、菜品种类地域性较强、业态形式较为丰富等因素影响，中国餐饮行业的市场格局呈分散态势。再加之创新技术门槛较高，业务与新技术融合受传统业态习惯影响甚大，整个餐饮行业数字化转型目前还处在不断的实践和摸索阶段。

海底捞作为国内餐饮龙头企业，较早地开启数字化转型之路。海底捞智慧餐厅通过全面搭建数字化平台，并在此基础上继续拓展数字化应用和智能化服务，为顾客提供更加多元化、个性化的服务体验。

相信海底捞在数字化和智能化转型过程中积累的经验，能为中国餐饮行业数字化发展提供参考模板。未来，海底捞将继续助推餐饮行业，不断丰富和拓展智慧餐厅的形态，持续提升服务质量与顾客满意度。

案例评点

近年来，餐饮行业正不断加快转型进程，逐步由外延扩张型向内涵集约型转变，由规模速度型向质量效率型升级。数字化已成为当前转型重要手段，特别是在新冠肺炎疫情防控期间，传统接触式线下消费受到严重影响，而新业态新模式迅速发展，崛起为新的经济增长点。数字化应用在防疫保供、提振消费、行业稳固恢复等方面发挥了重要作用，将数字化应用深入渗透到餐饮行业当中，能使餐饮行业具有较强的韧性和抗风险性。

数字化转型和智能化发展是餐饮行业趋势。一方面，消费需求越来越精细化，另一方面，数字化转型也是应对食品安全风险的有效手段。

海底捞有许多新技术与业务结合的案例值得借鉴和推广，例如提升后厨管理的自动化和智能化，就是解决当下人们所关心的后厨安全管理的有益尝试。海底捞智慧餐厅从满足顾客多元化和个性化的需求，为顾客提供了更多探索与尝试的机会。

——中国烹饪协会（CCA）副会长兼新闻发言人　吴颖

AI小冰 × 万事利 "西湖一号" 数字美学创意平台

摘要： 本案例描述了万事利"西湖一号"依托人工智能（AI）小冰框架，为消费者打造数字美学创意平台。目前，该平台可实现AI时尚设计师"西湖一号"与消费者的实时交流，进而进行一对一的定制化商品设计及制作生产。"西湖一号"在满足消费者个性化需求的同时，大大降低制造、零售企业的经营成本。

2021年12月6日，万事利丝绸与小冰公司宣布，双方共同打造的、依托人工智能小冰框架的"西湖一号"数字美学创意平台已完成部署，并在微信公众号等平台正式上线。该平台中，AI时尚设计师"西湖一号"通过与消费者的实时交流，运用人工智能黑科技洞察消费者的内心，引导消费者表达出对美的感受，进而进行一对一的定制化商品设计及制作生产。赋予消费者创意权与设计权。"西湖一号"不仅是一位时尚设计师，更是一位美学与设计的赋能者，让每位普通消费者都能深度参与到时尚创意设计中，让每个个性化审美需求都能得到满足。"西湖一号"的设计方案，不仅可应用于丝绸制品如丝巾，也可扩展至更多品类，如工业品设计、数字印刷图案设计、纺织服装面料设计、包装设计等领域，赋能各产业的创意设计。

进入该平台，消费者即可与"西湖一号"一起开启专属商品的创意设计之旅。在与消费者的一对一交流中，"西湖一号"通过沟通礼赠对象、生肖、星座、色彩风格偏好等话题，来逐渐进入并解读消费者的内心世界，再结合对最新时尚流行趋势的洞察，为每位消费者定制出多个独一无二的设计方案，同时阐述每个方案的设计审美理念。

在万事利自主研发的数字喷印核心技术和色彩管理核心技术的支持下，每一个设计方案均可实现从数字设计到实物商品生产的"无色差"，所见即所得。消费者可以从中选择一个方案、直接下单购买，或继续与"西湖一号"交流得到更多设计方案。

而在万事利高度柔性的生产能力、高效的全供应链闭环保障下，这款独一无二的专属定制商品将在消费者下单后迅速完成生产制作，送货到家。

图1　AI小冰与万事利合作生产的丝巾

专属设计背后的技术支持与创新突破

得益于小冰框架的完备性，AI时尚设计师"西湖一号"能够更好地理解用户的审美需求，进而实现一对一的按需设计创作。

作为全球承载交互量最大的完备人工智能框架之一，小冰框架以自然语言处理（NLP）为基础，技术覆盖自然语言处理、计算机语音、计算机视觉及人工智能内容生成。基于神经网络及深度学习技术，"西湖一号"通过机器语义理解去理解用户的喜好，将文本解析为结构化的、机器可读的意图与词槽信息，实现更好地理解并满足用户需求。

在视觉设计领域，依托人工智能创造（AI Creation）技术，"西湖一号"对全球顶级艺术家、设计师的作品，从色彩特征、构图特征等美学层面进行深度学习和解构，从海量数据中抓取美的规律，构建美的数字化结构和模型，进而依据消费者的需要来设计符合时尚潮流趋势的作品。

目前，"西湖一号"能够稳定设计多种主流风格，并实现按需创作，其图案设计的多样性达到10的26次方，相当于能够为地球上的每一粒沙子设计一个完全不同的表面。

人工智能开拓时尚设计新方向

随着互联网时代的到来，新生代人群的成长，时尚消费的长尾效应正发挥着前所未有的威力，个性化的审美需求被充分激发、充分释放。在时尚审美消费需求的驱动下，只有那些个性化、能够承载专属感情寄托的商品，才能赢得消费者的青睐。

然而，过去，提起商品"私人订制"，很多消费者会认为遥不可及。

而现在，不需要高昂的时间精力成本，每个普通消费者都可以随时和AI时尚设计师"西湖一号"沟通，拥有自己的定制化商品。万事利丝绸与小冰团队共同打造的"西湖一号"数字美学创意平台，开启了人工智能与服饰制造生产的新鲜碰撞，让每个人都能享受科技进步带来的美好体验。

作为中国丝绸服饰产业发展风向标，万事利丝绸持续结合时代特征和时尚潮流，积极探索弘扬中国丝绸文化的新路径，是丝绸行业内以文化创意为引领、以高新技术为支撑转型升级之路的领先企业。

图2　AI小冰与万事利合作生产的丝巾

　　在传承、挖掘和弘扬中华丝绸文化的同时，万事利丝绸持续与"新技术、新产业、新业态、新模式"深度融合，以人工智能等尖端科技赋能品牌，增加个性化设计能力，即时满足用户个性化需求，将丝绸与文化创意、高科技相结合，进而打造世界级丝绸品牌。

　　万事利丝绸董事长李建华表示，对"西湖一号"在定制化新零售赛道上的未来充满信心："用人工智能技术实现了设计美学的升华，这对本身是'美丽经济'的丝绸产业来说，又将是一次引领时代的变革。"

打造沉浸式多维消费场景

　　除了丝巾和丝绸制品的定制设计之外，小冰框架的设计能力还可以扩展至工业品设计、数字印刷图案设计、纺织服装面料设计、包装设计等不同领域、不同产业、不同品类的创意设计。

　　未来，"西湖一号"还将打造沉浸式多维消费场景，消费者有机会将"西湖一号"为其专门创作的美学创意作品进行数字身份正版认证，在下单购买后，不仅可以拥有实物商品如丝巾，还将同时获得丝巾图案作品的使用权，使得审美创意实现更多价值。

案例评点

　　西湖一号最核心的能力是"用数字定义美"。运用人工智能黑科技洞察消费者的内心，基于每位消费者的性格特征和穿搭需求，从零到一进行个性化设计及制作生产。"西湖一号"要做的是将审美权利、设计权利交还给每一位消费者，AI数字美学设计师承担的是美学设计赋能和服务角色。

——万事利丝绸董事长　李建华

开启家用服务机器人行业发展3.0时代

摘要：科沃斯以行业领头羊的姿态，发布全新的宝X1家族扫拖机器人产品，以未来的功能、未来的设计、未来的智能和未来的交互，为家用服务机器人行业树立了全新的标杆，开启了家用服务机器人的3.0时代，定义了高端扫拖机器人未来的发展方向，是注重生活品质、关注家庭环境清洁、懂得生活真谛的用户的最佳选择。

图1　家用服务机器人行业3.0时代

2021年9月15日，全球领先的家用服务机器人品牌科沃斯机器人召开"多维进化"新品发布会，带来了行业第一台全能的扫拖机器人——科沃斯地宝X1家族，包括科沃斯地宝X1 OMINI和地宝 X1 TURBO两款新品，首创一站式清洁全能基站OMNI Station，拥有行业最大5000Pa吸力，全新AIVI 3D技术和3D地图赋能，行业首创自然语言交互的YIKO语音助手。科沃斯地宝X1家族新品的发布，为家用服务机器人行业树立了全新的标杆，开启了家用服务机器人3.0时代，定义了高端扫拖机器人未来的发展方向。

行业首款全能扫拖机器人，功能进化更具实力

地宝X1 OMINI是行业第一款全面覆盖整个地面清洁步骤的扫地机器人，不仅能扫能拖，还通过全新的基站系统，同时解决洗拖布，集尘和烘干的全过程，成为行业首款真正解放双手的全能扫拖新旗舰。

得益于科沃斯X1 OMNI首创一站式清洁中心——全能基站OMNI STATION，这是全球第一台拥有集自动集尘、自动清洗拖布、自动补水、自动除菌和自动烘干五大功能的全能基站。

图2　地宝X1 OMNI主视觉图

全能基站OMNI STATION具备4L清水污水分离式水箱设计，拖布自清洁后的污水可被自动回收，清水箱能自动为地宝机身水箱补水，确保地宝X1可以长效恒湿拖地；更有除菌率高达99.9%的银离子除菌模组，对润湿的拖布和清洁后的污水进行除菌，从源头解决地面的细菌问题；内置2.5L超大密封尘袋，满足长达30天的自动集尘需求；此外，还提供拖布热辅烘干功能，清洁完成后基站会自动将拖布烘干，有效减少潮湿环境下细菌的滋生和异味。

在拥有强大扫拖功能的同时，全能基站赋予地宝X1更长的扫拖续航能

力，实现无须人工介入、免维护的完整清洁体验。作为开启家用服务机器人行业3.0时代的产品，科沃斯地宝X1 OMNI有望改变行业和用户对于高端扫拖机器人的认知。

全新AIVI 3D与3D地图，智能升级更具潜力

科沃斯在地宝X1家族上应用了全新的AIVI 3D技术，激光传感技术与视觉传感技术完美融合，极大地提升了机器人对于环境的理解和认知水平。

地宝X1家族集成了科沃斯有史以来自主研发的最复杂的传感器——RGBD传感器，拥有HDR动态范围成像技术，在暗光的环境下仍然能够精准捕获环境图像和语义信息，不仅能够识别家庭户型、房间类型和多种家具的精准位置，并且能够以3D地图的形式呈现在手机App上。

在AIVI 3D技术的加持下，科沃斯将家用服务机器人的地图体验带入了三维时代。地宝X1的建图速度提高了10倍，识别广度提高了1倍，清洁时间减少了25%，并且机器人导航能力将从全屋覆盖跨越到精准制导，而且还能完成局部区域和特定位置的清洁，清洁体验更加便利高效。

地宝X1家族还搭载了自动驾驶级别的地平线旭日3高算力AI芯片，能够大幅提升感知物体的种类和感知速度、可感知物体三维信息，对家庭环境进行语义区域分割，并且可通过OTA变得更聪明。

属于机器人的自然语言交互，交互革新更具体验

科沃斯坚信自然语言交互才是家用服务机器人最重要的交互方式，在地宝X1家族上，科沃斯引入业内首个机器人内置自然语言交互助手——YIKO智能语音助手。通过语音AI算法与视觉AI算法的深度融合，YIKO语音助手实现了语言交流和多模态交互，与机器人产品功能的深度绑定，让全能操控、精准制导和精准召唤成为可能，不仅让复杂的功能操作变得前所未有的简单，还让用户语音派遣机器人成为可能，机器人不仅能听得懂用户的意思，还能精准实现用户的指令。

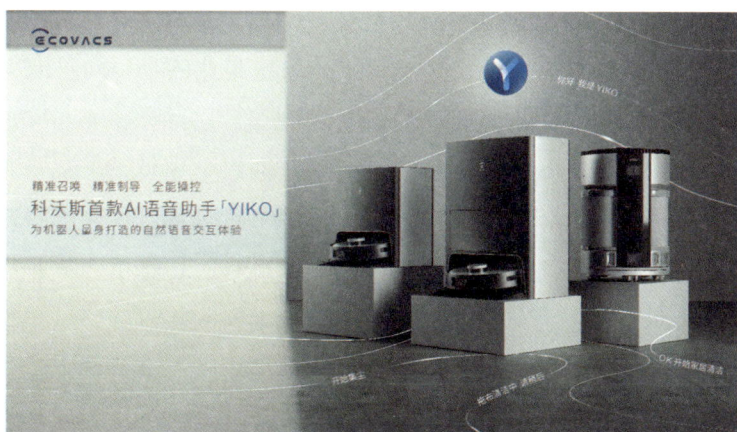

图3　YIKO智能语音助手

例如建图功能，只需一句"OK YIKO，快速建图"，很快就能得到一张完整的家庭环境地图，真正解放用户双手。YIKO智能语音助手是家用服务机器人体验上的一次蜕变，科沃斯地宝X1从高智能的清洁工具进化成了真正的家用服务机器人。

以艺术品之名降临，地宝X1引领行业新时代

行业旗舰，内外皆修。科沃斯地宝X1家族不只是扫拖机器人，更是一件品质家庭必备的家居艺术品。科沃斯地宝X1家族在追求更强大功能同时，亦将设计与品质作为重中之重，在功能上满足用户的多样化需求，在设计上体现极致简约的美感。全面的功能性、智能性和交互性升级带来前所未有的体验升级，雅各布·延森设计（Jacob Jensen Design）的极致简约赋予地宝X1家居艺术品之名。

与此同时，为了进一步增加产品的使用体验，地宝X1家族还支持24小时全屋智能安全巡航，通过机身内置的摄像头和双向语音功能，用户还可以利用ECOVCS HOME App与家人、宠物进行语音或视频互动。

对于用户隐私安全的保护一直是科沃斯的重中之重，科沃斯地宝X1家族进行全链路软硬件结合的端全维度数据安全保障，采用一机一密的非对称加密技术，内部设置多重身份验证，并对涉及个人隐私的数据进行全面脱敏处

理，高度保护用户数据安全。得益于此，科沃斯地宝X1家族主机和App均获得德国莱茵T跺隐私安全认证，是全球第一款也是业内唯一同时取得软硬件双项全链路T跺莱茵隐私安全认证的扫拖机器人。

作为家用服务机器人行业领导品牌，科沃斯以"先见于未来"之姿，率先开启行业发展的3.0时代，以未来的功能、未来的智能、未来的交互和未来的设计，为家用服务机器人行业树立了全新的标杆，持续引领行业技术和产品迭代，致力于将属于未来的机器人产品带到每一个现在。

案例评点

"中国企业要着眼更广阔的产品领域，不断拓展产业应用和发展空间，生产更为高端化、高附加值的产品，坚持技术创新，坚持自主品牌之路打造具有国际竞争力的中国品牌。"

——李克强总理2021广交会期间莅临科沃斯展台

AI+数字孪生,为传统产业数字化转型而来

——影谱科技AI孪生平台为海尔智护创建家庭数智生态体系

摘要: 本案例描述了在产业与数字技术融合发展的快速上升阶段,前沿科技应用在商业领域的惊人爆发力。人工智能企业影谱科技依托在AI孪生、数字化升级等领域的核心技术优势,通过组合技术方式,为海尔智护创建家庭数智生态体系,把人工智能及数字化能力充分应用到智能制造、消费体验、数字化管理等环节中,为智能家电和消费者搭建"数字桥梁",让虚拟现实、数字孪生以及3D技术的使用更加简单,从而实现技术的普及大众化。

近年来,随着数字化技术在消费互联网和产业互联网的深入应用,"数字孪生"概念和技术得到了更加广泛地推广和应用。其作为数字经济当中一项关键技术和高效能工具,可以有效发挥其在模型设计、数据采集、分析预测、模拟仿真等方面的作用,助力推进产业数字化,促进数字经济与实体经济融合发展。

AI与数字孪生结合,推动产业迈向数字化

作为一种新的融合技术形式,数字孪生技术在商业领域应用被寄予厚望,当前正处于产业与数字技术融合发展的快速上升阶段,数字孪生市场的容量正在快速扩容。而人工智能与数字孪生技术的全面融合,已经走入大规模产业应用阶段,给生产生活带来前所未有的变革。

2021年,人工智能企业影谱科技与高端生活电器企业海尔智护达成合作,影谱提供AI孪生平台,与海尔建立家庭数智生态体系,把人工智能及数字化

能力充分应用到智能制造、消费体验、数字化管理等环节中，为智能家电和消费者搭建"数字桥梁"，推动该领域从硬件制造，向一体化用户服务平台和智能制造服务平台升级，加速数字经济与实体经济融合。

据了解，影谱科技与海尔依托AI、数字孪生等技术，在生产制造、迭代研发、交互体验等全流程环节展开深入研究，切合实际场景落实技术创新成果，实现全周期、跨场景下的商品数字化体验。双方不仅在家电产品供给与消费者需求之间搭建一座"数字感触"桥梁，在商品展示及市场推广方面，还将共同拓展商品多模态共存的视觉呈现能力，搭建3D交互化、规模化的人工智能视觉感触方案。

影谱科技与海尔建立家庭数智生态体系

此外，影谱科技和海尔智护还在技术升级、网络化协同等方面实现联动，促进家电行业的数字化、智能化应用。

影谱科技表示，将充分发挥人工智能技术企业在研发、技术、产品方面的经验优势，与海尔集团COSMOPlat智能制造云平台的技术架构、生产制造链、大数据分析流通等领先能力结合，以面向用户个性化需求的行业定制方案与平台应用为依托，打造以用户体验为中心的家庭数智生态体系。

"AI+数字孪生",无处不在的应用场景

通过AI影像生产技术和数字孪生技术结合赋能产业,影谱科技还做了很多,2021年5月,在中国国际大数据产业博览会上,公司就展示了其在文娱、媒体、新零售、非遗保护等领域的"3+1"智慧解决方案及数字产品服务。

面向文娱领域,影谱通过影像商业化引擎ACM,可高效率、智能化精准发现潜在商业价值点,并实现内容自动生成或更新,重塑了影像生产制作、呈现传播、商业变现的整个链条,为文娱产业带来了新生态、新消费、新场景升级的"全新可能";面向媒体领域,通过影像工业化引擎AGC,带来虚拟主播、虚拟演播室等创新报道模式,基于特征提取、动作识别等机器学习技术,影谱开发的高自然度、具有感情色彩和个性化的AI主播应用,已经在媒体新闻报道、体育赛事报道等场景实现应用;面向新零售领域,影谱依托自主研发的AI数字孪生引擎ADT和数字商品生产工厂,综合运用物联网及XR前沿技术,整体提升了产业链供应链的现代化水平和产业基础能力,实现工业化高效生产数字化商品,可快速生产海量的数字化商品,并且多维可视化创造的全新沉浸式购物体验为传统零售业商业模式开拓了新空间,带来全新的数字化消费体验。

业内人士认为,影谱科技与海尔共建的"家庭数智生态体系",有助于全面提升双方企业的运营效率,为数字经济发展提供可借鉴的经验。随着合作的进一步深化,未来有望推动家电行业向数字化、智能化迈上新台阶。

双碳背景下,数字化手段推动全民减碳

在"碳达峰"与"碳中和"时代背景之下,数字化手段在推动全民碳减排,促进公众践行绿色生活方式也成为必选项。作为AI影像技术企业,影谱科技通过技术助力产业降本增效、行业数智化变革。

影谱科技率先推出深度融合的AI数字孪生引擎ADT,深度覆盖多行业场景,推动智能影像技术广泛链接产业集群,助力国家关键产业数智化升级,从而达到提升生产服务效率、节能减排的效果。

值得一提的是,影谱科技以智能影像和数字孪生技术为基础打造的数字

说明书，在泛零售业商品和商品可视化多模态生产、数字商品孪生等技术积累资源基础之上，发挥数字化科技之力，践行绿色社会使命，让人们可以减少用户对纸质的依赖，从而达到碳减排的目的，也为公众带来绿色低碳时代下新的生活范式。

与此同时，国家在产业层面明确了新技术、新应用在推动经济发展全面绿色转型的重要性。事实上，在碳达峰、碳中和目标实现的系统工程中，以互联网、人工智能、5G等新兴技术为基础的数字经济将发挥无可替代的作用。

案例评点

数字技术在我们的生活中不断渗透，数字经济也成为经济发展的核心。预计在未来，虚拟商业内容的打造将会极大地依赖生成式AI、AI+DT等人工智能技术，AI数字商业也将和元宇宙有效融合，在第二世界实现模式的升级与转型。但在商业领域，目前的数字化还停留在较浅的层次，数字技术在消费者服务、消费者体验这一环节的有效应用仍需要进一步探索和挖掘。个人非常看好将人工智能及数字化技术率先落地、先试先行的企业。影谱科技"AI+数字孪生"技术能够在商业零售领域得到广泛应用，解决了传统线上消费相较于线下消费而言无法直观感受商品、无法与商品形成交互的缺陷。同时，其已在商业零售领域规模化使用的"数字说明书"产品对于碳达峰、碳中和也能形成一定的助力。

——前瞻产业研究院研究员 岑晓天

10000台手术实力"保卫"发际线
——碧莲盛不剃发植发技术助推"颜值经济"

摘要： 本案例描述了"颜值经济"下，以植发业务为核心的医美机构碧莲盛植发依靠创新技术（不剃发植发技术）和对市场需求侧的把握，获得长足的发展，并获得行业认可及市场赞誉。疫情影响叠加监管趋严，让行业内的小企业加速出清。小企业生存越来越艰难，行业集中度得以进一步提升。头部企业依靠规模和品牌效应，迎来加速发展期。

为了避免术后尴尬期，发友小郑选择通过不剃发植发手术进行发际线调整。对比传统植发，不剃发植发手术的难度较大。凭借丰富的经验与默契的配合，仅花4个小时植发手术就顺利完成。由此，碧莲盛不剃发植发手术第10000台手术成功完成。

10000台真实案例对于碧莲盛植发而言是其在不剃发领域成功探索的见证，对于植发行业而言，更是我国植发业迈向不剃发时代的重要里程碑。

技术创新：新需求催生"不剃发"技术

近年来，随着经济水平的提高，大众审美需求也不断提升，在消费升级的驱动下，医美行业迅速发展。植发作为医美产业的细分板块，在庞大新消费群体和强大诊疗需求的加持下，发展潜力巨大。

据了解，毛发移植手术是从20世纪70年代开始引入我国的，当时行业内是以FUT（毛囊单位头皮条切取术）为主流技术。2001年，FUE（毛囊单位钻取术）技术诞生，随后传入国内。当时，植发仍然比较小众，少有关注。

如今，受高压、熬夜和饮食不规律问题等多种因素的影响，脱发现象正在日益普遍化和低龄化。

国家卫健委2019年调查数据显示，我国脱发人数超2.5亿，平均每六人中就有一人脱发，其中男性约1.63亿，女性约0.88亿。其中，30岁前脱发的人群占比高达84%，比上一代人的脱发年龄提前了20年，呈现明显的低龄化趋势。

因此，从2016年起，中国植发行业开始蓬勃发展，当年市场规模为58亿元。到了2020年，中国植发市场规模已达到134亿元。方正证券曾在研报中表示，到了2030年，我国植发医疗服务市场规模有望达到756亿元。近日，医美平台美呗发布《2021当代青年植发数据洞察报告》显示，2021年1至9月，美呗植发交易人数翻倍提升，2年来增至2.5倍。其中，成交的"90后"植发人群占比超5成。

对此，碧莲盛植发董事长尤丽娜指出，新消费群体对品质、品牌的追求更加看重，因此能够匹配人们真实需求，解决人们生活痛点的产品或技术未来会有较大的增长空间。就植发行业而言，传统植发需要"剃发"的痛点显然让很多想要植发的消费者望而却步。

的确，传统植发做完术后，需要包着一块纱布走出医院，之后还要经历漫长的恢复和生长期，回到正常状态至少要9个月，期间不免经历各种尴尬与不便，女性患者更加难以接受。

"目前植发市场上包装的植发技术品类繁多，但是，从本质上来说，植发技术主要是毛囊提取和种植两个维度：毛囊提取是传统的FUT、FUE两种方式，毛囊种植则主要是镊子种植、种植笔和即插即种，无论采用哪一种技术，剃发都是植发的第一步。"碧莲盛济南医疗负责人解释说，碧莲盛推出的不剃发植发技术，则颠覆了行业传统，实现了毛囊提取、种植技术的双重革新。

其实早在2014年，尤丽娜便正式提出研究和探索不剃发技术。直至去年，不剃发技术已经非常成熟，碧莲盛正式在深圳召开发布会，将植发行业中一直被提及却始终难实现的不剃发概念正式落地。发布会当天，6名患者当场体验不剃发植发技术，专家、媒体代表现场见证不剃发植发的全过程。

截至2021年10月，不剃发植发手术量已突破10000例，平均毛囊种植数量2200单位，涉及毛囊数量更是超过2000万。

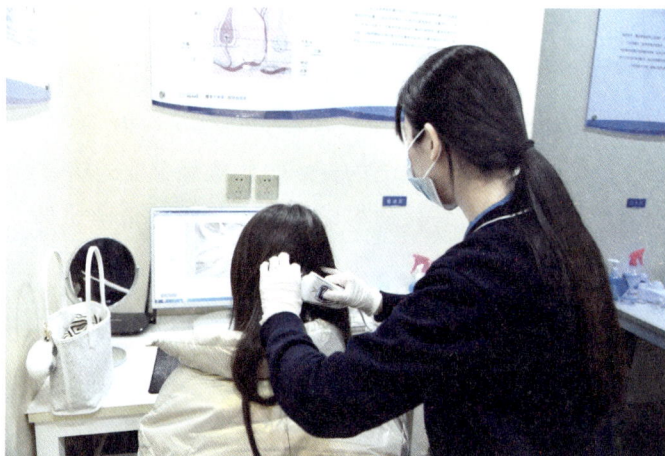

图1　碧莲盛植发工作人员为发友进行毛囊检测

医者仁心：回归医疗本质"谱写"不忘初心

先进技术得益于专业的医师加持。医师团队据介绍，碧莲盛植发机构中副主任、主任医师占比大于10%，高于市场平均水平（主流机构占比约为5%-10%），且所有医生均具备五年以上临床经验。

图2　碧莲盛植发医生为发友个性定制设计方案

碧莲盛植发医疗技术负责人蒋学在采访中指出，不剃发植发真正的壁垒并不是方法和设备，而在于是否拥有大量受过训练的植发医生。长发提取长发种植的手术，非常依赖医生水平。从剃发到不剃发，技术难度迅速增加，对医生体力和精力的要求更高，手术时间也更长。碧莲盛深知医生的价值，也十分重视医护团队的培养。

"对于医疗企业而言，需要以医为先，医生才是企业的核心价值。植发属于医美行业的细分板块，更考验着医生的技术水平和审美能力。"尤丽娜补充说。

尤丽娜本人就具有医师执业资格，碧莲盛植发也因此成为国内植发行业少有的、创始人具有医师执业资格的植发服务机构。因此，尤丽娜格外重视医疗团队。

成立17年来，尤丽娜带领碧莲盛坚持履行企业社会责任，用实际行动诠释了"医者仁心"的深刻内涵。

今年6月，碧莲盛携手鸿基金共同举办山西公益行活动，为山西省一所小学捐赠了"爱的图书馆"，用图书为小学生丰富精神世界；7月，河南遭遇特大暴雨灾情，碧莲盛郑州分院为市民提供临时休息场所，并安排留守医生和护士为市民包扎伤口等；9月，碧莲盛植发联合腾讯公益发起"携手碧莲盛，一起做好事"公益活动，将捐赠的资金通过鸿基金帮助欠发达地区的困境留守儿童；10月，"1024程序员节"现场开展义诊，并走进金山集团等企业帮助广大程序员了解自己头发的健康状况……

此前，碧莲盛还发起"碧莲盛千万植发基金"，用于救助渴望通过植发改变形象重获自信，但确实有难处，无法支付植发费用的发友。目前，该基金已累计救助300余人。发友小白就是"碧莲盛千万植发基金"救助的患者之一。小白两岁时因烧伤造成1/2头皮损伤并伴随大面积脱发，多年来对自己形象极不自信，后来小白家人找到碧莲盛，经过碧莲盛植发专家的不懈努力，小白顺利完成难度较大的瘢痕植发，重拾了对生活的信心。

"首先，小白年龄太小，治疗不当会给孩子造成心理阴影，因此合适的毛发缺损介入时机尤为关键；其次，孩子毛发在抽取的过程中需要特别细致地观察瘢痕区头发的移植密度，还要特别注意深度，切记影响孩子的神经主干。"见到小白露出自信的笑容，尤丽娜很开心。

当然，碧莲盛凭借多年来为公益事业发展所做出的贡献和成效，在众多参与企业中脱颖而出，曾获中国公益节两项大奖。

就植发行业而言，回归医疗本质不仅体现在人为关怀上，也体现在自身价值的输出。而价值输出的最好方法就是培养好医生，给优秀医生特别是技术先进的医生创造更多机会。

近日，碧莲盛推出了全新的价格标准体系，从毛囊提取和种植的角度重新定义植发技术，制定统一的价格标准，让广大消费者一目了然。或许，此举将成为植发行业回归医疗本质、实现规范有序发展的一个标杆！

案例评点

作为全新变革的毛发种植体系，不剃发植发技术成功地解决了传统植发技术的形象损失劣势，且手术结束就能看到效果。碧莲盛秉承"医疗本质"初心，依托强大的专业医师资源，发挥技术优势，截至2021年10月，完成不剃发植发手术量突破10000例的行业创举，为新消费群体提供更具品质、更具美感，更具安全性的植发选择。同时，发挥行业头部企业的示范作用，为行业发展树立品牌标杆。

——《2021环球趋势案例》编写组

三元食品用至诚之心，夯实中国乳业的科学之基

摘要： 本案例描述了三元食品以母乳健康研究为基点深入研究开发了满足人民营养健康需求的全生命周期乳品。扎根婴幼儿配方食品领域的基础研究，面向全国收集母乳，全面覆盖初乳、过渡乳和成熟乳，将常规母乳营养素研究拓展到更加细微的母乳功能成分研究，建立了较为完善的"中国人母乳成分数据库"；通过研究婴儿肠道微生态健康和生长发育之间的关系，对肠道内微生物基因组学展开研究、并同时进行了蛋白组学和代谢组学的研究。打造的三元爱力优婴幼儿乳粉，力争达到纯母乳喂养才能达成的"最优肠道微生态"效果。

牛乳被认为是自然界最完美的食物，以营养与健康属性而深受消费者喜爱的乳制品，已经成为人们美好生活不可或缺的必需品。坐落于北京大兴瀛海的三元食品，隶属首农食品集团，传承自1956年创立的国营北京市牛奶站。作为国家高新技术企业和国家技术创新示范企业，多年来，三元始终坚持以科研创新实现产品质量升级、驱动产业发展。在乳品研究开发和质量控制方面，三元一直走在中国乳业的前列，凭借强大的科研创新实力，三元食品完成了一批又一批优质乳制品项目的研发，取得了一个又一个的标志性成果，实现了中国乳品领域的多个"第一"，尤其在推动我国母婴营养研究成果产业化，并对母婴乳品行业贡献卓著。

全生命周期系列乳品通过临床医学循证

在2021年的中国北京国际科技产业博览会上，北京三元食品股份有限公司首创的"应用基础研究-工业技术开发-临床医学循证-产业示范引领"新型科技创新体系对公众亮相，其构建了"基于风险分析、全产业链、标准化

质量安全管控"更完善的乳品安全管控新模式。

一同亮相的还有三元高科技成果系列乳品,包含从孕期奶粉、婴儿配方乳粉到中老年乳制品等,覆盖了人的整个生命周期,而且这些产品全部通过了临床医学循证,对产品的功能性有了更深入的研究。

2021年11月,三元益糖平"双低G"(GI、GL)酸奶全面上市,此款酸奶是国内首款低GI酸奶,是针对有控糖需求的消人群研发的,也是三元新型科技创新体系下的又一成果。

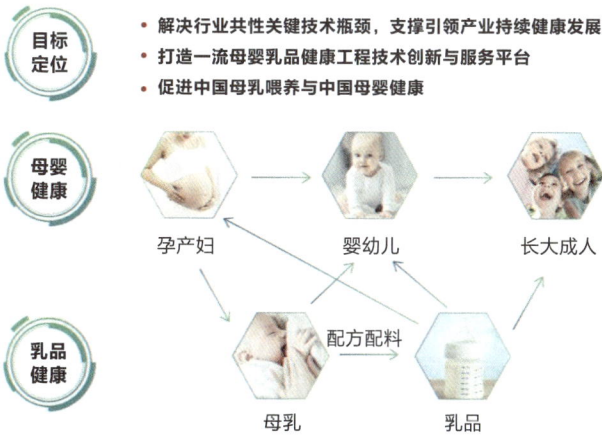

| 临床医学循证全生命周期系列乳品

立足母乳化研究打造"中国人母乳成分数据库"

三元独特的科技创新体系的形成，是基于多年的严谨、持续的科研态度。以中国人母乳成分数据库建立为例，人的一生大约有3.7万天，生命早期1000天，不仅是机体组织生长的关键时期，更对整个生命进程、健康走向有深远影响。对于没有母乳喂养的宝宝来说，一款适合中国宝宝健康成长的优质婴幼儿配方奶粉至关重要。

三元食品首席科学家、副总经理陈历俊介绍，历时4年，200位专家，8900万元投入，6省市，8个区域，7个饮食区，1750人队列，20000多个样本，2000多万个生物数据。这些饱含艰辛与心血的数据，正是我们的技术团队一步一个脚印，踏实工作换来的。2014年，在科技部和北京市科委的大力支持下，三元食品正式筹建"国家母婴乳品健康工程技术研究中心"，面向全国收集母乳，全面覆盖初乳、过渡乳和成熟乳，将常规母乳营养素研究拓展到更加细微的母乳功能成分研究，并且建立前沿、快速、准确的母乳成分检测方法，首次对我国母乳中的1000多种功能成分做出定量。该数据库也被称为较完善的"中国人母乳成分数据库"。

"我们通过多点、多中心的队列研究，对中国母乳展开了非常系统的研究，研究深度细化到每一个母乳的样本。得益于科学技术与科技方法的进步，对每份母乳样本都进行了超过1000项指标的研究。这里面包括宏量营养成分及蛋白质、脂肪、低聚糖、微生物等。"陈历俊说。

"此外，还有一些微观的研究，比如说我们对蛋白质的研究，以前大家叫总蛋白、乳清蛋白、酪蛋白等常规指标，现在我们还研究蛋白质的特殊结构、特殊功能，比如大家熟悉的α乳白蛋白、乳铁蛋白，也包括乳脂球膜蛋白等新型蛋白，它是一种糖、蛋白、脂肪复合体，这一类复合体结构十分特殊，所以尽管在牛奶中占总蛋白的含量不到1%，但有着促进神经系统发育的功能，这对婴幼儿智力的发育有重要作用，此外还可能能够促进免疫力的提升。"

有研究显示，乳脂球膜蛋白是母乳中继DHA之后的脑部营养突破性发现，经科学验证，它能够帮助宝宝脑部发育，让大脑反应灵敏，同时也被发现对免疫和肠道健康有益。对于乳脂球膜蛋白的研究，也是三元科研团队的重点项目。陈历俊谈道："虽然乳脂球膜蛋白复合物质含量很低，但我们在母乳里发现的乳脂球膜蛋白有将近一千种，在牛奶中发现大概有500种。虽然牛奶里的含量比母乳里面的种类含量要少，但从牛奶中分离制备乳脂球膜蛋白，强化到奶粉中是模拟母乳最经济、最有效的途径。"

为了判断母乳中乳脂球膜蛋白的种类和含量，三元科研团队潜心研究，终于找出了最适用的分析方法，中国母乳更多的奥秘也被一一揭开，甚至接近到少有人涉足的高深领域。正是基于这些大量的工作，在2021年，三元的科研团队进一步深入研究，提出了并建立独到的全生命周期研发体系。

聚焦肠道微生态 缔造适合中国宝宝的"好奶粉"

一款婴儿配方奶粉到底好不好，适不适合宝宝，奶粉业内始终缺乏最直接、直观的评价。宝宝食用后的效果怎么及时反映出来？怎么判定一个奶粉配方的升级效果，这个问题成了长期困扰奶粉行业的症结。

对此，陈历俊坦言："之所以婴儿配方奶粉很难甄别，是因为绝大多数婴儿配方奶粉基本可以满足婴儿需要，加之国人生活水平的提高，许多中国宝宝根据世界卫生组织公布的生长曲线判断都是很健康的。但在健康基础上如何选择一款最适合的优质奶粉，从而帮助宝宝超人一步，能够得到最优质的给养，是存在困难的。"

"我们是这么想的，一款奶粉宝宝吃下去了以后，要消化、吸收，如果要判断它是否合适宝宝，症结还在肠道，"陈历俊表示，"这让我联想到上个世纪90年代科学界提出的一个概念——肠道微生态，该研究认为人类肠道内微生物情况常常反映出人类个体的健康水平，后来我们就从这里入手，开始借此研究婴儿肠道微生态健康和生长发育之间的关系。"

三元食品的科研团队义无反顾地开始了肠道微生态的研究，对肠道内微生物基因组学展开研究、并同时进行了蛋白组学和代谢组学的研究。令人振奋的是，实验结果表明，相比较普通奶粉，婴儿在食用三元研发的母乳化婴儿配方奶粉后，出现了类似于纯母乳喂养才能达成的"最优肠道微生态"效果——"三元爱力优母乳模拟与临床验证项目"顺利通过北京市科委验收，成为行业内首家通过母乳研究与临床验证的企业。通过多地区对比母乳喂养过程的研究，三元爱力优婴幼儿乳粉增加宝宝肠道乳杆菌、乳球菌、双歧杆菌等有益菌的丰度，有助于宝宝消化、吸收、保护、认知、成长的全面提升，喂养效果全面接近母乳。

"这款奶粉模拟母乳进行大量试验，同时奶粉成品的配方通过了临床验证，历时三年时间，横跨六省，建立了两千万之多的数据，投入了约8000多万元的费用只为研发这样的一款产品。"陈历俊如是说。

正是这些立足国际前沿的一系列基础研究，为三元食品在婴幼儿配方食品的研发方面奠定了扎实的科研基础，致力于生产出适合中国宝宝的"好奶粉"。

目前，三元还在持续创新母乳多组学研究技术，模拟母乳创制临床询证的新型功能乳品，满足消费者对食品多维度需求。

案例评点

　　三元食品始终将科技创新作为驱动企业可持续发展的不竭动力，数十年如一日地扎根科研，深耕婴配食品领域的基础研究，将国际先进技术应用于婴幼儿配方乳粉的配方优化与工艺改进，用至诚之心，打造真正属于中国宝宝的"好奶粉"。

——环球趋势案例编委会

自驱——ESG理念 和谐发展

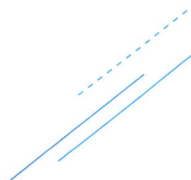

ESG开篇语

从双碳目标到行动方案

2020年秋天，国家主席习近平在第七十五届联合国大会一般性辩论上发表重要讲话中指出：二氧化碳排放力争于2030年前达到峰值，努力争取2060年前实现碳中和。作为世界上最大的发展中国家，中国将完成全球最高碳排放强度降幅，用全球历史上最短的时间实现从碳达峰到碳中和，难度可想而知。

"这不是别人要我们做，而是我们自己要做。"习近平总书记深刻指出：我国生态文明建设正处于压力叠加、负重前行的关键期，已进入提供更多优质生态产品以满足人民日益增长的生态环境需要的攻坚期，也到了有条件有能力解决生态环境突出问题的窗口期，建设生态文明的时代责任已经落在了我们这代人的肩上。实现碳达峰、碳中和，正是以习近平同志为核心的党中央统筹国内国际两个大局作出的重大战略决策，是着力解决资源环境约束突出问题、实现中华民族永续发展的必然选择，是构建人类命运共同体的庄严承诺。

为完整、准确、全面贯彻新发展理念，做好碳达峰、碳中和工作，国务院2021年底印发《2030年前碳达峰行动方案》，提出将碳达峰贯穿于经济社会发展全过程和各方面，重点实施能源绿色低碳转型行动、节能降碳增效行动、工业领域碳达峰行动、城乡建设碳达峰行动、交通运输绿色低碳行动、循环经济助力降碳行动、绿色低碳科技创新行动、碳汇能力巩固提升行动、绿色低碳全民行动、各地区梯次有序碳达峰行动等"碳达峰十大行动"。

中国经济从高速增长阶段转向高质量发展阶段，再到把握新发展阶段、贯彻新发展理念、构建新发展格局，"绿水青山就是金山银山"的理念逐渐深入人心，把握好经济发展与环境保护的辩证统一关系，立足不同产业谱写绿色发展新篇，成为各行各业、万众一心地共同讲述。

ESG，一个必将写入现代汉语词典的外来语

在双碳目标背景下，一个外来字母的缩写词——"ESG"屡被行业机构和企业提及。ESG是英文Environmental（环境）、Social（社会）和Governance（公司治理）的缩写，是一种关注企业环境、社会、治理绩效而非仅财务绩效的价值理念、投资策略和企业评价标准。近年来，披露ESG信息的上市公司逐年增多，进行ESG评级的机构不断涌现，采纳ESG投资理念的投资机构数量也在不断增加。ESG逐渐从小众话题走向大众，成为中国在社会经济加速绿色转型期内，衡量企业可持续发展价值的重要指标。

2021年是中国加入世界贸易组织（WTO）20周年。2001年11月10日，世界贸易组织第四届部长级会议在卡塔尔首都多哈以全体协商一致的方式，审议并通过了中国加入世贸组织(WTO)的决定。20年来，中国社会面对WTO这个外来词，经历了从陌生到熟悉的历程。20年来，中国全面落实"入世"承诺，不断深化市场化改革和扩大开放，在深度融入经济全球化中赢得了机遇，占世界经济比重从2001年的4%增至2020年的约17.4%。成就了全球经济大国地位，也为世界经济发展注入了蓬勃动力。"入世"不仅是中国对外开放的里程碑，也是世界经济全球化进程中的标志性事件。WTO这个词，也被正式收录到《现代汉语词典》。

正如WTO带给中国的影响与冲击，ESG的影响方兴未艾，也将在未来带给中国社会持续的改变，必将成为另一个被收录到现代汉语词典的未来语，成为见证中国绿色发展之路的重要路标。

听标准院讲述党史馆建设故事

摘要： 本案例描述了在疫情期间，标准院是如何按时、超质完成中国共产党历史展览馆这一迎接建党百年的重大献礼工程。

标准院一方面利用全过程工程咨询的创新服务模式，进一步降低时间成本；另一方面，还将创新、绿色、智能的理念，融入设计建造各个环节之中，耗时三年，终于打造出了一座以绿建三星标准建造、对标国际标准的绿色智能化建筑。

北京中轴线上新地标——中国共产党历史展览馆，于2021年6月正式建成，于2021年7月15日正式对外开放。作为目前我国国内单体规模最大、地位最重要的国家级展览馆，中国共产党历史展览馆（以下简称"党史馆"）无论是风格样式、结构外观，还是功能设计上，都体现了党的元素。

图1 中国共产党历史展览馆外观

党史馆项目的全过程工程咨询服务单位是中国建筑标准设计研究院有限公司（以下简称"标准院"）。标准院是第一个参与党史馆工程建设的单位，也是唯一一个参与了党史馆设计建造全过程的单位。

在2017年国务院办公厅印发的《关于促进建筑业持续健康发展的意见》中提到，鼓励投资咨询、勘察、设计、监理、招标代理、造价等企业采取联合经营、并购、重组等方式开展全过程工程咨询。这也是国家首次明确提出"全过程工程咨询"的概念。

按服务内容进行划分，全过程工程咨询可以分为决策阶段、设计阶段、实施阶段、竣工阶段和运营阶段，咨询服务内容涵盖了理论、案例、实务、绿色建筑、投融资咨询、法务咨询、信息化咨询、政策咨询、PPP咨询等专项咨询等各个方面。简而言之，"全过程工程咨询"其实就是业主的"智囊团"。

在以往的工程咨询模式下，业主需要具备建筑工程专业的基本知识，还需要临时组织专业人员，分别与各个专项咨询公司进行谈判，与之达成合作意向之后，专业咨询公司才会参与项目管理。但是，某个项目结束后，大量专业人员就会陷入无项目可跟进的状态。

图2　展示馆大厅

而全过程咨询的服务模式，既不需要业主具备工程的相关知识，同时也改善了过去咨询服务中业务模块割裂的缺点，更不需要业主分别与单项工程咨询服务团队进行谈判对接之类。简而言之，全过程咨询服务模式，解决了绝大部分传统工程咨询模式中的高负担、高风险的问题，使工程管理由碎片化向集约化转变。因此，全过程工程咨询已成为我国住建部近几年重点推广的咨询模式。

标准院负责的党史馆项目的全过程工程咨询，也是央企积极响应政策的一次实践，也为其他省市的全过程咨询服务建设打造了一个优秀案例。

标准院党委书记、董事长李存东在谈及党史馆项目时表示，作为项目的全过程工程咨询服务单位，标准院从项日立项到策划定位、概念性方案征集、报批报建、招标采购管理、设计管理、成本合约管理及工程实施保障等，全方面、全方位协助业主推进工程建设。

把控进度，精益求精

党史馆项目于2017年底正式开工，在2021年6月正式建成。在党史馆工程设计建造的三年多时间里，项目组遇到了各种各样的问题，尤其突发的新冠疫情，更是一度让工程建设停滞不前。众所周知，对于任何一个项目而言，对于工程建设过程中进度的把控至关重要，为了保证在工期内按时完成项目建设，标准院克服了重重困难。

在党史馆项目策划与立项期间，标准院的工作人员在短短的两周时间内，完成了国内近四十个可借鉴建筑项目的集中调研。项目副总咨询师刘晗曾告诉记者，仅组织编制的技术规格书和材料白皮书，就有一百多份。而在面对复杂的参建主体时，时任标准院建设管理与咨询研究所所长的张林振，更是亲自带队驻场。

党史馆的展览一共分为三个部分，分别陈设于三个楼层展示。走进党史馆，参观者可以跟随着历史的进程，看到中国共产党的百年发展历史。在看展的过程中，展厅里的照明灯光也会随着参观者的脚步，逐渐由暗变亮，这也是党史馆照明灯光设计方面的一个亮点。除了照明之外，标准院还为党史馆项目引入了舞台、声学、艺术、物业等多个方面的专业技术顾问。

图3 利用多媒体多角度还原阅兵场景

图4 楼层隔间的木雕展示

图5 四楼展厅陈列着民间艺术家创作的百年党史油画作品

另外，党史馆中还运用了目前最先进的影像技术，将三十年前的生活影像镶嵌在实景布局之中，让参观者在看展的时候如同身临其境一般。

在党史馆概念设计方案审定的关键时期，标准院团队的工作人员为做好汇报文件，对展馆的每一幅画面、每一帧镜头、甚至包括视频播放速度都进行了严格把关，并制定了全天候、全时段的及时反馈工作制度。尤其是在2020年疫情肆虐的特殊时期，团队核心成员更是克服重重困难、按时到岗。正是因为标准院团队全体员工的高度配合，党史馆项目终于顺利在建党百年前夕建成。

为突出党史馆展览的核心功能，馆内从负一层到四层均为展厅。在国内四十个多家博物馆和展厅之中，党史馆的展览面积占比位于前列。目前，中国共产党历史展览馆工程，获得了中国建筑行业的最高奖项——鲁班奖。

数智理念，赋能展馆

在展馆的安全防护方面，一方面党史馆使用了红外线探测技术、热感应等先进科学技术，保障展品的安全；另一方面，还通过大数据和智能分析技术，统计分析出观展人员对不同展品的关注度，继而更好地调整展品结构。党史馆所使用的减隔震技术，能有效消减地震能量，更好地保护党史馆的上层建筑，从而避免展馆内的展陈、精装和展品等在地震中受到破坏。

除此之外党史馆项目建设的全过程中都采用了BIM技术，并通过声学计算，达到近乎完美的声音效果。

党史馆的展馆严格按照国家绿建三星标准建造。绿建三星标准的评价指标体系包括了节能、节地、节水、节材、室内环境、全生命周期综合性能六个方面进的指标，是中国绿色建筑评估标准中最高级别认证，与国际公认的LEED标准相比，绿建三星标准的要求更加严格。

为达到绿建三星标准，标准院在施工过程中采用了清水混凝土技术。该技术一次成型效果良好，省去了二次抹灰工序，继而有效地避免了抹灰空鼓、天棚装饰层脱落等抹灰工序中经常出现的问题，不仅施工质量好，而且经济环保，完全符合绿色建筑工程理念。在材料的选择上，展馆在建造过程中百分之九十的原材料，都使用了国产新型材料；在内装方面，党史馆展厅内使用的大理石，采用了干挂技术，以此达到保温隔热、坚固耐用的效果。

图6　三层和四层之间的楼梯扶手，采用了美观大气四川汉白玉

在党史馆工程建设完成之前，标准院对于党史馆的设计建设全程保密。如今"只做不说"的三年终于过去了，党史馆也屹然挺立在奥林匹克公园中心区。作为中国建设科技集团的二级企业，标准院打造的党史馆，成为中央在京建设项目中的标杆，无论是工期、质量、造价等各个方面，都实现了综合最优，给党史馆项目画上了圆满的句号。

案例评点

走进中国共产党历史展览，时光的闸门徐徐打开，人们在这里重温党的百年光辉历程，在风雷激荡的红色之旅中，感悟穿越时空的历史回响。党史馆建设背后，标准院实现技术和概念突破，不仅首次明确提出"全过程工程咨询"概念，还将数智理念融入建造之中，充分发挥了节省投资、加快工期、提高品质、减小风险的管理价值。标准院以工匠精神对待每个环节，让党史馆成为可持续发展的典范。

——环球趋势案例编委会

以人为本，助力北京城市环境正影响

摘要：为了承办2023年亚洲杯，始建于1959年的北京工人体育场，在2020年8月迎来了改造复建。与此前四次较大的改造不同，此次北京工人体育场改造复建项目应用了TOD模式，使空间更立体、多元、高效；该项目还融入了海绵城市理念，更具生态化设计，也对自然环境更加友好；另外，光伏技术、冷雾系统等更绿色环保的新技术也赋予"新工体"更多的功能。

作为"十四五"开局之年北京市重点文化体育项目首位的新工体，预计将于2022年底竣工交付。届时，新工体将以"城市地标、文体名片、活力中心"的新标签，成为北京城市更新、环境正影响的示范和标杆。

城市自诞生开始就如同一个有机体一般，不断地进行自我完善与发展，而在城市不断更新的过程中，城市历史就在被人造环境不断地改写。

简而言之，城市更新的动力源于以下三个方面：

第一，原有的城市功能已经不能满足社会发展的需要；第二，城市功能的转型，造成了大部分城市设施的闲置；第三，因为可持续发展的需要，有限的土地资源要求城市功能提档升级。

城市更新的长远目标是要建设社会、经济、环境、文化的可持续性，实现人类聚居环境的适居性；而城市更新的现实目标是改造社区环境与公共空间秩序，追求人性化、宜居、安全、健康的城市环境，最终实现城市的有效治理。从这个角度来说，城市更新动力与城市发展的目标是一致的。

北京工体，一张不可忽视的"城市名片"

为迎接第一届全国运动会，北京工人体育场作为新中国成立十周年的献礼工程，于1959年建成并投入使用。北京工人体育场占地35公顷，主体建筑规模6.4万平方米，设有标准足球场、400米橡胶跑道，以及田径运动赛场地，是北京近现代建筑史中最优秀的建筑之一，也是当时全国最大的一座综合性体育场，全运会、亚运会、奥运会等国内外大型专业体育赛事都曾在此处举办。

作为老北京几代人的回忆，北京工人体育场不仅见证了新中国成立以来中国体育事业发展的历程，更是一张不可忽视的"城市名片"。

此外，工人体育场还是北京市足球运动的主要承载地。1996年，工人体育场正式成为了北京国安的主场；2009年，中超联赛最后一轮国安以4∶0的战绩赢了杭州绿城，第一次问鼎顶级联赛冠军……这些曾经在北京工人体育场中上演的一幕幕过往，无论是对于北京国安队还是对于北京的足球爱好者来说，都是足以铭记一生的记忆。

图1　1965年第二届全运会在工体开幕

北京工人体育场设计使用年限为50年，即工人体育场已于2009年达到使用年限，再加上工人体育场将作为2023年亚洲杯开幕式、闭幕式的举办场地和决赛场地，国家决定于2020年8月初，正式启动工人体育场改造复建工程。

实际上，在此次改造之前，工体就曾经历了四次较大规模的结构加固。在这四次改造中，前三次是为了满足1990年亚运会、2001年世界大学生运动会、2008年奥运会这些大型体育赛事的需要，而2010年的第四次结构加固和设备设施升级改造，则是为了延长工人体育场的使用年限。

在"传统外观、现代场馆"方针的指导下，北京工人体育场改造复建项目自2020年8月启动以来推进基本顺利。2021年7月底，主体育场结构已经完成"正负零"，之后开始全面转入地上结构施工阶段。

据中赫工体公司副总经理、工程负责人宋鹏介绍，按照施工计划，工人体育场已于2021年底完成足球场主体混凝土结构封顶；2022年第一季度末钢结构完工，整个工体改造复建项目预计将于2022年年底竣工验收。

据北京市建筑设计研究院有限公司副总建筑师杜松介绍，此次改造复建除了承办亚洲杯赛事的基本要求外，更重要的一点，就是要结合北京城市更新计划，完善城市空间结构和功能布局，为"两区"建设提供更加有效的空间载体。与此同时，此次工体更新改造工程，还能扩大文化供给，继而推动产业结构和消费结构的调整升级，助力北京建设国际消费中心城市。

TOD模式，赋予空间更多可能性

此次工人体育场复建项目的设计建造过程中最大的亮点之一，就是融合了最新的TOD模式。

TOD模式，是一种以公共交通为导向的开发建筑设计模式，采用了功能复合、立体组织、集约紧凑的开发模式，实现地上与地下空间一体化设计。另外，TOD模式还能合理配置创新型商业和文化业态，提升区域及周边的通行效率，进而助力城市功能的优化。

复建项目完工之后，新工体还将利用横跨东西、贯穿南北的轨道交通，引进创新型商业和文化业态，打造"地上+地下"新空间，探索文体产业新消费模式，助力工人体育场成为北京新城市地标。中赫工体公司的副总经理、设计负责人宓宁介绍，改造复建后的新工体，将迎来3号线和17号线两条地铁线路与场馆的无缝连接。

从位置上来看，地铁3号线横跨北京东西两个区域，而17号线则是一条贯通北京南北城区的地铁大动脉。未来，3号线和17号线都将设置"工人体育场"站，而新工体作为两条地铁的交点，将东西南北四个城区串联起来。

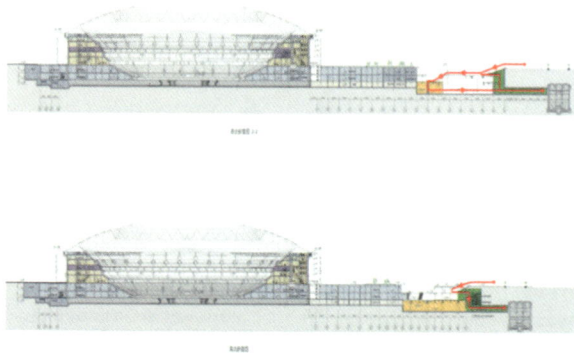

图2　新工体地铁交通组织流线图

　　另外，新工体复建工程还会把地铁的出入口，巧妙地融入下沉商业空间，人们从地铁出口进入工体区域后，就能看到新工体的下沉空间，再往里走便是地下配套商业。建成后的新工体，将实现城市轨道交通、地下停车、地下公共服务、地下商业服务等多层空间的互连互通，为市民提供便利出行、宜居生活、品质消费、健康运动的一站式生活服务。

图3　改造复建后的工体效果图

　　工体改造复建项目I期总规划建设面积38.5万平方米。其中，地上计划建设面积约为10.7万平方米、地下约为27.8万平方米。改造之后的新工体，不仅不设围墙，继续保持原有、开阔疏朗的空间形态，还将建成占地面积约13万平方米的世界级城市公园、3万平方米湖区，以及公园内1公里环保健身跑道，并在体育场顶设置约800米的城市景观环廊。

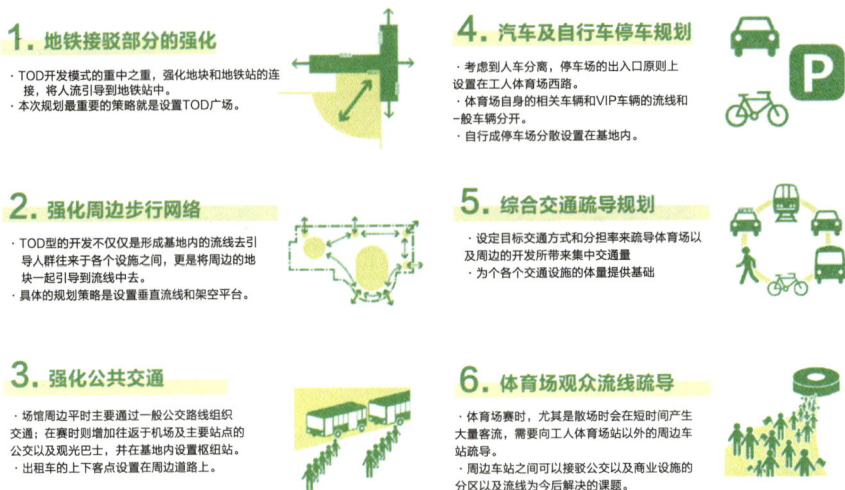

1. 地铁接驳部分的强化
· TOD开发模式的重中之重，强化地块和地铁站的连接，将人流引导到地铁站中。
· 本次规划最重要的策略就是设置TOD广场。

2. 强化周边步行网络
· TOD型的开发不仅仅是形成基地内的流线去引导人群往来于各个设施之间，更是将周边的地块一起引导到流线中去。
· 具体的规划策略是设置垂直流线和架空平台。

3. 强化公共交通
· 场馆周边平时主要通过一般公交路线组织交通；在赛时则增加往返于机场及主要站点的公交及观光巴士，并在基地内设置枢纽站。
· 出租车的上下客点设置在周边道路上。

4. 汽车及自行车停车规划
· 考虑到人车分离，停车场的出入口原则上设置在工人体育场西路。
· 体育场自身的相关车辆和VIP车辆的流线和一般车辆分开。
· 自行成停车场分散设置在基地内。

5. 综合交通疏导规划
· 设定目标交通方式和分担率来疏导体育场以及周边的开发所带来集中交通量
· 为各个交通设施的体量提供基础

6. 体育场观众流线疏导
· 体育场赛时，尤其是散场会在短时间产生大量客流，需要向工人体育场站以外的周边车站疏导。
· 周边车站之间可以接驳公交以及商业设施的分区以及流线为今后解决的课题。

图4 新工体六大功能

作为完全向市民开放的城市空间，新工体使地下空间资源真正得到了综合开发利用。尤其是在赛事期间，新工体大容量的轨道交通，为市民提供了高效、舒适的绿色出行选择，有利于快速疏解瞬时人流、缓解路面拥堵压力，让出行更加便捷、更加低碳，全方位提升观赛体验。

海绵城市，感受首都的核心区域

除了TOD模式之外，北京工人体育场的整体更新还应用了海绵城市的理念。所谓海绵城市，指的是城市能够像海绵一样适应环境变化，弹性地应对雨水带来的自然灾害。

工人体育场共设置了十个收集区域和十处集水坑，通过管网筛滤、透水铺装和地表覆土等景观措施，将自然环境与人工措施相结合，在降雨时可完成吸水、蓄水、渗水和净水的全过程，需要时还可以将蓄存的水释放并加以利用，在确保城市排水防涝安全的前提下，可以最大限度地实现雨水在城市区域的积存、渗透和净化，促进雨水资源的利用和生态环境保护，预计完工之后可有效抵御五十年一遇的水灾。

　　工体的南部保留了开阔的湖区，并对水岸进行了生态化设计。与其他水岸相比，工体此次设计的生态水岸更富有弹性，在保证水岸不被硬化的同时，兼具防洪蓄水、扩大湿地面积，保护生物多样性的功能，同时也满足市民的亲水需求。此外，将在水岸种植湿地植物，不仅塑造了可供观赏的宜人景观，还起到涵养水土、净化水源的功效。

图5　新工体绿色城市研究

图6　新工体绿色城市研究

值得一提的是，此次工体改造还通过主动式绿色技术践行可持续理念，助力绿色双碳建筑目标的实现。尤其是新增的球场罩棚，就是此次工体改造复建工程中，践行绿色建筑的最大亮点之一。

罩棚是专业足球场的标配，不仅有效地提升极端天气下的办赛能力，满足亚洲杯及未来更高等级国际足球赛事的办赛要求，还能让观众拥有更好的观赛体验。此次工体新增的罩棚具备了遮阳、照明、排集水、融雪、光伏发电和吸声降噪六大功能，并具备在未来罩棚上设置环形LED屏幕、打造灯光秀的条件。其中，罩棚设计中采用的光伏发电技术，是一种可以将太阳能直接转化为电能的绿色节能技术。

工体的罩棚外圈，设置了环绕一周的光伏发电区域，将太阳能电池组件、控制器和逆变器等电子元器件组成发电系统，以百叶的形式整合在罩棚的框架上，从而能够同时发挥发电、防雨和通风的作用。工体改造工程就是通过这种主动式绿色技术，为体育场及地下配套车库等区域，提供日常运行的部分电力，继而为城市绿色发展赋能。

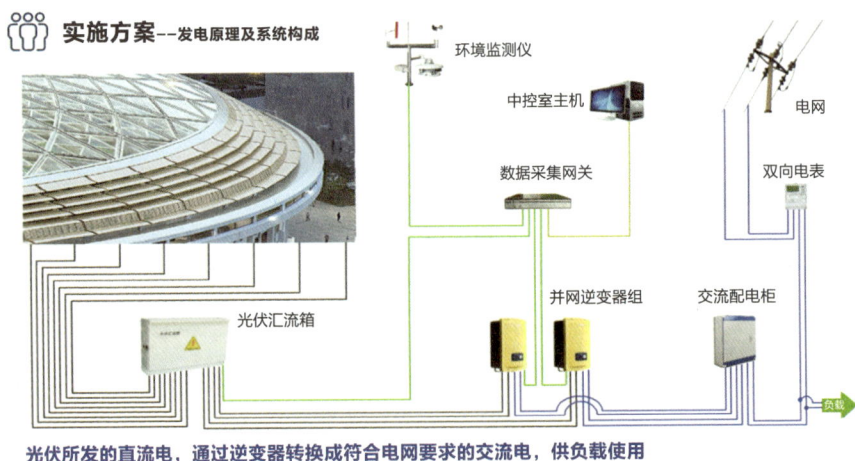

图7　光伏发电技术布局示意图

此外，新工体还将采用最新的看台碗设计、电视转播技术、水雾降温系统，提升看台坡度，使观赛环境更加舒适，也大幅度优化观众体验。

实施方案--整体布置

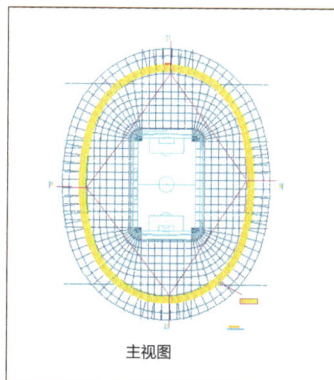

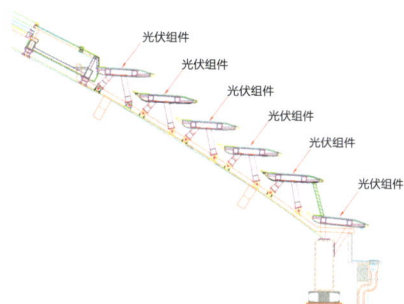

图8　工体光伏发电技术示意图

据悉，在2023年亚洲杯赛事闭幕之后，北京工人体育场还将继续作为北京国安足球俱乐部的主场长期运营，提高非赛时的利用价值，预计未来每场赛事的上座均超过6万人。

新工体将以多元化业态组合、复合配套功能，来实现体育场馆的可持续运营，为区域经济注入新的活力。建成后的新北京工人体育场将以"城市地标、文体名片、活力中心"的新标签，成为北京城市更新、环境正影响的示范和标杆。

案例评点

工体复建探索出我国建筑改造更新再利用的新路径，为建筑改造更新和可持续利用提供了新样板，打造出城市区域更新和可持续发展的新标杆。

——中国工程院院士、清华大学建筑节能研究中心主任　江亿

从浑南模式看生态资产数字化、产业化之路

摘要：在2021年"碳中和、碳达峰"的大背景下，沈阳市作为碳排放重要主体城市，也在持续探讨与寻找创建"绿色城市"的最优解。

易发成林通过将高科技类机器人、高效率的运营能力和生态运营技术融入金融解决方案，为绿色城市建设打出了一记漂亮"组合拳"。如今，由易发成林打造的浑南区园林景观PPP项目样板，经过四年的运营，已经取得了良好的社会效益和经济效益，成为政企合作共赢、合作共进的新范例。

"碳中和与碳达峰"无疑是2021年中最引人关注的一个话题，也是各界研究探讨、创新探索的一个重要领域。在中国国际金融股份有限公司发布的研究报告曾不止一次地提到，城市是碳排放的主体，必须着力规划和治理双提升推动绿色城市建设。

绿水青山向金山银山转化的本质，是将生态资源转化为生态资产，将生态价值体现为经济价值。

所谓的生态资产，指的就是可以为人类提供服务与福利的生态资源与生态环境实体。广义上的生态资源，涵盖了山、水、林、田、湖、草、沙这类生命共同体，具有清晰产权和市场交换价值。生态资产可为人类提供服务和福利，包括了有形和无形两种形式。其中，有形的生态资产，指的就是实物形态的资源供给，而无形的生态资产，则是非实物形态的生态服务。在所有的生态资产中，空气净化、气候调节、景观享受等隐形生态资产，是目前研究生态资产运营的重点与难点。

而所谓的生态资产运营，就是利用市场经济手段保护生态资源、改善生态环境、开发新型生态产品等，以满足人们享受自然生态环境的物质、精神

需求并获取利润的生态资产开发、利用、维护与管理活动。

想要将生态资源转化为生态资产，首先需要通过数字化手段，逐渐形成生态资源的产业化运营，这也是实现生态运营的物质基础和重要保障。简而言之，生态资产运营产业化，不仅需要生态资产基础，还需要统筹协调政策、技术和规划，来支撑生态资产价值转化和提升。

成立于2003年的辽宁易发成林生态技术有限公司，就是一家基于园林景观产业链及生态高新技术发展的综合型园林生态科技绿化企业。

辽宁易发成林生态技术有限公司在基于城市园林场景，以"山水林田湖草沙"的构建、修复及运营为核心，结合互联网、物联网技术应用，形成了覆盖规划设计、生态修复、资产运营等领域的城市绿化生态运营管理体系，打造出了生态资产一体化的新型商业模式。尤其是在生态资产数字化产业化方面，辽宁易发成林生态技术有限公司已经有着较为成熟的运营体系和运营经验，以及运营成功的标志性案例。

沈阳市浑南区园林景观PPP项目成功案例

作为牵头单位，易发成林于2017年与沈阳市浑南区政府签订了《沈阳市浑南区园林景观PPP项目》。这是全国第一个园林存量资产PPP项目，也是全国唯一一个以园林景观存量资产为基底、由社会资本与地方政府合作出资的项目。

所谓的PPP模式，就是一种政府和社会资本合作与公共基础设施建设的运作模式。PPP模式的优点在于鼓励私营企业和民营资本积极参与到公共基础设施建设。

该项目设计了包括浑南区政府的景观绿化工程建设在内的89个项目标段，以"山水林田湖草沙"的构建、修复及运营为核心，形成了覆盖规划设计、生态修复、资产运营等领域的生态资产运营体系，创造出了全新的生态资产一体化的运营模式。

经过四年的运营，截止到2021年为止，浑南区园林景观PPP项目，已经拥有近2000万平方米城市园林景观，被打造成为东北交付体验的新标杆，具有很强的示范效应。

据不完全统计，与历史最低数据相比，沈阳市浑南区园林景观运维费用降低了15%左右。如果将之前粗放式管理造成的每年苗木死亡补植费用考虑在内，园林景观的运维费用又降低大约10%，预估每年可节约3700余万元，十年累计可节约3.7亿余元。易发成林公司负责人表示，如果沈阳市继续推广该运营模式，每年至少可节约城市园林景观养护费用近2亿元。

图1　沈阳市浑南区打造园林景观"绿色城市"样本

在资金筹措方面，浑南区园林景观PPP项目更是起到了示范性作用。自2014年以来，在严控地方政府债务规模的背景之下，原来依托地方政府信用和土地财政背书的基础设施投融资体系也被打破，这也在一定程度上增加了基建投资和筹资的难度和复杂度。

易发成林所使用的PPP模式，通过市场化运作引入社会资本，促进投资主体的多元化，发挥政府和社会资本各自的优势，形成互利合作关系。该模式不仅能够有效地缓解地方政府的短期债务压力，重点解决了政府市政公用行业建设中投资、建设、管理中面临的诸多问题，还提高了公众服务的整体质量。

作为浑南区园林景观PPP项目牵头人，易发成林无论是在前期准备阶段，还是在项目实施的全过程中，都全力与各银行、金融机构配合，确保项目资金及时到位，项目能够按计划顺利开展。在合作的过程中，易发成林与金融机构形成良好的战略伙伴关系，为项目未来的资金支持打下了坚实的基础。

　　易发成林负责人表示，依法依规、互利共赢是易发成林公司的经营原则；盘活地方政府存量资产是公司的经营目标；而将企业的成功经验和成熟的创新模式与地方政府共同分享，携手打造政企合作共赢、政企合作共进的新样板和新范例，则是公司的终极愿景。

数字科技牵引生态资产数字化、产业化发展之路

　　2019年，辽宁易发成林有限公司首次突破了传统园林养护模式，创新推出"数字园林管理平台"，对园林景观进行数字化园林养护管理，全方位、全角度地对养护区域进行数字化扫描，以便能及时发现问题、并及时响应处理。

　　截止至2021年，易发成林公司的各项业务板块，均已接入数字园林管理平台。该平台采用了全新的"互联网+"的思维，将无线传输、物联网、智慧终端等全新技术串联起来，可全方位地掌控在建现场实时施工状态，以及园林景观的养护状态，并进行远程控制，为项目的管理和运营提供及时、准确的人、机、料等各个方面的信息和数据，另外，他还能通过数字园林管理平台轻松掌握园林景观所在地的气候、土壤、温湿度等微观信息，真正做到将智慧园林理念变为现实，用数字生态方式达到人与自然的互感、互知与互动。数字科技不仅实现了生态资产的数字化，还为生态资产产业化发展奠定了基础。

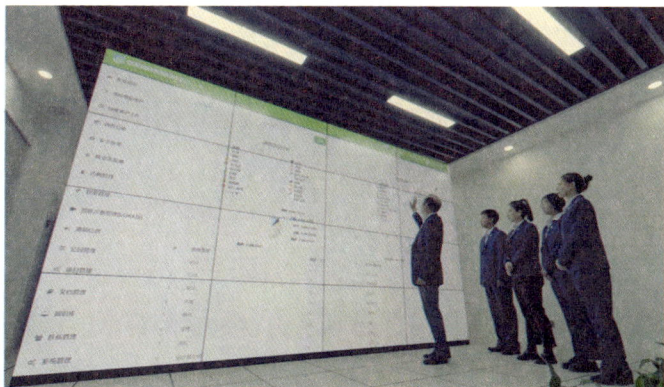

图2　易发成林推出的"数字园林管理平台"

面对党中央统筹国内国际两个大局作出的"2030年前实现碳达峰、2060年前实现碳中和"的重大战略决策，易发成林充分利用自身的发展优势，将高效率的运营能力和生态运营技术融入金融解决方案之中。公司通过持续发展绿色金融，有效盘活政府存量资产，提升生态资产的社会价值和经济价值，为绿色城市建设打出了一记漂亮的"组合拳"。

截止到2021年，易发成林公司共承接各类项目189个，项目总面积约为十六个沈阳北陵公园。除此外，公司承接的数十项省市重点工程，曾先后荣获国家、省市"优秀园林工程奖"等四十余项荣誉。

为了从根本上提升企业综合实力与核心竞争力，易发成林公司还与中科院沈阳应用生态研究所、沈阳市环境科学研究院、东北大学、沈阳农业大学等科研机构和高等院校建立长期合作机制，联合开展了科学技术攻关、研发机构申报、中试基地建设、人才培养等工作。产学研一体化的合作模式，为推动易发成林的发展插上了科技"翅膀"。

2021年6月，辽宁出台首批9项城市更新地方标准，其中《辽宁省城市园林绿化智慧养护技术标准》的主编单位就是易发成林有限公司。该标准现已作为辽宁省地方标准进行推广。

辽宁省市场监督管理局表示，9项地方标准的发布实施，不仅使辽宁省城市更新工作更加规范化、标准化，也将进一步推进基于信息化、数字化、智能化的新型城市基础设施建设和改造，全面提升城市建设水平和运行效率，有力促进城市深挖数据资源、优化布局结构、提升功能属性、增强创新活力，有利于加快辽宁省城市更新进程，提升更新效果，推进城市现代化进程。

作为辽宁省委省政府制定的"数字辽宁"战略中的一分子，易发成林将继续扩大客户群体，并将专业修复技术植入生态资产，打造出一条绿色的生态资源产业链。

生态资产数字化和产业化，让城市绿草如茵

易发成林公司负责人曾表示，绿水青山就是金山银山，伴随着生态资产向数字化和产业化转型，易发成林将助力林地、矿山、湖泊和湿地及森林公园等生态资产相互赋能，共同发展，这才是生态资产的可持续经营模式，也是易发成林公司一直在努力实现的目标。

图3　建设维护"绿色城市"，社会效益与经济效益并重

　　一直以来，易发成林都坚持高品质的发展路线，从市政公用园林到地产景观园林，从地产景观到园林养护，公司的各个业务模块相互支撑，为城市提供最有数字科技力量的绿化运营支持，打造最具人性化、城市宜居花园，实现社会效益和经济效益的统一。

　　未来，易发成林公司将努力成为实现生态资产数字化、产业化的先锋企业，继续为城市增色添彩，使城市园林景观花开似锦，绿草如茵。

案例评点

　　"碳中和、碳达峰"无疑是2021年度的最大热词之一，在大家将目光聚焦在企业级别的节能降碳线路选择和技术改造的同时，作为碳排放主体的城市，如何通过合理规划和有效治理推动绿色城市建设，也是特别值得关注的。

　　在这一方面，辽宁易发成林生态技术有限公司在沈阳市浑南区园林景观PPP项目中的操盘经验，以"山水林田湖草沙"的构建、修复及运营为核心，形成了覆盖规划设计、生态修复、资产运营等领域的生态资产运营体系，创造出全新的生态资产一体化的运营模式，或是一个有代表性的案例。

——环球趋势案例编委会

构建绿色低碳发展模式，不懈推动可持续发展

摘要：建筑绿色化发展是实现2030年碳达峰和2060年碳中和愿景的必然要求，也是实现经济社会高质量发展的必经之路。作为主要能耗行业之一，2021年建筑行业开始引入ESG理念，在体系端，建立起建筑绿色信用指标和信息披露机制；在资金端，通过ESG理念引导资金支持建筑绿色化项目，弥补建筑绿色化投融资缺口。

作为建筑建材系统服务商，东方雨虹积极响应国家绿色低碳发展，将环境要素放在首要位置，通过创新节能减排的理念、技术和管理机制，不断提高公司能效和资源利用率，减少污染排放。

东方雨虹通过构建绿色低碳，减少碳排放的运营方式，用实际行动助力"2030碳达峰、2060碳中和"的气候行动目标。

我国是世界上土建工程建筑施工量最大的国家，建筑面积几乎每年都在增加。然而，工程建筑的过程中，不仅消耗了很多不可再生资源，还产生了很多建筑垃圾，还再加上设计、规划等原因，导致一部分使用寿命未到期的建筑被拆掉，这也进一步造成了资源的浪费，这也是目前工程建筑行业面临的最大的问题之一。

早在很久之前，我国政府已经意识到了这一点。于是国家开始致力于促进节能环保项目建设，努力推进社会的可持续发展。

在第五届国际绿色建筑大会上，中国住房和城乡建设部副部长仇保兴提到，近年来，在绿色建筑领域，中国与国际社会的合作与交流越来越广泛，为推动中国绿色建筑的发展起到了积极作用。

"绿色建筑"中的"绿色"，并不是指一般意义的立体绿化、屋顶花园，

而指的是一种在建设期间，不破坏环境的基本生态平衡，且建造所消耗的物质与资源明显少于传统建筑的一种新型建筑，简而言之，绿色建筑是一种对环境无害，而且能够充分利用自然环境资源的建筑，又被称为可持续发展建筑、生态建筑、节能环保建筑等等。

那么，究竟应该如何推动建筑行业的绿色转型，是如今所有建筑企业必须思考的一个课题。

赋能绿色建筑，支持低碳发展

北京东方雨虹防水技术股份有限公司成立于1995年，公司长期致力于新型建筑防水材料的研发、生产、销售和防水工程施工业务领域，是一家以防水业务为核心，民用建材、非织造布、建筑涂料、建筑修缮、节能保温、砂浆粉料、特种薄膜等多元业务为延伸的建筑建材系统服务商。

多年以来，东方雨虹积极履行企业社会责任，充分利用可再生能源，以更少的能源消耗，为建筑打造耐久，高质、绿色的全寿命周期的防护。在东方雨虹看来，若要响应国家提倡的建筑"绿色化"的要求，满足消费者对环保型住宅的需求，就必须要走出一条创新的、零能耗的建筑之路。为此，东方雨虹开始深入研发绿色环保建材，积极探索近零能耗建筑实践。

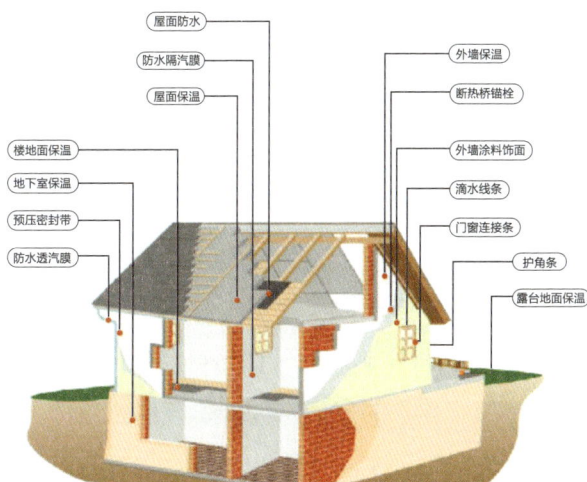

图1　装配式建筑概览

就以供暖为例，东方雨虹采用高效新风热回收技术，通过保温隔热性能和气密性能更高的围护结构，最大限度地降低建筑供暖制冷需求。

东方雨虹旗下卧牛山公司，更是深入贯彻无纸设计、无废施工、无损运维的绿色理念，与德国能源署（DENA）、德国被动房研究所（PHI）、中国建研院、北京节能中心、河北建科院等国内外近零能耗领域专业机构合作，建立集成了设计模块、模拟施工模块、咨询校核模块、施工管理模块、产品溯源模块、物联网能耗监控模块、运维预警模块的近零能耗建筑全寿期软件平台——"HEEC近零能耗建筑智慧平台"。如今的卧牛山公司，已成功打造出集咨询、设计、采购、施工和运维的五位一体近零能耗EPC解决方案。

近年来，东方雨虹不断拓展产业的价值链，在建筑涂料、节能保温等领域持续发力，实现多维联动，为装配式建筑时代的到来提出了多元化的解决方案。

随着建筑技术发展、越来越多工地和装修现场告别了传统的建筑方式，把传统建造方式中大量现场作业的工作环节，转移到工厂进行，然后把工厂加工制作好的建筑构件和配件运输到现场装配安装，大大减少了施工垃圾和有害气体的排放。

新型的装配式建筑具有安全、环保、绿色、节能等功效，在减少资源消耗及污染物排放的同时，还便于维护和更新，不仅成为当下绿色建筑的首选，也将成为未来建筑行业的发展趋势。东方雨虹助力装配式建筑领域，是推动绿色产业链发展的一次有益尝试。另外，公司还以节能增效为核心，积极构建绿色产业链，推动建筑行业朝着可持续发展方向前进。

减碳排放设计，环保技术的研发与应用

经过多年的创新研发和行业经验的沉淀，东方雨虹已推出多种种植屋面防水设计方案。

其中，"非固化复合耐根穿刺卷材"体系可以保证阻根防水层与屋面基层达到微观满粘，杜绝蹿水现象的发生。另外，该体系还可以减少卷材的热熔施工工作量，在缩短工期的同时，提高防水可靠性。

而"高分子复合阻根"体系则主要采用了合成高分子类卷材、热塑性聚烯烃（TPO）防水卷材或高密度聚乙烯（HDPE）防水卷材作为阻根层。因为高分子类防水卷材拥有更优异的耐久性和化学稳定性，且施工简便、无须动火作业，故可大幅度降低施工过程的碳排放量。

东方雨虹通过对新技术的引进、开发和整合，建立了自有产品的高技术护城河。随着技术逐渐趋于成熟，以及生产系统的不断完善，如今东方雨虹已经可以自产石墨改性模塑聚苯板、岩棉板/条、环保型XPS板、胶黏剂和抹面砂浆，以及耐碱涂覆中碱玻纤网格布、断热桥锚固件、防水隔汽膜、防水透气膜、饰面砂浆等近零能耗防水保温产品。

东方雨虹旗下孚达公司还与生态环境部环境对外合作中心签署了《挤出聚苯乙烯泡沫行业HCFC淘汰项目合同书》，完成CO_2发泡替代HCFC发泡的整体技术改造，并通过了环保部的验收。CO_2发泡剂是一种环保型发泡剂。CO_2发泡技术属于阻燃剂技术体系，对温室气体减排得十分有效。如今，采用CO_2作为发泡剂原料，生产高性能环保型XPS挤塑板，正在以每年35%-45%的涨幅快速增长。

除此之外，采用CO_2发泡技术还是"2030碳达峰"和"2060碳中和"的可行的技术选择之一，该项技术改造曾被联合国授予"为保护臭氧层做出宝贵贡献和努力"的荣誉证书。

健全绿色管理，构建环境管理架构

东方雨虹认为，企业作为具有社会属性的机构，在创造商业价值的同时，还应该利用自身的核心能力帮助社会去解决痛点问题，这是一个企业公民践行社会责任的出发点。

多年以来，东方雨虹全面贯彻落实国家可持续发展战略，建立环境管理制度体系，深入探索绿色管理模式，完善节能工作组织管理体系，有效夯实节能减排管理基础，将绿色环保低碳理念贯穿于研发、生产、应用的全过程。东方雨虹还将ESG标准全面融入企业管理中，并制定相应执行、检查、改进计划，及时对ESG风险进行识别、分析和管理，为中国实现碳中和这一目标贡献力量。

此外，东方雨虹还确定了《环境管理体系（GB/T 24001-2016）》，以

"绿色生产、低碳环保"为管理方向，推进环境管理的日常化、系统化和标准化，进一步量化使环境管理效果、具体化评价环境影响。公司还不断加大对绿色环保工作的投入和审查力度，确保所有工厂的新改扩建项目环境保护验收百分之百通过，环境污染治理设施百分之百达标排放。

2021年，东方雨虹在上海、岳阳、锦州、徐州、惠州、昆明、唐山、咸阳、芜湖、建德、莱西、濮阳、德阳、荆门、DAW建德等地建立的生产物流基地，已取得了质量、环境职业健康安全管理体系认证，其中的九个生产物流基地还通过了能源管理体系，其中，唐山、锦州、惠州生产研发物流基地，已相继入选工信部绿色制造示范名单。

此外，东方雨虹的咸阳、濮阳、唐山生产物流基地，通过不断完善环保设施，提高环境管理水平，认真履行环境保护社会责任，现已在国家重点环境区域的环境绩效分级评定中通过了A级评定，成为防水行业首批通过A级的企业。

推广清洁能源，规划绿色发展

一直以来，我国的能源结构主要以煤炭为主，煤、石油、天然气这三类不可再生能源，在我国能源消耗中占比高达94%，这样的能源结构是非常不合理的。为支持清洁能源的发展，东方雨虹加强布局各个生产物流基地的分布式光伏发电、储电项目。2021年，公司已完成第一批投产的生产物流基地光伏设计的招标工作，如今正在建设的生产物流基地，均已预留光伏支架。

为了更好地满足客户的需求，东方雨虹公司还将与光伏行业龙头企业合作，共同推进屋面光伏防水一体化系统图集和标准的建立。除了推动光伏发电之外，东方雨虹还将发展导热油低温运行、太阳能加热、锅炉/空压机余热回用等节能项目，力争在2025年前实现碳排达峰。东方雨虹还积极参与售电市场交易。东方雨虹与大唐电际发电股份有限公司等发电公司合作，共同提高发电企业尤其是火电企业的燃料管理效率，保证发电企业经营生产平稳有序，继而更好减少发电侧碳排放量。

在工艺方面，东方雨虹积极推进各生产物流基地的工艺与设备升级。东方雨虹利用蓄热式焚烧炉（RTO）等先进治理设施，以及先进污染物治理工作，对沥青防水卷材、沥青涂料等废气进行处理。与传统静电除尘和碱洗工艺相比，升级后的污染治理工艺，无论是在颗粒物排放、非甲烷总烃排放还是恶臭排放等方面，均下降了50%以上。其中，VOCs排放处理效率最高可达95%。同时，东方雨虹还淘汰了一批老旧空压机，又对其他空压机进行节能改造，进一步提高工厂空压机能效等级，减少空压机这只"电老虎"能耗。依据合肥机电研究所标准，实测东方雨虹现在所使用的新型节能空压机比功率，节能效果超过了20%。

图2　污染治理

　　一直以来，东方雨虹公司在积极寻求企业发展的同时，也在认真思考如何贯彻落实以"绿色""低碳"为核心的发展理念。促进高质量发展，注重环境保护，应对气候变化，始终坚持走可持续发展的道路，坚持践行"构建绿色建筑建材体系"的理念，是一个企业公民应该践行的社会责任，东方雨虹同样义不容辞。

　　未来，东方雨虹公司会继续引领建材行业全面实现绿色、节能、低碳、环保的建设目标，加强企业绿色化升级改造，打造出真正的绿色制造体系，为最终实现零能耗绿色建筑、提升建筑物生命周期而不断努力。

案例评点

　　如开头提到的，建筑是主要能耗部门，如何让建筑行业走低能耗，零能耗，是摆在面前的难题。东方雨虹作为建筑建材系统服务商，在积极寻求企业发展的同时，也在认真贯彻落实新发展理念，以"绿色""低碳"促进高质量发展。

　　案例中，东方雨虹为建筑行业绿色转型，贡献出自己的转型升级方案，用自身的核心能力去解决社会问题并创造商业价值，为中国实现碳中和这一目标贡献力量，并且值得去肯定。此外，东方雨虹用自己的真实案例告诉我们，光有技术和设计还不够，还要构建先进的环境管理架构。这一宝贵的经验，或许能让更多的企业，在转型升级的道路上，少走弯路。

——环球趋势案例编委会

构建新时代"互联网+环保"循环再利用体系

摘要：伴随循环经济发展与社会消费理念的变化，消费者对于闲置物品回收和购买的接受程度越来越高，闲置物品的买卖交易需求也随之扩大。在这样的背景下，闲置物品交易平台蕴藏着巨大商机。万物新生集团，就是在这样的时代背景和市场机遇下逐渐成长起来的。

作为国内首家"互联网+环保"类型的新零售企业，万物新生集团已深耕闲置物品回收再利用领域超过十年，创造性地践行循环经济之路。

在循环经济领域中，二手房、二手车和二手3C产品等多个市场，都有巨大的发展潜力。而每个行业的发展都间接证明，想要真正释放出市场需求、追求高质量发展，必须建立起标准化的市场管理体系。

与二手房、二手车行业情况类似，此前的二手3C产品同样缺乏统一的标准。就以二手手机为例，通常情况下，二手手机的SKU远远高于新机，而不同的成色、不同的使用时间的二手手机，在价格上却存在巨大的差异。即便是同一型号的二手手机，二手市场也会出现无数个不同的SKU价格。

面对这一行业痛点，万物新生集团花了长达十年的时间，不断探索实践，如今万物新生集团已经形成一整套包括外观、功能在内七十余个维度、较为完备的质检分级标准，将非标品通过SKU化转化成标品。

质检分级标准体系的建立，是二手3C行业走向规范化、标准化的重要里程碑，也为整个行业发展注入了新的动力。万物新生集团建立的质检分级标准体系，在公司自有业务上投入使用，并取得良好的效果之后，现已向全行业开放，帮助二手3C行业建立规范，让行业和用户都能从中获益。

新技术：科技赋能供应链，打赢降本增效"硬仗"

图1　万物新生集团运营中心自动化流水线

技术能力是万物新生集团的核心竞争力，在新零售转型背景下，越来越多的科技元素开始融入销售链条中的各个环节。而以算法、数据、自动化为关键核心的科技手段，在与二手3C行业的深度融合之后，正催生出一系列更具实用性与针对性的解决方案。

就以用户普遍担心的手机回收后的隐私安全问题为例，由万物新生集团自主研发的符合国际标准的信息清除系统——"爱清除"，现如今已正式投入使用。该技术可以对回收的电子产品，进行多次的覆盖擦写处理，杜绝用户数据在产品流通过程中可能遭到的恶意恢复，从而达到避免泄露用户隐私的目的。

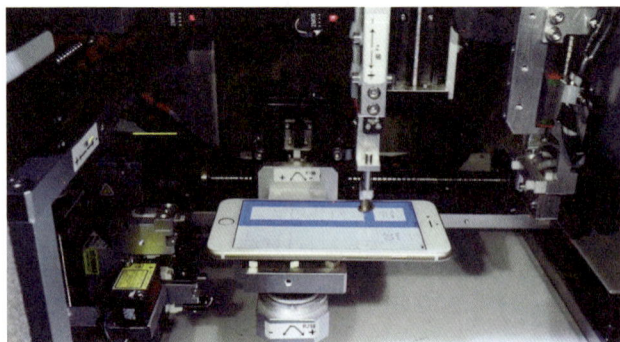

图2　对手机功能自动化质检的007设备内部

针对二手3C产品使用后呈现非标准化这一特点，万物新生集团自主研发了针对手机细微划痕自动检测的"拍照盒子"系统、针对硬件产品功能自动插线和检测的"007"系统，以及不拆机即可拍照识别手机部件是否有更换和拆修的"X-Ray"系统。配合万物新生集团自动化流水线和机械立库，整套系统自动化率可高达90%以上，分拣失误率小于0.01%，手机质检精准度达99%以上。

这一整套系统的研发成功，彻底改变了过去依赖密集型人工质检操作而导致的效率较低、成本较高的问题。

新业务：搭建城市绿色产业链，推进垃圾分类减量

近年来，国家多个部委联合发文，将垃圾分类纳入法治框架，大力推动生活垃圾减量化、资源化及无害化处理。

在这样的大背景之下，万物新生集团孵化出全新的城市绿色产业链业务——"爱分类·爱回收"项目。该项目的目标是打造"智能回收-清运处理-循环再生"体系，实现"互联网+垃圾分类"的深度融合，激励居民进行垃圾分类与可回收物交投，从源头推进城市生活垃圾分类和减量。

图3　智能分类回收机

"爱分类·爱回收"项目落地模式，是通过在全国范围内的住宅小区、商

167

超、办公楼宇和产业园区等人流密集的区域，设置智能可回收物回收机，实现各类可回收物的分类回收。

相比传统的废品回收方式，"爱分类·爱回收"智能可回收物回收机全天24小时都可以投递使用。居民投递的可回收物，会通过微电脑感应和智能称重，通过现代数字化技术，有效地规范了居民的垃圾投递行为。目前，"爱分类·爱回收"投放智能回收机超过一万台，全年回收15万吨可回收物。

2021年，是万物新生集团成立的第十年，也是万物新生在纽交所上市的第一年。这一年，公司还做出了重要的决策——"一体化城市模型"战略。该战略的目标是实现从过去"百城千店"到"百城千亿"的升级。万物新生集团计划在未来三年内，以城市为经营单元精细化经营，实现业务拉通，效率优化和组织能力、管理能力升级，从而构建起"互联网+环保"的新时代循环再利用体系。

案例评点

在万物新生集团的努力下，我国二手电子产品的流通产业链效率及周转率大幅提升，交易环节得以缩短，交易体验更加稳定。如今，万物新生集团又运用技术优势，积极赋能城市生活垃圾分类与垃圾减量等民生服务领域。

具备社会价值的公司才能拥有实现长远商业价值的能力。万物新生集团十年的选择和坚持，为循环经济的发展贡献了不一般的智慧和力量，同时也成为社会价值与商业价值结合共振的创业典范。

——上海现代服务业联合会会长、上海市软科学研究基地同济大学产业创新
生态系统研究中心主任　郑惠强

将回馈社会、尊重文化的理念，深植于企业文化

摘要： 对于历经二十五年风雨征程的德克士而言，2021年不仅是充满挑战的一年，也是开拓创新的一年。

这一年，在郑州内涝灾害时，德克士与加盟伙伴携手共渡难关；这一年德克士也在佛教圣地五台山，开设第3000家独具匠心的绿色环保创新型门店。这背后所体现出的是德克士与加盟商一直以来所秉承的重分享、重责任、重回馈的企业文化。德克士这种"一心为你"的理念与国际倡导的ESG责任投资理念不谋而合。

2021年，越来越多的企业也开始接受ESG投资理念，大家也都开始认同"为社会创造可持续发展价值的企业，才能长期稳健发展"的价值观，因此也更加注重企业的环境影响（E，Environmental）、社会责任（S，Social）和公司治理（G，Governance）这三方面指标。

1996年，顶新集团收购了来自美国的德克士品牌，并确立了其连锁经营模式。之后，顶新集团投入5000万美元，进一步完善了德克士经营体系和管理系统，使其成为顶新集团旗下的著名品牌之一。1999年，顶新集团又依靠自身在餐饮领域的丰富经验，率先推出了特许加盟办法，加速德克士品牌在国内的市场拓展。如今的德克士，已经成为国内著名的连锁西式快餐店之一。

德克士在经营过程中，始终践行ESG的投资理念，在环保责任、社会责任和公司治理等方面也都有成功的经验与案例。截止到2021年，历经二十五年风雨征程的德克士，已经形成了公司独特的加盟商管理体系，并提出了"一心为你"的全新品牌定位，以及德克士3.0超值美食的品牌规划。

2021年，德克士总经理崔凯军在采访过程中，向记者描绘出德克士从"山、人、心"这三个不同角度的创新式布局。

山：尊重文化背后的绿色环保创新

2021年6月，德克士位于山西省五台山的全国第三千家门店项目正式启动，这家门店的创立过程，同样也是德克士抓住机遇、应对挑战的过程。

当时，政府正在对五台山景区进行整体升级改造。在多方努力之下，德克士拿到了黛螺顶下、索道入口、五台摆渡车的这三个交通枢纽位置，也是开设门店绝佳的位置。但是，德克士想要在五台山开设门店，也遇到了较为棘手的问题，那就是如何在佛教圣地，恰到好处地表达品牌、呈现产品。这也是德克士在五台山开设门店需要面对的最大挑战。

为此，德克士对五台山门店的产品进行了全新的设计。在设计方面，德克士在五台山门店的外观设计上及产品包装上，融入了佛教中的菩提叶形象，取佛教中的"一叶一菩提"之意，充分体现出对当地宗教文化的尊重。另外，德克士针对客户需求，推出了以植物肉为核心的全素食菜单，食品包装材料全部采用可再生、可回收、可复用的环保型材料，足以体现德克士以绿色饮食、打造绿色空间、推广绿色生活方式的环保理念。

经过三个多月紧锣密鼓地筹备与建设，德克士的第三千家门店——五台山"绿食"餐厅，终于在2021年9月12日正式开门迎客。

图1　德克士五台山店外景

德克士五台山门店的筹备开业看似简单，实际上却充满了各种各样的挑战。对于德克士来说，全素食食品可以说是一个全新的产品类型，这就意味着要为这五台山门店重新制定供应商采购体系和物流配送体系，甚至连对员工的培训方面，都要着重强调要符合当地宗教文化，处处体现出对客户个人信仰的尊重。

图2　德克士五台山店内景

实际上，早在德克士在第一千家门店开业的时候，总部就已经规划好了未来的"千店"计划，即每当德克士的加盟店达到"千"的时候，就要登上一座名山。于是，德克士的第一千家门店登上了文化圣地泰山，第2000家店门店登上了佛教圣地普陀山；而第三千门家则在五台山上开花结果。德克士将"千店登山"的举措作为事业发展的阶段性纪念，同时这也是对团队努力拼搏创新的一种勉励。

当然，这样的创新之举并非德克士的"突发奇想"。早在二十一世纪初期，西式快餐的主角还是炸鸡汉堡的时候，德克士根据中国市场独特的口味需求，率先将国人钟爱的米饭加入西式快餐的菜单之中。2013年，德克士在普陀山开设第两千家门店——德克士慈航餐厅时，首次将具有养生特色的"鲜菇香蔬蛋堡"作为限定贩售产品，并吸引了不少往来游客的注意。

在谈及德克士在门店设计与餐食制作方面的创新时，德克士总经理崔凯军颇有感触：说起机遇，大家都能看得到，但是否能够抓住机遇，就看企业是否拥有创新的能力。德克士之所以能在全国范围内开设三千余家门店，其背后是对各地不同文化的尊重，以及在此基础上极具匠心的绿色环保创新。

人：携手加盟商共渡难关背后的社会责任

根据公开数据显示，目前德克士旗下只有15%的直营店，其余的85%均为加盟店。作为一个以加盟连锁经营模式为主要的发展模式的西式快餐品牌，对于加盟店的扶植、帮助和管理是德克士最核心的工作之一。

崔凯军自1997年加入德克士以来，先后在店长、区督导、营运中心等岗位任职，在门店管理方面积累了丰富的经验。在崔凯军看来，端好加盟这碗饭，是德克士的安身立命之本。因此，德克士也总是站在加盟商的立场上去考虑问题。德克士像对待家人一样，对待每一个加盟商，帮助他们做好产品与服务，与他们一起成长。这样"一心为你"的企业文化，再由加盟商在日常经营过程中传递给消费者。

2021年7月，河南郑州遭遇了历史上罕见的强降雨天气，导致部分地区发生严重内涝，人民群众的工作和生活也都受到了很大影响。在河南的这场特大暴雨灾害中，德克士在郑州的三十多家门店因断电，导致大部分原材料和物料报废。要知道对于一些规模较小的加盟门店而言，这些原材料是一笔不小的损失。

面对这种情况，德克士总公司并没有置之不理，而是第一时间站出来与受灾的加盟商共同面对。2021年7月20日，德克士总公司在确认郑州全部员工安全之后，立刻开会制定工作方案，携手加盟商共渡难关。7月21日，德克士总公司成立了支援小组并下达指示，从7月22日起，由总公司为所有受灾门店免费供应报废物料，力求最大限度减少门店损失、帮助门店尽早复业。德克士在帮助受灾门店解决原物料损失问题的同时，还尽量调配周围省份资源，第一时间为受灾门店免费提供工程、设备、通信设施等维修服务，为门店复工复业解除后顾之忧。

8月初，德克士的大部分门店基本上恢复了供水供电、完成了设备整修、工具清洁消毒等工作，并通过食品安全团队验收合格。另外，德克士的工作人员健康状况良好，原材料、物料储备充足，基本上可以恢复营业。

在新冠疫情肆虐初期，德克士就第一时间启动防疫专案，开展了一系列抗疫行动。自2020年1月29日起，各地的德克士餐厅纷纷响应抗击新型冠状病毒性肺炎疫情的号召，协助做好保障民生供应及后勤支援工作，并自发为当地医护团队送餐。

在全民抗疫的特殊时期，山西临汾市德克士金泰洋餐厅店长樊甜甜，坚持每天为医院送两顿饭菜。当樊甜甜被问起是否担心会被感染时，她告诉记者，每每看到在医院里奋战的"白衣战士"们，她就觉得全身上下有了无穷的力量。为了不让疫情扩散，医护人员每天都在全力地救治病人，既然他们都不怕，我们后勤工作人员又有什么好怕的！

在疫情期间，德克士为全国各地的医护、民警等一线抗疫工作人员提供爱心餐点累计13万份以上，合计总价值超过390万元。此外，顶新集团便利餐饮连锁事业还专门从国内外采购医疗物资捐赠给相关机构。据统计，德克士向武汉同济医院捐赠高级医用防护服10079套、医用防毒手套2000副、口罩3000个、医用防毒眼镜40副，防毒靴10双；向湖北孝感第一人民医院捐赠10000套医用防护服。

与其他绝大多数加盟连锁企业不同，德克士大部分的加盟伙伴都是企业的内部员工，有很多店长直接加盟德克士，成为新加盟店的负责人。这些由内部员工孵化出来的加盟店，对于德克士的文化本身就有很深的认知。此外，还有一部分加盟伙伴，是在德克士创立初期就跟随着公司一同成长起来的，因此德克士"重分享、重责任、重回馈"的理念，早已深植在所有加盟伙伴的心中。

图3　德克士篮球活力主题店

心："一心为你"的价值观和经营理念

2021年，德克士不仅开启了3.0超值美食的旅程，还将公司此前秉承多年的"重分享、重责任、重文化"的经营理念，凝练成为"一心为你"的品牌标语。

"一心为你"的品牌定位，可以进一步拆解为QVCC的核心价值。QVCC指的就是优质（Quality）、超值（Value）、便捷（Convenience）、干净（Cleanness）这四个方面。而"一心为你"中的"你"，所指的不仅是消费者，还包括德克士所有的加盟伙伴和全体员工。作为一家连锁餐饮企业，德克士除了要让消费者吃得健康、吃得超值、吃得快捷、吃得安心、吃得舒心之外，还要带动所有加盟伙伴调整操作流程、减少物料库存、提高效率增加收益；带动全体员工用心为顾客提供更好产品和服务。综上所述，德克士的目标不仅仅是要满足的顾客的需求，还要成为加盟伙伴和全体员工坚实的后盾。

德克士兰州武威二店的店长李治国，从大三开始就在德克士的门店做兼职。2013年他大学毕业后，选择继续留在德克士工作。这是李治国人生中的第一份工作，也是唯一的一份工作。如今的李治国已经从一名店长成为加盟商业主代表。李治国在接受采访时告诉记者，他之所以能在德克士工作这么多年，完全是因为"相信"二字。尤其是经历了从店长到加盟店业主的身份转变之后，如今他感到德克士已经真正成为自己的一份事业，自己也成为德克士大家庭中的一员。他每天大部分时间都会在门店里，尽可能地处理好门店方方面面的事务，协调好各部门的工作，为顾客提供更加优质的服务，吸引更多的消费者来德克士就餐。

如今，越来越多的企业开始关注ESG，这是因为只有企业注重绿色环保、注重回报社会、注重与合作伙伴建立共创共享的良好关系，企业才能够实现可持续发展，以持续、健康地生存下去。德克士提出"一心为你"的品牌定位，与其说是一项创新，倒不如说是德克士一直以来企业文化核心的总结。

崔凯军表示，德克士接下来的目标，就是要将企业文化进一步形成可量化的指标并落到实处，进一步强化企业和所有加盟商伙伴的社会责任感，进一步优化企业的经营环境、进一步提升企业的可持续发展能力。

案例评点

　　德克士是著名的西式快餐连锁品牌，产品"手枪炸鸡腿"最为著名，深受消费者喜爱。但是在本案例中，却能够让人看到一个不一样的德克士，包括在佛教圣地五台山开设独具匠心的绿色环保创新型门店、在郑州遭遇罕见的强降雨天气时免费供应物料等等，都体现出了一个既有温度，又有创新精神的消费品牌。

　　在这背后更让人能够感受到德克士将"重分享、重责任、重文化"的经营理念，凝练成为"一心为你"品牌标语的内涵，注重绿色环保、注重回报社会、注重与合作伙伴建立共创共享的良好关系，这才是一个品牌能够长期可持续发展的基石。

——环球趋势案例编委会

节电率最高达90.8%，每年为中型企业节省百万运营成本

摘要： 本案例描述了网易赋能中小企业，实现碳中和的创新探索。

目前，很多企业都希望通过物联网来实现碳中和，但他们所使用的硬件仅限于本公司的产品。网易另辟蹊径，与各硬件制造商进行合作，打破品牌和技术的壁垒，通过"双碳"智控系统这套应用软件，赋能硬件生态智能化。

现如今，由网易杭州研究院疾风IoT（物联网）团队自主研发"双碳"智控系统，已应用于网易办公园区、网易严选全国仓库、网易味央猪场等多个企业内部办公区域。该系统可以通过智慧集成IoT、数据管理、AR、VR等多项技术，实现了对园区环境进行在线监测，以及对园区的照明、空调、新风、排风、排水等系统的在线远控、自控和智控。

2021年9月，网易宣布向中小企业开源"双碳"智控系统。该系统最高节电率可达到90.8%，预计每年可为企业节省数百万元运营成本。基于"双碳"智控系统的开放性与实用性，"双碳"智控系统应用软件，必将成为中小企业的最佳选择。

网易公司表示，本次对"双碳"智控系统的开源，一方面是为了解决中小企业的碳焦虑，促进中国"碳中和"产业的发展；另一方面是希望从成本和节能方面，切实为中小企业提供全新的节能渠道。

实时调节园区环境，节电率高达90.8%

2019年，由网易杭州研究院疾风IoT团队自主研发的"双碳"智控系统，在网易园区、网易严选全国仓库以及网易味央猪场落地使用。

目前，该系统已实现对环境的在线监测、对办公区、机房、功能区等区

块进行温湿度以及二氧化碳浓度的实时采集与展示，对园区能耗与设备的远控、自控和智控等多个方面的功能。

网易行政负责人表示，该系统既能帮助企业节省楼层巡检的人力成本，也可以实时观测并调整内部的能耗设备的状态，比如实时观测并控制空调主机出、回水温度；调整楼层新风和卫生间排风等等。"双碳"智控系统以智能化的手段，帮助企业降低能源消耗和二氧化碳排放，在数据决策与调控优化方面具有十分重要的意义。

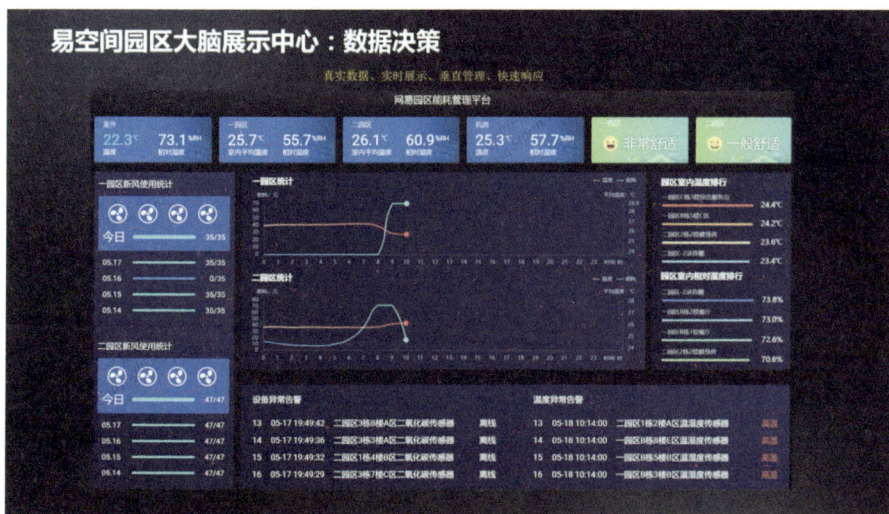

图1　网易"双碳"智控系统成为"易空间园区大脑"的重要组成部分

网易园区的照明系统就依托"双碳"智控系统，实现了智能灯联自控：在光线不足的情况下，系统会根据国家照明标准自动补光；公共区域实现路灯和照度联动控制，彻底解决了传统时控因光照时长不同而无法进行调整的问题；在工位、车库等场景，实现了"人进灯亮，人退灯灭"的效果，以及会议室定制化的投影情景模式。

据统计，在使用了"双碳"智控系统之后，仅网易地下车库的节电率，就达到了90.8%，办公区域和运动馆等区域的节电率均在50%以上，在保证员工正常工作、娱乐的同时，大大节约了公司的用电成本。

图2 "双碳"智控系统光伏物联网的标准化

除节能之外，"双碳"智控系统中的智能灯联网系统，还能够实时统计能耗数据和场所使用率，不仅为园区能耗管理提供了精准的决策依据，也便于行政人员精准统计设备、设施的利用率，并及时提出改进的措施与方案。

与此同时，网易"双碳"智控系统还承担着"环境协同"的重要任务，平台能覆盖并服务所有区域，包括办公楼层中的每一间办公室、会议室、甚至每一个工位和厕位等，使企业形成一个可以进行自我调节的健康生态系统。

在正常的工作时间范围内，网易园区内的温度、二氧化碳浓度，以及PM2.5浓度一旦出现异常，诸如空调、新风、排风之类的空气循环系统设备，就会自动调整温度设置和电机的工作频率，从而达到节能降耗的效果。此外，考虑到员工的体验，该系统还可以根据个人需求实现个性化设置。例如，员工可以根据自身办公需求，直接通过移动端，调节灯光亮度、空调环境模式等等。

"双碳"智控系统在网易落地实践之后，仅杭州二园区2020年5月至9月期间，网易制冷季空调用电140万度，同比节省了30万度，减少二氧化碳排放近300吨。

节省约600万元投资，大大降低碳中和门槛

根据往年数据显示，与能源、钢铁等传统行业相比，互联网科技行业在践行碳中和行动方面略显滞后。近年来，互联网企业纷纷发力，在很短时间里

用更为巧妙的方式实现了弯道超车，甚至还有余力赋能其他行业。

目前，很多企业都希望通过物联网的方式实现碳中和，但使用的硬件大都仅限于本公司的产品。网易另辟蹊径，与硬件制造商进行合作，打破品牌和技术的壁垒。对此，网易"双碳"智控系统负责人郭立航表示，在实现碳中和方面，网易要发挥出自己的优势，充分利用应用软件对硬件生态智能化赋能。

去年，网易与圣奥集团签约，网易"双碳"智控系统，打造面向国内医院的"医养空间"智能办公系统。该智能办公系统不仅能实现疫情期间医院内照明环境设备的零接触开关与设置，同时还能根据诊室内外部空间环境指标，自动调节控制设备，从而保持良好的医养环境。

图3　圣奥集团联手网易"双碳"智控系统打造智慧医养空间

全球知名空调厂家青岛江森自控空调有限公司负责人陈启先生表示，公司旗下约克VRF空调（约克中央空调）已经和网易进行了共同研发，通过网易"双碳"智控系统打通了传统技术壁垒，实现了空调智能化控制，以此达到办公区域的碳减排。网易"双碳"智控系统的最大特点是开放性与实用性。截至2021年，网易"双碳"智控系统已经接入包括办公设备、暖通、照明、安防、资产管理等多个行业的品牌。下一步，网易还将与更多智能硬件、国际品牌合作，成立节能减排联合实验室，让网易"双碳"智控系统与更多行业、场景创新结合，助力实现国家提出的"碳中和"和"碳达峰"目标。

郭立航表示，对于现阶段有碳中和计划的企业来说，网易的"双碳"智控系统开源带来的影响是颠覆性的。除了减少碳排放量之外，该系统还大大降低了企业的参与门槛和运营成本。某些企业采购碳减排系统，除了第一年要花费的600多万之外，之后的每一年还需投入150多万去维护系统的运行。之所以会出现这种情况，是因为系统的应用技术和硬件维护并不掌握在自己手里。而网易的逻辑是，利用企业现有的硬件，简单嵌入网易的开源代码，就可以深度参与到碳中和的平台化与智能化管理之中。

更重要的是，"双碳"智控系统除了面向中小企业进行开源，网易方面还在与能源、钢铁这样的传统高能耗企业推进合作，共同助推中国的碳中和目标。

ESG领域投入获国际认可，技术创新推动绿色环保

作为一种投资理念，ESG(环境、社会和公司治理)的主旨就是将企业治理、对环境的影响、社会责任的履行情况等因素，纳入投资分析指标。如今，ESG纳入投资分析被认为是评价企业可持续发展的重要标准之一。

近几年，网易在ESG领域的投入，获得了国际的广泛认可。例如，网易入选2021年全球企业2000强榜单、2020彭博性别平等指数（GEI）；除此之外，网易还获得了2020年数字包容性基准、ESG care label（ESG认证标识）、国际人才发展协会（ATD）卓越实践奖，以及2020年全球最佳雇主奖等多个奖项。

根据2021年6月网易发布的《2020年环境、社会和管治报告》（以下简称《ESG报告》）显示，2020年网易研发人员占比约为50%，研发投入超过100亿元，并被列入"2020中国企业500强榜单"国内研发强度前三的企业。

为积极响应绿色、低碳发展政策，此次在《ESG报告》中，网易还重点强化了在环保议题上的披露，充分展现了网易在绿色发展方面的创新探索。

除开源"双碳"智控系统外，网易还将ESG理念融入其他方面的业务，并在此基础之上积极创新，助力绿色环保。例如，此前网易严选就积极推动快递耗材的无害化与可循环利用。网易严选与碳中和包装企业合作，推出带

有碳中和标识快递纸箱，实现快递纸箱生产过程"碳中和"。网易严选这一举措，可使碳排放量每年减少124吨，相当于种植了6927棵梭梭树。此外，网易《梦幻西游》手游、《阴阳师》也分别与公益组织合作，让更多年轻用户在娱乐过程中，明白保护野生动、海洋生态的重要性。

网易始终以创新作为驱动力，积极践行社会责任，不断为公司、投资者、社会创造长期价值。在继续推进"碳中和"的过程中，网易未来还会继续动员更多互联网科技企业积极参与，并发挥自身技术和产品优势，助力实现碳达峰、碳中和的目标。

案例评点

网易"双碳"智控系统开源，不仅仅是为企业节能提供了新的选项，也为企业节能减排提供了新思路。如何在现有基础设施之上，通过尽量少的成本追加实现最大化的节能规模，对于任何一家企业来说，都是一个较高性价比的解决方案。在"碳中和"的大背景下，我们希望有更多的企业，能够将自己的解决方案分享出来，携手合作伙伴，增强社会责任，共同助力实现碳达峰、碳中和的目标。

——《2021环球趋势案例》编写组

响应碳中和、碳达峰，探索"循造未来"新道路

摘要： 本案例描述了特步公司为了响应国家提出碳中和、碳达峰目标，特步及其旗下品牌创新使用了聚乳酸材质的环保材料来研发制作新产品，从而减少产品生命周期对环境的影响。

同时，特步公司还成立了可持续发展委员会，将协调环境（Environment）、社会（Society）和公司治理（Governance）的投资理念与企业评价标准融入公司管理运营之中，从而能够更加系统地贯彻落实可持续发展战略。此外，特步还成立了环保科技平台，以创新的方式实现了"取材环保""生产环保"和"服用环保"；彻底打通企业上下游的供应链管理。

2020年9月22日，习近平总书记在第七十五届联合国大会发表的重要讲话中，明确提出了力争2030年前实现碳达峰、2060年前实现碳中和、并积极推动疫情后世界经济的"绿色复苏"的目标。另外，"十四五"规划建议也提出了要鼓励新业态发展，让能源资源配置更加合理、利用效率大幅提高，主要污染物排放总量持续减少，生态环境持续改善，这也奠定了我国未来向绿色、环保、可持续方向发展的主基调。

2019年，新冠疫情的暴发，对全球的经济造成了巨大的冲击，体育用品行业也深受影响。2020年上半年，国内体育用品行业基本上都处于暂停的状态。虽然特步公司在2020年的销售量同比增长了10%，但因为原材料供应不稳定、制造方工期不可控等问题，产量、销量、营业额以及营业利润等均低于预期目标。

面对疫情的影响，特步按照自己的节奏不疾不徐，慢慢走出疫情的影响。2021年，特步的销售额同比增长了40%-45%，企业产销的各个环节、各个部

门也都逐渐恢复到疫情前的状态。如今，新冠疫情开始进入下一个新的常态化阶段，对于从事体育行业的企业而言，与销售额和利润率相比，保持公司与品牌的可持续发展才是终极目标。

自2008年6月3日特步公司在香港联交所上市之后，特步正式从家族式民营企业转型为具有现代管理水平的上市企业。在企业运营发展的过程中，特步开始在生产、销售等各环节践行可持续发展战略，其中包括生产过程中节能减排、生产环保产品，以及在企业文化层面倡导绿色环保生活等等。

目前，绿色、低碳、创新是企业在规划企业发展时提到的高频词汇，这不仅是企业可持续发展的基本要求，也为企业发展提供了新机遇。如今，特步顺应行业全降解与可回收的趋势，并在此基础上建立相应的智能平台，真正构建出可循环、可回收、可复用的鞋服用品运营体系。

循造未来——特步环保科技平台

环保是一个永恒的话题，在资源不断被消耗、环境不断被污染的情况之下，体育用品行业又该如何做到可持续发展？这也是企业一直以来都在仔细思考与探讨的问题。而对于这问题，特步给出的答案是从源头上逐渐"清零"。

2020年6月5日，也就是世界环境日当天，特步推出了全球首款聚乳酸风衣，成为业内首个攻克聚乳酸上色难题、实现聚乳酸产品量产的企业。

聚乳酸材料主要来源于发酵的玉米、秸秆等含有淀粉的农作物。提取出来聚乳酸材料，在经过纺丝成型后变成了聚乳酸纤维。而聚乳酸纤维制成的衣服在特定环境下进行土埋，只需要短短的一年时间，就能够自然降解。因此，用聚乳酸材料来代替以往使用的塑料化纤材料，就能从源头上降低对环境的污染。

聚乳酸材料虽然具有节能降耗的优点，但利用聚乳酸材料制作服装产品并批量生产，却不是一件容易的事情。这是因为聚乳酸面料不耐高温，在纺织、染色等环节也存在诸多难点和问题。

就以聚乳酸面料的染色为例，与常规的涤纶面料相比，聚乳酸纤维的染色温度至少低0-10℃，定型温度也要低40℃-60℃左右；而与涤纶梭织面料相比，聚乳酸每缸布染色所使用的蒸汽大概要减少100千克。因此，如果要使用聚乳酸这种创新型环保原料，就意味着企业要投入高额的技术研发费用和试错成本。

图1 特步可降解环保风衣

2021年6月3日，世界环境日前两天，特步又在厦门发布了一款环保新品——聚乳酸T恤。与2020年发布的聚乳酸风衣相比，这一次特步推出的聚乳酸T恤中的聚乳酸纤维含量，从去年的19%提升了到60%。

2022年，特步计划将二季度上市的针织卫衣中的聚乳酸成分进一步提高到67%；并预计在第三季度正式推出100%纯聚乳酸材质风衣。未来，特步还将逐步实现聚乳酸单品类运用的层层突破，争取在2023年实现聚乳酸产品单季市场投放量超过百万件。

图2 2021年环保发布会现场陈列

从最初尝试使用聚乳酸新型材料制作服装，到把服装中的聚乳酸成分含量从19%提升到60%，再到立下"2023年力争实现聚乳酸产品单季市场投放量超过百万件"的"小目标"，特步在探索可持续发展之路上，向前迈出的每一小步，都并非一朝一夕的努力。

无论是持续开发环保材料、并提高环保材料在产品中的占比，还是层层拓宽环保材料的使用范围，特步的每一次小小的进步，都凝聚着技术和工艺的不断升级。

向下延伸——从供应链管理到环境保护

特步的产品生产需要依赖大量原材料。然而，能源气候变化、水资源短缺等因素，都会影响特步产品的原材料质量。作为国产著名运动品牌之一，特步集团为了确保供应商提供的材料符合ESG方面的标准，专门建立了一套原材料评估体系，从质量管理系统、关键质量控制点、研发和生产过程管理系统、物流和工作坊管理、环境和安全管理五大方面，以便从原材料这个源头开始，对产品品质进行全面的把控。

在选择供应商的时候，特步会按照既定的标准，对供应商进行各个方面的评估，只有综合评分达到70%以上的供应商，才能成为特步的合作伙伴。即便是特步正在合作的供应商，也不等于就可以一劳永逸，只要供应商的评分在60%-70%之内，就需要在三个月的更正期内，对不达标、不合格的评估项目进行整改，才能继续与特步继续合作。如果供应商并未按规定调整，在后期评估中分数继续下滑，特步将终止与该供应商的合作。此外，供应商的评估报告会被存档以供参考。这也足以体现特步努力从源头上"清零"、从而改善纺织业严重污染问题的决心。

除此之外，特步还专门制定了包括应急计划、消防安全设备、机械和员工、安全规定、预防伤害措施及缓解措施、员工住宿和伙食、遵守国家环境法律和法规七个子类的标准，从企业的管理、运营及产品的生产等全方面践行国家的环保要求。

特步之所以如此重视供应端的筛选与管理，是因为后端供应链的是决定前端产品质量的关键。特步对供应商的定期评估检查，不仅是为了满足特步自身的ESG治理需求，同时也是特步通过企业自身的影响力，推动供应商实现可持续发展的方式。在特步的高要求之下，相信供应商也会不断改进其所在领域的环保痛点问题。

创新架构——ESG框架嵌入管理顶层

要实现品牌的可持续发展，除了要严格把控原材料供应端之外，还必须在产品端有所突破。为此，特步专门成立可持续发展委员会，进一步将ESG责任投资理念融入公司的日常运营管理之中。

从2016年开始，特步就将主动承担起一个企业的责任，推出环保科技平台，将绿色、环保、可持续发展的理念融入公司供应链的上中下游，携手原材料供应商、合作伙伴以及客户，共同将ESG理念落到实处。

根据特步发布的2020年ESG报告，可持续发展委员会在机构设置上与审核委员会、薪酬委员会、提名委员会为平行机构，并需直接向董事会汇报ESG相关工作进展，两者可协助董事会指导、监督和检讨特步集团可持续发展措施的进展和具体落实情况。

特步自成立可持续发展委员会以来，除了供应商持续进行评估之外，还对本集团的公司环境、生产车间、运营管理等各个方面提出了优化方案。为了减少生产设备对环境的影响，特步在厂房顶部安装了太阳能电池板，为工厂提供可再生电力来源。

特步公司已明确制定了下一阶段的可持续发展目标，为特步品牌的可持续发展提供明确方向。

特步集团总裁丁水波表示，特步之所以能够走到今天，除了每一个特步人不断开拓、力求突破的创新精神之外，还是因为特步在可持续发展策略方面的布局。企业如果能够肩负起应承担的社会责任，再加上正确的目标与方向、切实有效的战略措施，以及强大的执行力、必定会给品牌带来积极正面的影响，也必定能在激烈的市场竞争中立于不败之地，与社会环境和谐共存、共同发展，才是真正的可持续发展之道。

如今，特步已经将ESG可持续发展的理念和融入企业的各个层面之中，不再像以往那般"逐个击破"，这也是特步在经过多年实践后形成的经验。下一阶段特步将继续推动体育用品行业向绿色环保的方向发展。

特步为体育用品行业向低碳、绿色、环保方向转型，提供了一个参考样本。未来，特步将继续以可持续发展目标，聚合技术、资源和人力，推动绿色环保材料创新，从取材环保、生产环保、服用环保三个维度全链条推动特步产品绿色化。

案例评点

很多人认为环保是一个宽泛的概念，其实环保就在日常生活的每个细节当中。通过日常服饰、运动用品等不同视角，特步为公众参与环保提供了更多切入环保的角度。协同上游，连接下游，特步打通环保全链路。从源头的一棵植物，上游的一个工厂，到终端的消费者，分散的个体与团体如同无数个点，共同构建成一张绿色防护网，并且还在不断向外发展。

——环球趋势案例编委会

自主——营商环境 持续优化

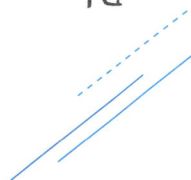

营商环境开篇语

在全球化的时代，企业投资打破了国别的界限，各个经济体也通过优化营商环境吸引国际资本，为企业做生意提供更大化的便利。2004年，世界银行首次发布《全球营商环境报告》，通过设定标准化的评估指标和统一的测评机制，对各个经济体的商务环境给出指数化的数据，从而可在全球范围内横向比较各个经济体的营商环境。"营商环境"成为展现国家经济实力和国际竞争力的重要风向标。

习近平总书记指出，中国将继续推动贸易和投资自由化便利化，完善外商投资准入前国民待遇加负面清单管理制度，依法保护外资企业合法权益，有序扩大服务业对外开放，持续打造市场化、法治化、国际化营商环境。2020年1月1日，国务院发布的《优化营商环境条件》正式实施，这是我国为进一步优化营商环境颁行的第一部专门行政法规，进一步凸显了国家持续深化简政放权、放管结合、优化服务的改革勇气和决心，体现了国家对保障各类市场主体平等、有序发展的高度重视。

国际标准的中国化实践

营商环境最早由世界银行提出，在各国改革实践中不断丰富成型。

中国营商环境概念演化经历了三个阶段。

最初是借鉴和研究世行标准的引入消化阶段。之后是系统推广阶段。2018年以来，国家发展改革委员会牵头构建了中国特色、国际可比的营商环境评价指标体系，连续三年组织开展了六批次中国营商环境评价。2020年10月16日，历时三年研究的《中国营商环境报告2020》发布，这是中国自主发布的第一个营商环境报告。2020年1月1日，国务院发布的《优化营商环境条例》正式实施。2021年11月，国务院印发的《关于开展营商环境创新试点工作的意见》，凸显了"创新"在优化营商环境中的重要性，为各地进一步做好营商环境优化工作提供了方向性指引，也为观测城市营商环境优化水平提供了全新坐标。中国营商环境打造也进入了高质量发展阶段。

因地制宜的创新尝试

在中国营商环境评价体系的持续完善，推动了全国范围营商环境的持续优化。经过多批次的评价实践和不断调试完善，中国营商环境评价以"制度+指标+报告"的创新形式，为各地优化营商环境工作提供了支撑和标准。由《优化营商环境条例》与各地出台的配套法规政策构成的"制度1+N"，由中国评价指标体系与地方结合实际增加的N项指标构成的"指标1+N"，以及由中国营商环境报告与地方自评报告构成的"报告1+N"，共同调动和激发了地方改革的积极性和主动性，推动竞相优化营商环境的生动局面加速形成。

很多地方都把优化营商环境作为"一号工程"，聚焦市场主体反映的突出问题，对标国际国内先进水平，加快重点领域法规建设进程，持续做好营商环境方面法规政策文件的立改废释工作。评价指标体系能够反映各城市相关领域改革的进展和成效，各城市通过参与评价精准找到各自的短板和不足、对标学习标杆城市先进做法，不少城市的相关领域改革已经从追赶者逐步成为并跑者、领跑者。

2021年度，各城市、开发区、企业围绕优化营商环境这一目标主动作为，推出了一系列创新实践。比如在证照改革、"一网通办"、智慧监管、政务透明、"一站式"服务、信用风险分类、清单管理、"单一窗口"、数字化、知识产权保护这些方面，各城市都因城施策、推出了各自的创新举措。从趋势来看，越来越注重政府制度、政策高度和城市温度三者的有机结合，注重政府、企业、第三方机构等市场主题的通力协作，因地制宜推动创新实践。比如贵阳市因地制宜打造营商环境，针对数据安全问题，在全国率先开展数据安全治理DSMM评估试点工作，推动大数据与社会治理深度融合，激活了社会治理，为社会治理注入了新动力。首个工程研究中心的成立及运营，在为数字经济发展提供基础服务支撑的同时，也改变了政府服务的供给方式，通过加强数据"聚、通、用"，推动社会"治理"逐步迈向"智理"，为推动数字时代的社会治理能力现代化建设提供了"贵阳样本"。

全年实际使用外资首破万亿

世界银行发布的全球营商环境报告称，自2012年以来，中国营商环境排名跃升了60位。国际人士认为，随着中国修订扩大《鼓励外商投资产业目录》，引导外资更多投向先进制造业、战略性新兴产业以及数字经济、绿色发展等领域，必将创造更多机遇。

中国有14亿多人口、4亿以上中等收入群体，2021年，中国人均国内生产总值按年平均汇率折算突破1.2万美元，全国居民人均可支配收入超过3.5万元人民币，潜力巨大、持续升级的超大规模市场带来"强磁场"效应。商务部公布的数据显示，2021年中国全年实际使用外资首次突破1万亿元人民币，近10年来首次实现两位数增长。

中国仍然不断释放政策利好：持续放宽市场准入，连续5年缩减全国和自贸试验区外资准入负面清单，持续完善投资促进和保护、信息报告等制度，加强知识产权保护……在世界经济复苏面临诸多制约因素的背景下，中国市场以其强大韧性和旺盛活力，将持续为世界经济发展提供重要机遇。

把制度优势更好转化为治理效能

摘要：本案例描述了贵州省贵阳市以深化"放管服"改革为突破，在积极优化政务环境、产业环境、公共服务环境等方面下功夫，塑造了独一无二的"贵人服务"品牌，并取得了一定成效。

2019年以来，贵阳市已连续两年在全省营商环境评估中位列第一，贵阳市政府数据开放平台在"中国开放数林指数"评估中连续五年全国领先，为市民打造了更加优质、高效、便捷的政务环境。目前，贵阳市的政务服务事项网上可办率为百分之百，并实现了100个政务服务高频事项"最多跑一次"。

在依托大数据优势的环境下，贵阳市进一步提升产业营商环境，统筹数据资源的开发利用，促进城市的数字化治理。此外，贵阳市还依托生态优势，着力打造区域消费中心，成为全国首批城市一刻钟便民生活圈试点城市，为本市的营商环境增添了发展动能和活力。

"我只花了不到两个小时的时间，就办好了营业执照。这样的办证效率和营商环境给了我们长期扎根贵阳的决心。"

2021年10月份，贵阳市卫生健康投资集团有限公司的负责人在说起不久前的办证经历时，不禁为贵阳政府的高效政务服务点赞。

"都已经是晚上九点了，没想到政务服务中心的工作人员还会加班帮我们办理业务，真心为政府的高效服务点赞。"林女士在贵阳市云岩区政务服务中心医保窗口，紧握工作人员的手连连向他们道谢。

在贵阳市，很多企业和群众都经历过类似的场景。这也是近年来贵阳以深化"放管服"改革为突破，积极塑造的"贵人服务"品牌所取得的显著成效。

图1　贵阳市南明区政务服务大厅税务综合服务窗口

办事提效率，服务有温度

什么样的环境才算是优质的营商环境呢？对于贵阳市来说，优质的营商环境至少要具备强大的说服力、未来的生产力和无形的竞争力。

贵阳市政务服务中心党组书记、主任娄果明确表示，市政务服务中心不仅是贵阳市对外开放的重要窗口、便民服务的重要平台，更是优化营商环境的重要载体。

2021年，贵阳市积极塑造"贵人服务"品牌，畅通政企沟通渠道，打通政策执行的"最后一公里"，以确保各项政策能直接惠及至市场主体。

2021年上半年，贵阳市政务服务中心已实现市场监管、税务、医保、农业农村、教育、人社等多个领域、共189项政务服务事项"全程网办"。其中，市级政务服务"全程网办、零跑腿"的比例高达80.17%、市级政务服务事项"一窗办"的分类受理比例高达80.1%。据统计，共1328个政务服务事项实现了"一次办成"。

此外，贵阳市还积极与昆明、拉萨、兰州等23个省（自治区）的63个市（州、盟）、188个区（市、县）建立了"跨省通办"合作关系，并梳理出了98项"跨省通办"事项，大幅精简了政务服务事项的办事和审核流程，有效提升了企业和人民群众的办事效率。

为了改善贵阳市的政务环境，解决优化营商环境中的"难点"和"痛点"，并疏通"放管服"改革中"赌点"，2021年贵阳市各个区也在工作中作出持续不断的努力。

贵阳高新区行政审批局现已实现线下企业开办环节其他服务事项的全流程办理，补齐了过去因缺失部分职能部门，不能办理社保、医保、公积金开户等服务事项的短板。

白云区政务服务中心与株洲市茶陵县行政审批服务局、怀化市洪江区政务服务中心签订了"跨省通办"合作协议，进一步扩大白云区"跨省通办"联动服务范围。

花溪区住建局为了畅通政企对话渠道，召集了辖区内四十余家在建项目企业建筑许可业务经办人，通过"面对面"交流的方式，倾听各企业在项目报建中的声音，深入推进"我为群众办实事"实践活动，持续提高群众的办事满意度。

图2　志愿者在贵阳市花溪区清溪街道政务服务中心为群众受理业务现场

贵阳综保区则以改革创新为抓手，探索打造"关银政"（海关、银行、政务服务中心）三合一的一站式服务体系，实现了"在大厅窗口前端统一受理预审、建设银行试点网点后台核验并领取办理结果"的一站式服务模式。原先在综保区开办外贸企业的平均时间需要长达三十天之久，而今只需要三天，就能完成所有手续的办理，大大提升了市政服务的办事效率。

对于在政务环境方面的提高，贵州省政协委员、贵州省投资促进局局长马雷表示，贵州不仅要建设一流营商环境，还要进一步提高政务环境。要用"三减一降"的方式，即"减时间、减环节、减流程，降成本"，为企业营造服务便利、成本低廉的商务环境。除此之外，还要提高营商环境的标识度和公众认知度，进一步推进"贵人服务"引领营商环境的品牌建设。最后，还要分类给予产业适应性的优惠政策。比如说，针对制造业企业，可以全面地给他们提供税收、土地、能源、金融等要素成本上的优惠。

现如今，贵阳市已经在破除不合理体制机制、打造一流政务服务环境、建设优质营商环境方面取得了显著的成效，未来贵阳市还将继续提升办事效能，不断提升市场主体的获得感和满意度。

大数据产业兴城：政府创环境，企业创财富

高效、便捷的政务服务背后，离不开"数据融通"的基础支撑。而企业和群众的高满意度，也体现出了大数据产业优势。

图3　一市民正使用手机进入贵阳市南明区政务大厅公众号

据贵州省大数据发展管理局局长马宁宇介绍，这些年贵州的大数据产业从无到有、从有到优，已逐渐成为加快新旧动能转换的重要增长极。

自2014年以来，贵州就把发展大数据产业上升为全省战略。近年来，贵州大数据产业不仅形成了以信息软件、电子商务、移动互联网、云计算、人

工智能等为主的产业体系，还涌现出一批新产品、新业态、新模式。现如今，大数据产业成为全省市场主体增长最快的领域。

依托大数据资源优势，贵州省尤其是贵阳市开通了"政策一键通"模式，实现了横贯市直各部门、纵贯省市县三级的数据共享，以全量政策和企业信息数据，重点帮助企业解决"找不到、看不懂、不会报"等政策落实难的问题。

2021年，贵阳贵安新区已形成了以建设"中国南方数据中心示范基地"为核心的品牌磁场，成为全国数据中心建设的首选地。仅2021年1月至7月，贵阳贵安就建成并投运了8个数据中心。其中，500万口径的软件业务收入高达173.33亿元，同比增长52.58%，完成年度目标的72.2%，绝对值位列全省第一。另外，以华为云、腾讯云、云上艾珀、白山云等为代表的云服务企业，共计实现营收近60亿元。截至2021年7月，贵阳市在电子信息制造业和招商引资方面，引进数字经济骨干企业71家。

政府创环境、企业创财富。在优化政务环境方面，贵阳市真正把"减流程、减环节、减时间"的便捷服务工作方针做精做实，让企业可以把更多精力放在创新发展之上。

贵阳市充分利用大数据技术，赋能营商环境建设，重构企业服务生态体系。例如，搭建了贵阳市民营经济服务平台及政策数据库平台——贵商易，为企业提供全方位的"不见面"服务，让惠企政策一键直达企业；实施招标采购电子化，降低企业办事成本；推出贵阳税务"云上N+"服务模式，塑造"非接触式"纳税服务品牌……

为帮助企业减轻运营成本、达产增产，贵阳市还着力打好"政策牌"，让惠企政策滴灌更多的"经济细胞"。比如说在优化政务服务方面，企业可以直接通过平台接入贵州省政务服务网，办理和查询公司设立登记、办理税务登记、经营许可证等政务事项。在强化市场服务方面，省市共引入投融资服务、创业服务、信息服务、法律咨询服务等八大类共七十二项市场化中介服务，通过线上交流、线下合作的方式，帮助企业拓展市场。

贵阳营商环境的改革之路，是一条前后衔接、纵深推进的改革之路。从最初强调"简权放政"到后来的"指标突破""流程再造"，贵阳重在以"绣花功夫"落实各项政策和举措，激发和保护市场主体活力和社会创造力。

图4　贵阳市息烽县群众在大厅人脸识别取号

正在崛起的消费中心：产业聚集，构建一刻钟便民生活圈

2021年，8月30日，贵阳市成功入选了国家商务部公示30个全国首批城市一刻钟便民生活圈试点地区名单。

走进位于贵阳清镇市百马大道辅路的吾悦广场购物中心，简约时尚的建筑风格让人倍感舒适。作为贵州首个在县级市布局开业的商业综合体，吾悦广场购物中心克服了疫情影响，于2020年11月27日正式开业。目前，购物中心日均营业额约70万元，充分显示出了贵阳消费市场的潜力。

类似于吾悦广场购物中心这样的中高端大卖场的兴起，不仅推动了全市商贸业迅速发展，使中高端消费初具规模、中高端消费平台提质扩容，还不断深化了商贸的转型升级，使消费市场运行保持稳定增长的态势。

贵阳市委十届十次全会强调，要深入推进"百场千店万铺"建设，打造"爽爽贵阳·消费天堂"城市品牌，创新消费场景供给，做大城市消费流量，建设区域性消费中心城市。消费是拉动国家经济发展的三驾马车之一，消费既是经济循环的终点，也是一个新的起点。一个城市消费水平和消费环境不仅是其经济活力的缩影，更是营商环境软实力的体现。

据统计，2018年至2020年，贵阳市共新增中高端大卖场21个，新增营业面积154.8万平方米。其中，营业面积十万平方米以上中高端大卖场6个；五万平方米以上的大卖场13个。2018年至2020年，全市社会消费品零售总额分别为1901.4亿元、2052.9亿元和2188.3亿元，年平均增长率为9.7%。

贵阳市商务局党委书记、局长刘俐莎曾告诉记者，在面对新冠肺炎疫情冲击大考，贵阳消费市场快速回暖，社会消费品零售总额于2020年4月开始扭负为正，且社会消费品零售总额与增速连续九个月领跑全省。

自"十三五"以来，贵阳市一直着力"打造中高端消费品贸易之城"这一建设目标。在"一品一业、百业富贵"发展愿景，以及"市场引领、贸易先行、以贸促工、工贸并进"发展路径的统领下，贵阳市深入推进振兴商贸"百场千店万铺"建设，不断丰富中高端消费的供给，显著提升了五大核心商圈的产业聚集度，加快形成全市"两轴五圈多点"的发展新格局，为城市宜居属性增添了新的经济活力。

案例评点

面对当今世界百年未有之大变局，推动实现高质量发展，关键在党，关键在中国共产党领导的制度优势。只有把这种制度优势持续转化为实实在在的政府治理效能，才能从根本上真正实现经济社会高质量发展。

近年来，贵阳市以敬民之心、行简政之道、开便利之门，着力深化"放管服"改革，推进行政审批"三减一降"，提升"贵人服务"品牌，着力打造国内一流的市场化、法治化、国际化营商环境，培育和激发市场主体活力，为实施"强省会"战略注入了强大发展动力，取得了扎实显著的成效。

本案例充分展示了贵阳市以深化"放管服"改革为突破口，积极优化政务服务环境、加快产业集聚发展等方面的探索实践。贵阳市的改革发展实践表明，持续推动"放管服"改革向纵深发展，主动为市场主体解开"连环套""死循环"，坚决打破各种"弹簧门""玻璃门""旋转门"，着力降低制度性交易成本，切实把制度优势转化为治理效能，对于打造一流营商环境、培育壮大市场主体、增强高质量发展具有重要意义。

——贵州大学公共管理学院党委书记、教授 庄勇

技术驱动实现"服务找人"，以标准构建企服行业可信生态

摘要： 本案例描述了天眼查旗下的可信企业服务平台——天眼企服，运用新一代信息技术和创新的服务模式构建企服行业新生态，为全周期、全行业企业营造更加良好的服务环境。

天眼企服不仅帮助企业提升运营管理效率与核心竞争力，使其专注于生产、研发、销售等核心工作，还通过模式创新，助力企业在初创、成长和壮大等各个阶段的发展。与此同时，天眼企服还借助自身的技术优势与用户优势，帮助各类产业园区提升服务的数字化水平，提高政务服务和园区服务的效率，为产业园区创造良好的营商环境。

丁伟（化名）原本是一名厨师，如今的他已经推出了十多个餐饮品牌，完成了从厨师到餐厅老板、再到企业家的身份转变。每次，丁伟在谈及自己成功的创业和转型历程时，都会强调："人们愿意花钱享受专业厨师制作的美食，这是一个厨师的价值体现。而对于对像我这样的创业者来说，我更愿意把时间和精力花在我最擅长的领域和更有价值的地方，至于其他领域的事情不妨交给专业的人来做。"

丁伟口中的"其他领域的事情"，指的就是企业在创办和经营过程中遇到的大量事务性工作，比如商标注册、许可证申请、员工社保公积金办理等等。这些基础事务看似不起眼，但却非常烦琐，会耗费管理者大量时间精力，使他们减少其他事务的投入。而且此类事务一旦出现差漏，就可能陷企业经营于被动，甚至出现致命风险。

而他所说的专业人士，指的就是专业的企业服务平台——天眼企服。像天眼企服这样的企业服务平台，会帮助像丁伟这样的创业者，处理公司经营

中的一些分散精力的事务。比如说，在天眼企服专业平台的帮助下，丁伟再也不用为自己研发的各种调味剂和菜品申请专利的事情，忙得焦头烂额，也不用为财税工商和社保等企业经营等事务劳心费力。他只需发挥自己的专长，专心研发更有特色的菜品，调制味道更独特的调味品，将自己的餐饮连锁品牌进一步做大做强，其余的可以一律交给天眼企服来处理。

"十四五"规划之初，数字化转型整体驱动生产方式、生活方式和治理方式变革。在这样的政策背景下之，国内的市场主体在不断地增加，越来越多的市场主体也对发展质量和运营效率，提出了更高要求。

大多数企业创业者都像丁伟一样，希望在企业经营各类事项方面操更少的心，更多地专注于生产、研发、销售等核心工作。现如今，天眼企服就为企业提供全行业、全周期智能化服务，创造了更好的营商环境，也给了企业的创新和发展带来了更多可能性。

为中国企业提供全行业、全周期智能化服务

天眼企服致力于为全类型、全生命周期的企业提供工商服务、财税服务、知识产权、资质许可、品牌设计、IT/软件、电商服务、营销推广等多品类的企业服务，并以可信服务、可信价格及可信评价，为用户分担经营压力，从而让企业更专注于生产、研发、销售等核心工作。前文中的丁伟就是受益于天眼企服的其中一个典型案例。

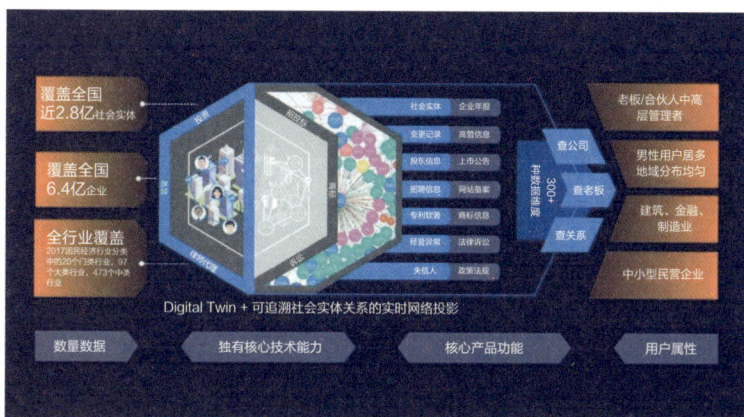

图1　天眼企服可促进供需两端的精准匹配，提高服务效率

天眼企服利用可视化的流程和体系化的知识、为企业提供专业的服务。如今，天眼企服依托天眼查2.8亿的社会实体信息库，以及先进的人工智能和大数据挖掘及分析技术，实现了从以往的"人找服务"到"服务找人"的转变，进一步促进供需两端的精准匹配，提高服务效率，让用户和服务商迈入双向良性循环发展的共赢轨道。

与此同时，天眼查还构建了为用户寻找优质供应商、平台规范服务流程，以及服务质量全网公开的信用闭环，为市场提供更可信的标准化选择，加速促进企业服务行业全面实现高信任度的产业升级。

图2　天眼企服可为企业提供全周期、全行业服务

作为天眼查旗下的可信企业服务平台，天眼企服在经历了近两年的更新迭代之后，于2021年3月重新升级上线。而在平台升级上线后的五个多月以来，天眼企服也在各个方面取得了突破性的进展：

首先，与平台上线初期相比，天眼企服的入驻商户数量五个月增长了十倍左右。

其次，天眼企服的平台服务范围覆盖了北、上、广、深、郑等全国一、二线城市，以及两千多个县市，全国覆盖率高达87.5%。未来，天眼企服的服务范围还将继续向三、四线城市渗透。

天眼企服的服务品类也由之前的九大类目、三百多个细分品类，扩充到三十大类目、九百多项细分服务。不仅如此，天眼企服还构建了企业服务集群生态，在全部的97个行业大类中，天眼企服所覆盖的企业行业高达87个，覆盖率89.7%。

截至2021年底，天眼企服已为餐饮连锁、咖啡茶饮、家具、自媒体内容创业、知识付费、MCN直播、创意设计、产业园区等多个传统行业及新兴行业领域，提供了有效、周到的服务，帮助企业全面提升运营效率。

智能化服务是怎样实现的

多年以来，天眼查公司一直深耕大数据领域，不断地创新服务模式，并积累了一定技术优势和用户优势。与其他企服推出的"人找服务"不同，如今天眼企服已经实现了精准的"服务找人"。那天眼企服又是如何实现智能化服务的呢？

依托海量用户搜索习惯数据和大数据分析能力，天眼企服可以对用户的需求做出精准判断，并能据此预测出一个企业在某个时间节点，需要获得什么样的服务，从而在恰当的时机为企业推荐合适的服务商，同时也为企业降低了信息过载困扰。

图3　天眼企服如何实现"服务找人"

对于改变相对无序的行业状况、提升整体服务水平和信用水平而言，建立行业标准有着十分重要的意义。天眼企服就以天眼查的公开数据为基石，数字化能力为支撑，建立起了一套标准化的企业服务体系。由天眼企服首创的"商家准入""服务流程""服务定价""知识普及"四大标准，以知识明确需求，以标准提高效率，以信用保证质量，为企业提供专业、精准的智能化服务。

天眼企服将分散的企业服务资源集中起来，让平台上的服务商专注于自身的专业领域，不仅了提升企业各个环节的生产效率，同时也提升了全社会的经济效率。天眼查还将"非标"的服务，细化成为可参考的系统，不仅在一定程度上加强了平台供需双方的信任度，更让平台优化整个企服行业的生态，引领整个企业服务行业的全面升级。

未来，天眼查将继续搭建具有核心竞争力的产业框架，构建全面覆盖商业查询到和企业服务的产业版图，推动社会经济与企业运营向更高效的方向发展。

案例评点

在"放管服"改革深入推进的趋势下，大量事务由企业服务平台承接，使企业服务释放了巨大的市场活力，也给企业服务机构带来了全新的发展机遇。

一方面，企业需要转变之前被政府管控的思维定式，主动去第三方市场寻求适合企业各个阶段的专业化服务；另一方面，市场上也需要一些专业的企业服务平台，通过更加高效、标准化、数字化的手段积极对接服务企业。这就要求专业企业服务平台要积极主动承担更大的社会责任，为中国企业的创新发展保驾护航。

——国务院参事、国家发改委原副主任　徐宪平

以实效收获好评，用好评擦亮品牌

　　摘要： 本案例描述了近年来，成都市温江区以备战的态度和迎考的状态，积极应试国际化营商环境建设"大考"，并取得了优异的成绩：

　　温江区在成都市营商环境评价工作中荣获"先进单位"称号；温江区惠企政策"一网通办"创新案例，荣获全国政务服务"服务优化金流奖"；温江区智慧企业服务平台建设项目荣获成都市十佳创新案例。

　　营商环境是一座城市走向世界的名片，也是城市参与全球合作的核心竞争力。在面对创新营商环境这个难度不断升级的"试题"，温江区发动创新思维，力争在"大考"中交出一份令群众满意的答卷，也在营商环境创建中进一步树立起温江品牌。

　　2021年，成都市温江区先后发布了《温江区持续优化提升营商环境建设工作实施方案》《温江营商H5电子地图》《成都市温江区持续优化营商环境"三个一批"改革任务清单》等文件，认真梳理了温江区在创新营商环境工作中的两点。与此同时，温江区还对标国际先进水平和国内发达地区，对进一步优化营商环境提出切实可行的发展建议。未来，温江区会将发展建议付诸实践，继续探索创建温江品牌的营商环境之路，并积极迎接成都国际化营商环境4.0时代到来。

明确发展定位，力争"解题思路"不跑偏

　　四川百利药业有限责任公司的企业相关负责人，在获得新药研发国家FDA"四特异抗体"临床许可证后表示，良好的营商环境不仅给企业的发展提供了信心和创新动力，同时也提高企业的市场竞争力。四川百利药业之所以能得到这样的成绩，就得益于温江区良好营商环境的构建。

温江区委第十五次党代会明确提出，聚力建设稳定公平可及的营商环境，全面落实市场准入负面清单制度，坚决破除限制竞争的隐性壁垒，使市场在资源配置中起决定性作用，确保企业公平参与市场竞争。另外，还要坚持深化"放管服"改革工作，按照确定性导向和国际化标准，大力实施政务服务全流程再造，实现"办事不求人、办成事不找熟人"。

国际化营商环境建设，关键在于构建和营造便捷高效的政务环境、开放便利的投资环境、公平竞争的市场环境和宽松有序的经营环境，而这一切都离不开将持续深化政务服务水平作为核心支撑。

产业化集群效应的实现，推动了温江在审批服务、创新创业、投资贸易等多个领域深入发展。多年来，温江区坚持践行全域深耕大健康产业发展思路，按照"三医两养一高地"的产业定位，在将产业功能区分成了"南城北林"空间格局的同时，全面构建起医疗、医药、医学，"三医"融合的产业链。

温江区清晰的产业定位和明确的发展方向，吸引众多国际领先企业争相入驻。2020年，部分企业更是抓住了自由贸易试验区协同改革先行区的契机，奋勇抢占发展新高地。总而言之，在营商环境创新创优这道难题上，温江区的破题可以说是正中"靶心"。

图1 温江区鸟瞰

使用四则运算，赋予营商环境创新动能

为了突出"三医"主导产业优势，温江区在强调任务分解的同时，还紧

抓责任落实。温江区将市场主体对区营商环境政策的感知度、满意度作为重要的参考标准之一，在"解题"的过程中努力寻找新方法、新路径。尤其是在破解营商环境这道"大考"难题上，温江区更是巧用了"加减乘除"四则运算。

首先，温江区巧用"加法"赋能。

温江区优选了自贸先行区审批便利化服务项目、企业服务智慧平台建设项目、外贸综合服务平台建设项目、诉讼服务中心两个"一站式"项目共四个温江特色服务平台，为创建一流的营商环境赋能。此外，温江区还重点关注投资项目审批、项目用地管理、项目规划许可、政务服务水平、优化监管机制、培育公平市场六个方面的营商环境创建，力争最大限度激发市场活力和社会创造力，持续提升企业和群众干事创业的便利度、满意度和获得感。

就以温江上线的全国首个知识产权智慧监测服务平台（电子围栏）项目为例，该平台上线后，可对成都市温江区内享受科技研发创新政策资金支持的233户企业，开展知识产权及专利转移转化、动态变更、质押许可的实时监测和分析预警，真正实现精细化管理。温江区企业服务中心相关负责人表示，智慧监测服务平台（电子围栏）在保护企业知识产权和专利成果的同时，也为温江区的衍生经济做出了贡献。

其次，温江区活用"减法"减负。

温江区统一明确各部门信息共享的种类、标准、范围、流程，通过升级"综窗改革"服务，在线下推出了"前台综合受理、后台分类审批、窗口统一出件"的政务服务新模式，加强部门审批联动，加快政务信息共用互通。另外还设立"办不成事窗口"中间站，针对收集问题相关窗口、部门限期3个工作日内解决、反馈，让企业和群众由原来的"一事跑多窗"，转变为"一窗办多事""一件事一次办"，切实提高政务服务质量和效果，真正实现了"联合办公"。

第三，温江区还善用"乘法"聚能。

温江区认真梳理了142项便民服务事项的办理事项清单和攻略，针对不同部门、不同事项、不同办件对象、明确了具体的受理流程和受理层级。温江区的政务处理部门还将全区镇（街）142项、村（社区）133项个人类政务事项通过"受理下沉、申报下沉、审批下沉"三种方式延伸至乡镇和街道，真正做到全方位、全覆盖地服务于企业和群众。除此之外，温江区还通过系统布局和有机统筹，协调涉及营商环境建设的各个部门、机构和单位工作，为优化营商环境打出一记有效的"组合拳"。

最后，温江区用"除法"破壁。

2021年以来，温江区全面推进服务自贸区清障提效专项行动、品牌创建专项行动、作风提升专项行动、政企同行专项行动、信用惠民便企专项行动、人才服务专项行动六大营商服务行动。温江区通过政务服务内部外部流程再造、定向人才服务保障、政策解读与兑现等工作，全面提升了企业服务的质量和效率。

另外，温江区加大了"双随机、一公开"市场监管力度，积极监管营商环境作风督查的六个方面，进一步打通了主管部门之间行业壁垒，为营商环境指标顺利转化落地，奠定了良好的服务保障基础。

图2 三医创新中心

将服务输送到"毛细血管"，以"热服务"获好评

送政策、帮企业，送服务、解难题。一直以来，温江区都以企业和市民感受作为评价的"第一标尺"，争取将服务触角延伸至"最后一公里"。

2021年，温江区累计办理"一窗受理"工作3891件、受理3034件，总体呈现"平稳运行、有序推进的态势"。在温江区政务服务中心办理企业注册的刘先生，拿着崭新的营业执照告诉记者："现在只要把资料拿到综合窗口，一个多小时就办好了所有事项，实在是太方便了！"。

针对新冠疫情对企业发展造成的困难，温江区成立了专班人员，为企业送去因疫情专门出台的新政策，有效解决了全区企业在疫情期间遇到的困难。据统计，温江区共帮助企业解决产品销路、招工用工等方面的难题共2082个；解决企业融资贷款共989笔、总计36.8亿元。

当前，温江全区的525名机关干部职工，与辖区内525家企业形成定点对接，并深入企业进行政策宣讲、企业意见和建议收集、企业处理意见反馈等工作。这种全新的政企沟通交流机制，不仅能够强化政企之间的桥梁纽带联系，也能确保政府政策更接市场地气、更能精准落地。

"交房即交证"改革行动，也成为温江区主动优服务、送服务，让办事群众就近办、少跑路、尽快办的一个缩影。以往，市民购买新建商品房交房后，往往需要一到两年、甚至更长时间，才能取得《不动产权证书》。得益于温江区新建商品房"交房即交证"改革行动的深化，通过流程再造、并行办理、限时办结、信息共享等多项措施，无法领到《不动产权证》的情况已经成为过去。

"没想到收房同时就能拿到房本，政务服务效率真的太快、太便民了！"当温江区购房业主陈女士拿到《不动产权证书》时，激动之情溢于言表。

如今在温江区，地产商在交房的同时，就要向购房业主交付《不动产权证书》，真正做到了高效惠民。相信在不久后的将来，实现住权与产权同步将会成为新常态。

人人都是参与主体，构建营商环境共同体大格局

2021年，温江区在创建国际化营商环境这道"大题"上，已经取得了不错的成绩，并已初步建立起营商环境共同体的体系构架。

立足"亲""清"政商关系构建，温江区真正做到了把工作重心放在优化营商环境、服务保障民营企业发展上，温江区开展了作风提升专项行动，对于涉及营商环境建设的温江区各成员单位，重点围绕加强作风建设、制度建

构等内容展开自查。

温江区各级纪检监察机构认真履职，加强日常检查、常态化监督检查，及时纠治工作的不正之风，并督促相关部门单位保持务实的工作作风。在此次转向行动中，温江区涌现出了大批高素质的先进单位和模范人物，他们也成为温江区一流营商环境构建的"排头兵"。

除了政府主导，温江区的各个企业也积极主动地参与到营商环境建设进程中，通过对本企业的宣传、展示，为温江营商环境"代言"。不少入驻温江区的企业其负责人表示，近年来，温江区的创业就业环境变化巨大，让他们看到了温江区巨大的商业潜力。在行业内部的聚会中，他们也总不忘对温江区进行推介，希望上下游企业也能落户温江，推动温江商业发展更上一个台阶。

随着城市智慧化水平明显提升，温江区的新中心城区已率先迈入5G时代；智慧审批、智慧企业服务等平台的上线运行，智慧交通、智慧医疗、智慧环保等系统的投入使用，也让温江全区的企业和居民切实享受到一流营商环境构建带来的发展福利。今日的温江，已连续八年获评全国综合实力百强区，经济实力明显增强，经济发展质效显著提高。尤其是医药健康产业主营业务收入，更是连续三年保持25%以上增长。营商环境共同体，需要政府、企业、市民等一起努力构建和创造，在共同体构建体系下，每个人都是参与者和监督者，也是经济发展成果的共享者。

为了切实做好政策保障、监督管理、帮扶扶植等工作，促使居民安心就业、企业能在良好的营商环境中，发挥市场主体作用，温江区将构建起营商环境多元参与、多元共建、政企共担的"共同体"新格局。

案例评点

深化"放管服"改革、优化营商环境，是法治政府建设的重要内容，是激发市场主体活力和发展内生动力的重要举措。

2021年，温江区使用"四则运算"，赋予营商环境更多的创新功能，并将感知度、满意度作为重要的参考标准之一，在"解题"的过程中努力寻找新方法、新路径，加快打造与高质量发展相适应的一流营商环境。

而政务服务的持续优化，不仅会给企业、市民带来更佳的办事体验，还将激发各类市场主体活力，进而撬动温江新一轮发展、推动可持续发展、实现有竞争力的发展。

——《2021环球趋势案例》编写组

线下智慧营业厅新模式的背后，5G+AR科技为数智消费"提档"

摘要：本案例介绍了中国移动推出的咪咕线下营业厅，融合5G+AR技术实现数智化消费模式转型背后的应用场景和技术能力。

技术进步推动了产业变革。数字文化消费的升级，在为线下营销厅店带来转型机遇的同时，也对传统服务模式带来了新的挑战。融合创新技术，构建新业态，方可不被时代取代，不被消费者淘汰，任何一个行业都急需主动拥抱变化、适应时代趋势。中国移动咪咕推出的"5G+AR智慧营业厅"，就是中国移动在5G时代对智慧零售模式的全新探索。

咪咕"5G+AR智慧营业厅"通过空间增强、实时定位、融合跟踪等虚实融合技术，打破了现实与虚拟的边界，实现了移动终端营业厅一比一呈现方案，并通过AR氛围渲染，为用户营造沉浸式AR智慧家居般的业务体验。

智慧营业厅在为传统线下服务行业转型"打了个样"的同时，也为未来移动营业厅在智慧家居销售、终端销售、新零售、新广告、无人营业厅等领域的探索，迈出了坚实的一步。

2021年10月21日，世界VR产业大会在南昌举办，作为受邀龙头企业之一，中国移动创新打造的行业内首个"5G+AR智慧营业厅"，在此次世界VR产业博览会上首次亮相。

中国移动咪咕的"5G+AR智慧营业厅"在VR产业大会上刚一亮相，就引发了国内外业界的广泛关注。由中国移动咪咕推出的"5G+AR智慧营业厅"，是我国文化领域的第一个国际技术标准——ITU-T T.621移动终端动漫国际标准，在AR技术探索过程中的最新成果，也是咪咕在创新融合5G+AR

技术应用之后，赋能线下厅店的又一次有益尝试。

一站式服务、沉浸式体验、便捷办理

为了抓住数字文化消费转型的机遇，中国移动与咪咕文化科技公司，在依托中国移动5G的先发优势的基础上，借助5G网络的普及和边缘云的能力建设，融合了多项5G+AR技术创新，全面赋能中国移动线下营业厅。

图1 中国移动5G+AR智慧营业厅场景呈现图

在技术上，中国移动5G+AR智慧营业厅通过空间增强、实时定位、融合跟踪等虚实融合技术，打破现实与虚拟的边界，实现在移动终端营业厅一比一呈现方案。另外，咪咕公司还通过AR氛围渲染，为用户营造沉浸式AR智慧家居般的业务体验。在智慧营业厅的场景里，用户只需一台移动终端，即可享受AR魔百和、咪咕咖啡虚拟点单、线上购物、大屏互动等一体化的业务内容。

在服务上，咪咕"5G+AR智慧营业厅"通过定制化的AR业务办理墙，打通了轻量级业务线上办理入口，用户只需与场景进行简单的交互，即可实现套餐资费等业务一键办理。咪咕公司还创新推出了AR数智人——移动虚拟客服，还可以为用户提供AR导购服务，即无须业务人员对接，用户直接通过手机、平板电脑等终端设备，就可了解营业厅内任意产品和业务的信息，并按照自己的需要自助购买产品或办理业务，大大缩减了排队等候时间。

图2　中国移动5G+AR智慧营业厅

图3　中国移动5G+AR智慧营业厅智慧客服导览

　　中国移动咪咕5G+AR智慧营业厅通过数智化升级，改变了传统的业务办理方式、客服导购形式和业务办理氛围。除了能在有限的空间里，为用户提供更全面的服务、更立体化的业务展示内容之外，智慧营业厅还将赋能线下厅店，帮助实体厅店节约运营人员成本，在提升用户满意度的同时，为人们带来创新数字科技新体验，真正做到为数智文化消费"提档"。

打破虚拟与现实的界限：智慧营业厅背后的技术突破

　　5G+AR智慧营业厅依托小场景三维空间重建、虚拟讲解员、互动拍摄、

AR实景渲染、空间定位追踪等多项先进技术，为营业厅实现线上业务讲解、场景再现，业务办理等功能，让用户在与虚拟世界的交互中，拥有身临其境般的体验。

智慧营业厅核心技术模块主要可分为以下三个部分：

第一，空间场景重建。

空间场景的重建，就是对空间场景进行图像采集，继而完成采集数据清洗、相机标定，空间稀疏与稠密三维建图，最终实现对博物馆的一比一数字化重建；

第二，特效场景编辑。

特效场景编辑，是在空间场景重建出的模型基础上，为智慧营业厅提供三维编辑器与渲染特效的开发，再通过定制虚拟形象、讲解语音生成、互动区域设置和导览位置放置，完成对AR场景特效的布局设计。

第三，空间导览定位追踪。

空间导览定位追踪是一种基于SLAM的跟踪技术。空间导览定位追踪技术，在对用户空间进行定位的同时，将从用户手机中采集到的数据与建模场景进行匹配，实时输出相机的空间位置，从而确定用户在实际场景中的实时位置。空间导览定位追踪技术还会通过AR渲染引擎技术，实时渲染虚拟讲解员的导览介绍场景，最后再结合AR合拍互动，完整实现移动端的自助导览与互动。

5G+AR智慧营业厅，先通过中国移动云AR核心能力完成建设规划，再由咪咕动漫的工作人员完成最终设计。在智慧营业厅的研发过程中，中国移动和咪咕公司都在不断地强化AR技术和业务平台能力建设，并通过该项目反复地试验SLAM定位追踪、稀疏与稠密三维建图、空间增强渲染等技术，终于克服了以往定位信息不准确、定位点跳跃，以及GPS信号在室内和室外环境下衰减、稳定性差等各种问题，实现了对小型场馆的实时渲染。

搭乘5G信息高铁，AR让数智消费未来可期

5G融入百业，数智引领未来。随着近两年5G的大规模商用，一场深刻的产业变革正在到来。不同于之前代际通信仅在消费互联网领域实现的升级，

5G应用为实体经济打开了无限的想象空间。而在此基础之上引发的乘数效应和聚变效应，也将对中国经济起到不可估量的作用。

AR增强现实技术以其特有的实时交互虚拟技术属性，已成为目前实现元宇宙重要的基础设施。如今，随着全球AR硬件设备和各种技术的逐渐趋于成熟，AR产业生态圈正处于快速生长期的黎明阶段。而5G+AR智慧营业厅的成功落地，也将加快将空间AR技术应用到更多场景之中。

如果说AR是打通虚拟的数字世界和现实世界的接口，那么，5G就是连接数字世界和现实世界的信息高铁。无论是重新定义购物方式、推动新消费模式的产生，还是重新布局科技营业厅、推动营业厅向智能化、无人化发展，都离不开5G技术的产生与发展。而中国移动5G+AR生态系统，更是在为人类为世界产生新的互动模式奠定基础。

中国移动的5G+AR生态系统，结合了中国移动数智化转型战略，依托内容、渠道、IP优势，以AR云平台为载体，以AR创新内容为核心，将5G+AR技术融入千行百业。未来，中国移动还将继续把5G+AR技术深度赋能党建、文博、文旅、营业厅、演艺、体育、游戏等各个领域，引领各行各业打造5G时代特色的标杆解决方案，推动形成以科技创新为引领、产业互利为内驱的多圈层AR行业生态。

案例评点

由中国移动创新打造的5G+AR智慧营业厅，可覆盖的场景极广，除了当前已经上线的营业厅场景外，还可以赋能于文博、文旅、博物馆等应用场景，为传统服务模式打造出标杆级的升级方案。

5G和AR作为移动的核心能力，玩法创新、可覆盖场景广，用户体验感良好，在各行各业都具有很大的市场空间。该案例的落地，也验证了5G+AR在市场营销、业务办理、新形态广告等方面的能力。

——北京邮电大学交互技术与体验系统 文化和旅游部重点实验室副主任　陈洪

以"场景"思维探索疫情常态化下新机遇

摘要: 本案例讲述了2020年新型冠状病毒疫情暴发之后,怪兽充电作为共享充电行业的头部企业在业务发展方面的新探索,以及其为区域经济发展等方面做出的贡献。

怪兽充电基于"场景"思维,通过不断地发掘新场景、扩充POI(点位)规模,为区域提供了更多就业机会。同时,怪兽充电还以技术研发、效率升级为核心,自主开发出精细化运营管理系统,帮助商户在疫情期间实现更有效的充电宝设备管理、增加日常收入,从而降低了企业生产运营成本。

怪兽充电从商户端需求出发,让流程管理更加高效,不仅进一步提升了商户的数字化管理水平,更彰显怪兽充电为区域协同发展所做出的努力。

近两年,由于受到新冠肺炎疫情的影响,很多企业都受到了冲击。直至2021年,绝大部分行业仍处在恢复或重建时期。作为国内共享充电行业的头部企业,怪兽充电以强大的平台效应,在扩大数字化需求侧的同时,向数字化供给侧发力,不仅为社会提供了诸多就业机会,也为行业和经济的发展提供了更多可能性。

2021年8月27日,《国务院关于印发"十四五"就业促进规划的通知》中提到,当前我国人口结构与经济结构深度调整,劳动力供求两侧均出现较大变化,产业转型升级、技术进步对劳动者技能素质提出了更高要求。

图1　怪兽充电一线业务人员

开辟新场景，赋能区域发展

自新冠疫情暴发以来，以线下行业为主的诸多行业，都受到了疫情的残酷冲击。受益于国家严密的疫情防控措施，2020年下半年线下市场开始逐渐回暖。但是，2021年由于国内疫情呈现出常态化和多点散发的趋势，给区域经济发展造成了巨大的压力。其中，与人们日常生活息息相关的共享充电行业，也是此次疫情中受影响较大的行业之一。

作为行业的领头羊，怪兽充电面对较大的经营压力，没有选择裁员降薪，而是以开发多元化场景作为切入点，逐渐将点对点的优势转化为规模效应，通过发展自身业务来强化供给侧的核心能力。

怪兽充电的供给侧的核心能力主要包括以下两个层面：一是向上游获取点位资源的能力；二是向下游全面布局、继而精细化运营的能力。

作为获取更多优质商户资源中最重要的一环，点位选择是怪兽充电的重点发力环节。2021年上半年，怪兽充电选择以人流量基数庞大的餐饮头部企业和连锁品牌企业为主阵，接连入驻了肯德基、7分甜、阿香米线等十数家知名餐饮品牌。另外，在优质场景和潜在场景方面，怪兽充电亦布局了如纯K、UME影城、杭州地铁、京张高铁、陕西百余家火车站等多家休闲娱乐场所和公共交通站点。

图2 怪兽充电智能柜机在京张高铁清河站

基于高频度、高质量的点位布局，截至2021年12月31日，怪兽充电已在全国84.5万个POI（点位），布局了570万在线共享充电宝，累计注册用户数达2.869亿。

根据知名咨询机构欧睿国际最新的行业研究报告，2021上半年，在GMV规模方面，怪兽充电以40.1%的占比，稳居行业第一。

这些数据不仅显示出平台与商户对共享充电的黏性，得到了进一步提升，还意味着怪兽充电作为服务社会的平台方，通过拓展点位规模，来有效提升区域性就业水平这一决策取得了显著的成效。

提升运营效率，助力商户创收

效率和成本是企业经营过程中，必须要思考的两个重要方面。面对疫情的冲击，怪兽充电的应对思路就是提升企业运营效率和降低管理成本。为了更有效地向分散在全国1700多个地区的合作商户提供优质的服务，并管理好分散在各地的业务拓展人员，怪兽充电更是自主研发设计了一套数字化运营系统。

由怪兽充电自主研发设计的数字化运营系统，可以对业务流程、柜机状态和运营数据进行全方位监测，继而通过监测到的数据为企业运营和决策提供所需的信息。最重要的是，该系统还能将场景、用户特点，城市订单等数据化繁为简，进行分析和预测，从而提高单位时间内的人效、时效和价值密度，为企业管理者做出更加科学、合理、关键的决策提供数据支持。此外，数字化运营系统还能分析各区域的订单量，并能形成各地区用户画像，从而将运营精细度细化到每一个环节。

面对商户端，怪兽充电把提升运营效率作为业务重点，为合作商户推出了一套完善的服务体系，并在配送安装、硬件巡检、送货补货、硬件维修和应急运维等多个层面，制订了明确的保障措施，比如四小时之内完成补货送货，四小时内进行设备维修或更换等等。此外，怪兽充电还根据商户端需求，为其提供"积分换时长"的增值服务，帮助商户有效转化线上资源，增强用户黏性。

自从怪兽充电的精细化运营系统投入使用之后，不仅推动了本企业向数字化方向发展，还进一步提升商户的数字化管理水平，让怪兽充电与商户之间达成了共赢的局面。据了解，许多商户在使用了怪兽充电运营管理系统之后，在运营效率得到了有效提升的同时，还在一定程度上降低了管理成本。

从疫情期间积极主动地推出应对策略，到企业运营和营收都处于相对稳定的状态，怪兽充电通过系统布局和数智化转型，逐渐成为行业的领跑者。在保证自身业务不断增长的同时，怪兽充电不断加强与商户、用户的资源协同力，继而提升全行业的运营效率。如今的怪兽充电正通过多元化的商业战略，赋能区域就业与经济发展，以更开放的态度深研产品，为社会和用户提供更高质量的服务。

未来，怪兽充电还将通过自身的努力与实力，加深头部KA（关键商户）的合作，以业务增长吸引更多BD（业务拓展人员）加盟，来巩固行业龙头的地位，为区域经济协调发展开辟更多新渠道、创造更多的可能性。

案例评点

从人们需求和社会价值角度来说，目前，共享充电宝已经成为解决手机电量不足的一种最有效的方法；从商业模式角度来说，共享充电宝这种商业模式更是实现了多方利益的有机统一。就以怪兽充电为例，怪兽充电的商业模式至少有以下三大优势：

一，对于怪兽充电宝平台自身来说，截至2021年12月31日，怪兽充电已在全国拥有84.5万个POI（点位）。共享充电宝的高覆盖率和高渗透率，保证了怪兽充电公司业务的长期、可持续的发展。

二，从商户的角度来说，怪兽充电覆盖了"吃喝玩乐游购娱"等诸多领域。目前，怪兽共享充电宝已与南京大牌档、味千拉面、肯德基等多个连锁餐饮品牌达成合作，商户不仅可以凭借共享充电服务为用户提供更多的便利，创造更多的价值，并且还能分享共享充电服务带来的收入。

三，从用户的角度来说，共享充电宝能帮助他们解决燃眉之急。共享充电宝实现了即用即走的充电方式，使用户出门时不用自带笨重的充电设备，为人们的生活提供了便利，也解决了人们因为手机低电量而产生的焦虑感。

共享充电宝的多元化商业模式，不仅实现了充电服务共享，还实现了各方利益的共享和帕累托改进。

——盘古智库高级研究员　江瀚

自信——文化传承 活力迸射

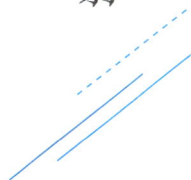

文化传承开篇语

2021年，中国人的文化自信不仅仅体现在口头表达上，也体现在文化传承上，文艺创作上，产品衍生上，乃至生活方式上。可以说，中国人的文化自信已成为一种现象，一种宣示，一种力量，是中华民族全面复兴，物质生活丰富多彩，精神面貌积极向上的集中体现。

纵观全年，得益于文化自信，中国对传统文化遗产的传承保护更系统、更多元、也更具长远规划，涌现很多可持续发展的项目；得益于文化自信，中国在文艺创作上，将传统与时代特色相结合，将经典和时尚表现相融汇，出现一批极具中华之美和现代元素的精品；得益于文化自信，中国在现代产品的设计上，充分彰显国风底蕴，创造出一波又一波的国潮热点。

现代传承历史，让文化之物鲜活

2021年5月，中央宣传部、国家发展改革委员会、文化和旅游部、国家文物局等9部门发布《关于推进博物馆改革发展的指导意见》，其中提出到2035年，中国特色博物馆制度更加成熟定型，博物馆社会功能更加完善，基本建成世界博物馆强国，为全球博物馆发展贡献中国智慧、中国方案。

在本书案例中，您将了解国家博物馆如何利用馆藏资源让来自博物馆的灵感，通过解谜、推理、盲盒等文创行业的创意转化，让古老的文物通过另一种方式走近现代年轻人的生活中。您将了解北京国际设计周如何运用设计的力量，将古老的天坛重塑为时尚IP，打造文化与科技融合的产品。您还能了解国内收藏玩具品牌52TOYS如何将文化理念与科学技术融入玩具的产品设计与研发之中，用全世界年轻人容易接受的创意玩具，将中国的传统文化与现代文化进行创意结合，打造出形象有趣的个性收藏玩具。

同时，2021年是《非遗法》颁布实施的第十年。十年来非遗保护传承工作蓬勃发展，取得一系列跨越性的进步。

在本书案例中，您将了解贵州少数民族村寨化屋村如何积极探索非遗与旅游相结合的发展路线，打造苗绣扶贫专线，让更多的苗胞参与制作推出非遗文创产品，不仅使苗家传统非遗工艺技术得到了传承，也大大提高了村民的经济收入，更将苗家优秀文化传播至全世界。您将了解一对夫妻十年坚守在贵阳大剧院《多彩贵州风》民族歌舞演出舞台的动人事迹。您还将了解梦洁家纺如何将中国四大名绣非遗技艺注入床品的设计和应用中，利用古代精粹与现代艺术的大胆碰撞，赋予传统以新生。

时尚传承经典，让文化之形重光

互联网技术和新媒体改变文艺形态，带来文艺观念和文艺实践的深刻变化。全媒体环境下，文艺演出、综艺节目的生产、创意、消费呈现新特征。如何通过创新性表达，打造新精品，以春风化雨、润物无声的方式，讲好中国故事，正是文艺工作者们孜孜奋斗的目标。

在本书案例中，记录了年度现象级综艺、河南广播电视台全媒体营销策划中心推出的"中国节日"系列节目创作故事。展现当代文艺制作单位自觉担当起传统文化的创造性转化和创新性发展的职责使命，利用现代视听技术和融媒体传播手段，不断推陈出新，深度挖掘传统文化的内涵，成就了别具一格的中国文艺新风潮。记录了由老兵口述、根据真实历史事件改编的原创话剧《上甘岭》，把有着钢铁意志的志愿军战士，坚守阵地、顽强对抗、保家卫国的故事生动地呈现在了观众眼前。通过先进的视觉特效，话剧《上甘岭》在戏剧舞台上实现成功展现"大片质感"，让观众从身临其境的震撼中汲取革命先烈的奋进力量。

国潮传承底蕴，让文化之神飞扬

随着中国综合国力不断增强、中国文化在国际上的影响力也在不断扩大，中国消费者的需求也在不断升级。与此同时，中国青少年一代的民族自信心也随之增强，在2021年人们可以强烈地感受到一股备受年轻人推崇和喜爱的

"国潮"风的蓬勃发展。

文化自信根植于文化传承，将源源不断地受到千年文化底蕴滋养。同样，文化传承依托于文化自信，也将孜孜不倦地开拓出与新时代相融合的崭新未来。

传承千年的苗绣技艺，见证化屋苗寨的美丽蜕变

摘要： 本案例描述了贵州少数民族村寨保护非物质文化遗产——苗绣技艺，延续化屋苗寨的民族文化血脉、赋能美丽乡村建设。

2021年，是《中华人民共和国非物质文化遗产法》正式颁布实施的第十年，在这十年期间，非物质文化遗产传承和保护的理念逐渐深入人心。《非遗法》的颁布和实施，标志着中国非物质文化遗产保护走上依法保护的阶段，对中国的文化建设具有里程碑意义。

苗绣技艺是苗族妇女世代传承的一门刺绣手艺。伴随着乡村旅游的兴起，化屋村积极探索非遗与旅游相结合的发展路线，打造苗绣扶贫专线，让更多的苗胞参与蜡染和刺绣等工艺制作，同时还推出非遗文创产品，将苗家优秀文化传播至全世界。这些举措不仅使苗家传统非遗工艺技术得到了传承，也大大提高了村民的经济收入。对于助力乡村振兴、保护非物质文化遗产有着积极的作用。

化屋村隶属于贵州省黔西市新仁苗族乡，位于乌江源头六冲河畔、东风湖的北岸，森林植被茂盛，一江碧水从村前流过。这里居住着苗、彝、汉三个民族，有着原始古朴而又绚丽多彩的民族风情。化屋村虽然居住着三个民族，但苗族同胞占了总人口数量的96.7%，称得上是一个典型的苗族聚居村寨，也是一个魅力十足的苗族歌舞之乡。

由于受地理环境、聚居条件等各种因素的影响，化屋村苗族人民穿着的传统服饰，以及他们制作出蜡染、刺绣等手工艺品，仍然保持着浓郁的民族特色。然而，由于多年以来村寨封闭落后，这些非物质文化遗产并不被外人所知，更不被当地人所重视。再加上如今大量的年轻人外出打工，古老的苗绣手艺面临着失传的风险。

图1　化屋观景台俯瞰乌江百里画廊美景

法制护航，绚烂非遗技艺重焕生机

党的十八大以来，以习近平同志为核心的党中央，从坚定文化自信、实现中华民族伟大复兴中国梦的战略高度，对非物质文化遗产工作作出了一系列决策部署，铺开了新时代传承弘扬中华优秀传统文化的生动画卷。

2021年，是《中华人民共和国非物质文化遗产法》颁布实施第十年。在这十年之中，非遗保护理念逐渐深入人心，参与非遗保护工作的队伍也在不断壮大，各种非遗传承实践活动也相继展开。如今，非物质文化遗产的保护，已经成为一个全民参与的文化民生工程。

作为文化建设立法中的里程碑，《非遗法》不仅确定了保护、传承和发展三大原则，还标志着中国非物质文化遗产保护走上依法保护的阶段。《非遗法》总结出的非物质文化遗产保护计划、工程和措施，不仅推动了中国非遗治理模式的探索，更创新发展符合国际标准的非遗治理模式。

伴随着乡村旅游的兴起，与《非遗法》的宣传和普及，化屋村积极探索非遗和旅游的深度融合。首先，化屋村将现有的民间蜡染和刺绣工艺家庭手工作坊扩大规模，让更多的苗胞参与到蜡染和刺绣等工艺制作中来。其次，化屋村积极寻找渠道，合作打造非遗文创产品，推出非遗技能体验活动，把极具苗族特色的作品和文化传播至全世界。

在化屋村的努力之下，不仅苗家传统的蜡染、刺绣工艺得到了传承和延续，村民的经济收入也随之增加了，还使化屋苗寨成为贵州省级著名景区

"乌江源百里画廊"旅游线上一颗璀璨的明珠。

如今，苗绣和蜡染等非遗之魂，正在不断召唤远方游子们回归故里，重新认识和发现独属于自己民族的文化价值。

独一无二，一针一线倾注民族情感记忆

化屋村流传千百年的苗族技艺又是如何重新焕发生机的呢？在化屋村易地扶贫安置点，苗族蜡染刺绣扶贫专线负责人、90后的苗族姑娘杨文丽向记者娓娓道来：

"绿色的线条代表着长江、黄色的线条代表着黄河，这些花纹是我们民族迁徙的历史，这些图案也全部都有它独特的意义。这些都代表着苗族人民对大自然的一种热爱与保护。"

图2　化屋村的刺绣蜡染车间，绣娘正在飞针走线

多年之前，杨文丽还住在没有通电、更没有电灯的大山里。每天晚上，妈妈就在煤油灯下为杨文丽制作嫁衣，一针一线之间，都饱含了一个苗族母亲对孩子深切的疼爱。如今，杨文丽妈妈当年为女儿亲手绣制的嫁衣，已经成为展厅里最引人注目的一件展品。

苗族是一个迁徙民族，可以通过服饰来区分不同族系。居住在化屋苗寨的苗民属于"歪梳苗"的支系，他们身着的日常服饰就被称作箐脚式。有别

于其他地区的苗族服饰，化屋苗寨"箐脚式"服饰的配饰与图案纹样，用线配色常以白色、红色和绿色三种颜色为主，而紫色和蓝色则多用于点缀，这也是化屋苗寨的民族服饰最鲜明特色。

图3　苗族蜡染刺绣扶贫专线负责人杨文丽站在妈妈为自己手绣的嫁衣前

苗绣是苗民世世代代传承下来的技艺，像杨文丽这样的苗族姑娘，从小就开始学习刺绣，刺绣已经成为她们与生俱来的一种习惯，因此她们并不觉得苗绣技艺究竟有多么的稀奇。

但是，因为化屋苗寨经济落后，很多年轻人都不愿意沉下心来学习刺绣技艺，他们更愿意外出打工挣钱。直到2021年2月3号，习近平总书记来到了化屋村的扶贫车间视察，很多人这才又重新开始审视和重视苗族文化。

习近平总书记在视察时提到，传统也是时尚，苗绣一针一线绣出来的是何其精彩！继续将苗绣发扬光大，既能继承和弘扬民族文化与传统文化，也能为扶贫产业、乡村振兴做出贡献。

像杨文丽这样的苗绣传承人大受鼓舞，化屋苗寨的苗绣技艺也逐渐迎来了春天。很多人千里迢迢来到化屋村，考察当地的苗绣技艺和苗绣产品，绣品的销量也因此有所提高。更令人开心的是，越来越多的年轻人留在家乡学习刺绣，继续将苗绣技艺传承下去。

杨文丽回忆起向习近平总书记汇报时的情景，脸上就露出了真挚而又喜悦的笑容。她告诉记者，习近平总书记的话，让化屋村的所有人都备受鼓舞。现在化屋苗寨最大的目标，就是要将传统苗绣技艺和苗族的民族文化继续传承下去，争取带动更多的群众就业，为乡村振兴贡献一份力量。

直播带货，非遗文创远销世界

凭着对苗族传统文化的热爱，如今的杨文丽与丈夫共同创立了贵州省毕节市黔西市文丽蜡染刺绣有限公司，带领着化屋村二十七位苗族绣娘，通过精湛的苗绣技艺脱贫致富。

虽然苗绣服饰非常精致，但是传统的纯手工刺绣作品非常昂贵，而且不容易清洗，一般只在婚嫁等有纪念意义的时刻穿着，或者作为一件特殊的收藏品来保存。因此，杨文丽根据客户的不同需求，提供机绣制品。机绣不仅可以制作出与手绣一样，具有苗族独特图案的绣品，而且产量更高，价格较为实惠，且便于清洗。除此之外，杨文丽针对游客，推出了许多平价的文创商品，例如热销的蜡染艾草香包，融合了汉族和苗族元素的T恤等等。

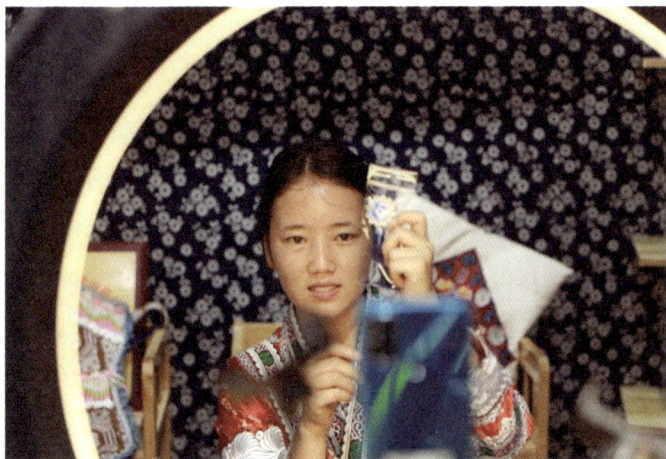

图4　通过直播销售方式，苗绣制品受到越来越多人欢迎

另外，化屋村苗绣扶贫车间还特别设立了专门的文创直播间。每天，身着"歪梳苗"民族特色服饰的小姐姐，都会准时出现在镜头前，向全球的网络用户推广化屋村的特色民族文创商品。借助现代化的电商平台和直播平台，

化屋村传统的手工苗绣、蜡染、乐器、芦笙等各类非遗艺术品，以及兼具民族风情和现代时尚的文创商品不仅销售到更多的地方，同时也将化屋村特色的苗族文化传播到更远的地方。

在化屋村同心文化广场，海外媒体记者团纷纷用镜头记录下这样美好的一幕：一群身着"歪梳苗"独特盛装的苗族姑娘，唱起了民歌《阳雀声声在呼唤》，悠扬婉转的歌声令过往的游客陶醉其中。

化屋村瑰丽的山水、丰富多彩的苗族歌舞、精美的苗绣制品，让游客沉浸在浓厚的民族文化中流连忘返。从远处眺望，化屋苗寨山水相依，处处是景。优质的生态底色，让这座极具民族特色的苗族村寨，绽放出更加闪耀的光芒。未来，化屋苗寨不仅会继续用指尖传承非遗技艺、绣出美好生活，也会继续为打造民族文化特色旅游、建设美丽乡村注入磅礴之力。

案例评点

苗绣是毕节优秀的传统文化和地域文化，2021年春节前夕，习近平总书记来到贵州黔西化屋考察苗绣产业车间，了解发展特色苗绣产业、传承民族传统文化等情况时指出，民族的就是世界的。特色苗绣传统时尚，既是文化又是产业，不仅能够弘扬传统文化，而且能够推动乡村振兴，要把包括在内的民族传统文化传承好、发展好。

习近平总书记的重要讲话，为化屋苗绣产业发展指明了方向。此后，毕节着力促进文化与经济社会深度融合，以发展民族文化产业带动富民强市，把做大做强苗绣产业品牌作为深化"毕节示范"内涵的有力抓手，是巩固拓展脱贫攻坚成效和推动乡村振兴的成功典型范例，既让老百姓"富口袋"又"富脑袋"。

——毕节市文联　刘奇

文化溯源、守正创新，缔造现象级文化综艺

摘要：本案例描述了年度现象级文化综艺《中国节日》系列节目的创作历程与成功经验。

2021年春节以来，河南广播电视台全媒体营销策划中心围绕着"中国传统节日"制作"2021河南春晚"、《元宵奇妙夜》《清明奇妙游》《端午奇妙游》《七夕奇妙游》《中秋奇妙游》《重阳奇妙游》共7期"中国节日"系列节目。节目播出之后，引发了社会各界的广泛关注。

中国的传统节日形式多样、内容丰富，不仅是中华传统文化的重要组成部分，还蕴含着中华博大精深的历史文化内涵。河南广电自觉担当起传统文化的创造性转化和创新性发展的职责使命，利用现代视听技术和融媒体传播手段，不断推陈出新，深度挖掘传统文化的内涵，成就了别具一格的中国文艺新腔调。

2021年的新春伊始，一曲《唐宫夜宴》突然间刷爆网络。人们在乐舞之中，感受到了一种久违的古风美景——原来以含蓄婉约为主旨的中国歌舞和中国传统文化，竟可以如此天真烂漫、又如此激荡澎湃。

当人们还沉浸在《唐宫夜宴》不能自拔的时候，河南广电接下来推出《元宵奇妙夜》和《清明奇妙游》又将惊喜翻了一番，尤其是在《清明奇妙游》中首次出现的二次元"唐小妹"，更是连续数日登上热搜榜。

端午时节，一舞《洛神水赋》传神演绎出洛神震撼人心"翩若惊鸿，婉若游龙"的娉婷袅娜之姿。该舞还得到了外交部发言人华春莹推特点赞。除此之外，七夕推出的《龙门金刚》更是一上线就刷爆网络，还走出了国门，向国外友人展现出中国式的浪漫，狠狠收获了一波国际好评。

在网友的强烈呼声之下，河南卫视中秋、重阳上演的"奇妙游"加长为整整一小时的演出。这一次，河南广电通过实景拍摄，带网友看尽华夏非遗、

遍览中原名胜古迹。

由河南广播电视台推出的中国传统节日系列节目，每一期都能收到来自各地网民的赞美。作为2021年度最成功文艺破圈的代表之作，"中国节日"系列节目也向人们展示了以中国传统文化为背景的电视文艺节目创作的无限可能。

图1　2021河南春晚节目《唐宫夜宴》

新形势下，内容表达和态势创新的深度思考

事实上，在春晚播出之前，河南广播电视台已经录制好一台传统的元宵晚会，却没想到《唐宫夜宴》竟意外走红。于是，春晚团队在大年初三召回全员，紧急开会讨论是否舍弃原先已录制好的节目。

经过大家的一番讨论之后，最后河南广电决定，在十天时间内再录制一档全新的《元宵奇妙夜》。这才有了后面"中国节日"的一系列节目，"中国节日"主创团队也因此应运而生。

执行策划程万里认为，既然《唐宫夜宴》火了，那么更应该从《唐宫夜宴》这个点出发，用有趣而又生活化的方式，让中国优秀的传统文化通过舞台表达出来，这样才能回馈观众们的厚爱，当然，这也是一次全新的尝试。

实际上，万众瞩目的《唐宫夜宴》背后，正是这样一群创作者对于节目内容表达和节目态势创新的深度思考。《唐宫夜宴》这支舞蹈其实是第十二届中国舞蹈荷花奖的参赛作品。当时，这支舞蹈也曾出现在网络视频平台上，只不过并没有得到太多的关注。河南春晚的编导却发现了这支舞蹈独特的艺术性和可塑性。

河南卫视"中国节日"系列节目执行策划徐娜表示，其实节目导演对《唐宫夜宴》的理解，类似于一个发人深省的默剧，就像卓别林的默剧一样。因此，这次河南卫视用文化赋能，让这支舞蹈焕发出了新生命。

家人团圆是中国春节中的传统习俗，若放弃原有的播出计划，在十天之内重新录制一期新元宵节目，无论是在拍摄场地方面，还是演员、摄制组等各个环节，都遇到了协调困难的情况。对于"中国节日"主创团队而言，这几乎是一项不可能完成的任务。但是，在程万里看来，这却是新形势下必然的选择。

在河南省委宣传部及各方机构的支持下，以及"中国节日"团队全员的奋战下，《元宵奇妙夜》的摄制工作终于圆满完成。与《唐宫夜宴》一样，《元宵奇妙夜》一经推出便大获成功，这让河南广电的工作人员士气大振。也是从这一期节目成功开始，"中国节日"系列明确了脱离演播室、使用"网剧+网综"的节目模式，这也为此后节目内容创作奠定了框架基础。

图2　《清明奇妙游》节目《纸扇书生》

从传统的春节晚会舞台到第一次走进博物馆，再到融合AI科技、创新加入VR视觉技术，来表达了一群"唐宫小妹"的故事，"中国节日"系列节目用全新的方式，将现代生活中"小姐姐"们的嬉笑玩闹，通过唐宫小妹的一颦一笑传递给观众，不仅深刻地表现了古代的宫廷文化，更赋予了舞蹈浓浓的生活气息和十足的人情味儿。

机制创新，节目走红的意料之外与意料之中

《唐宫夜宴》的走红看起来仿佛是在意料之外，实际上也在意料之中。为什么这么说呢？在2021年春晚节目开始制作前，河南广播电视台的领导下达了一个重要指示——全市场化运营。

在河南电视台的这次体制改革中，将原先电视台的一批文艺创作团队、纪录片创作团队进行整合，再纳入公司化运营的体系。最重要的一点就是，包括入职河南电视台二十余年的程万里和徐娜在内，所有人都必须竞聘上岗。而在这次竞聘中脱颖而出的，除了程万里和徐娜，还有80后的导演陈雷。

此后的每次"节日系列"节目，在前期策划时，每个导演都需要拿出内容策划方案来竞聘，并凭借方案说服大家。最终，电视台会从中选择出理念和创新等各方面比较贴合这个节日内涵的方案。

正是通过这种机制创新，激活了工作人员的创造力，也才让像陈雷这样的年轻导演，有机会展示自己节目编排思路，才有机会直接指导大型节日晚会。

图3 《端午奇妙游》节目《丽人行》

也就是在这样的创新机制之下，"中国节日"系列节目首次出现了以不同导演来领导的清明团队、端午团队、七夕团队、中秋团队和重阳团队。当然，

他们每一个团队也都不负众望，给人们带来一场场无与伦比的视听盛宴。

编剧先行，国风元素诠释中国传统故事

黄河文化是中华民族的根，华夏文明由此开枝散叶。作为执行策划的程万里和徐娜，认为河南春晚在策划之中最重要的工作，是对节目进行深度的文化溯源，找到能够真正诠释中国节日的底层逻辑，继而引领导演和编导们群策群力，为观众呈现出与众不同的文化势能。

最开始节目定位是以挖掘黄河文化为切入点，基于河南地域文化特色，来呈现古老悠久的华夏文明。《中秋奇妙游》这一期节目还在保留中原特色的基础上，创新实现了"放眼天下，家国共情"的新格局。

众所周知，在全国所有卫视中，无论资金实力，还是流量明星资源，河南电视台都不占优势，因此在节目还未播出之前，导演、策划以及工作人员都不知道结果会如何。但也是在这样的大形势下，"中国节日"系列节目团队的共同目标就是如何升级突破，让每期节目都有不同的亮点。

程万里在总结的时候谈到，贯穿"中国节日"系列内容创作核心主要有三点：

第一，力求在视觉上将东方美学表现到极致；

第二，用打动人心的故事，来诠释我们中国传统文化；

第三，用小人物来传递大情怀，表现正能量。

程万里还强调，好的内容都是反复打磨出来的——不断地把自己策划的节目方案推翻，不断地吸取经验教训，然后在此基础之上再去进行创新，真正让节目达到与中华民族精神相契合的效果，这样才会引发观众的情感共鸣。

在策划制作《清明奇妙游》时，主创团队开始采用"编剧先行"的策略，就是在导演还没有介入的时候，编剧先完成整个节目的故事脉络。有了大致故事框架，导演就不会因为某个突如其来的创意而跑偏。

在每一期的"中国节日"主题节目中，观众们不仅能够看到漫画、说唱、电音、街舞等现代潮流元素，还能看到剪纸、戏曲、书法、武术、打铁花等传统文化、非遗文化元素，这些元素融合成一种独特的节目语言，为观众讲述着中国传统节日的故事。如今河南卫视的"中国节日"系列节目，已经被

网友誉为"综艺节目玩转国潮的天花板"。

徐娜在采访时提到，节目并不是一成不变的，但"中国节日"系列节目的主轴线永远是弘扬中国传统文化。或许并不是我们的策划有多么巧思，而是我们身处在五千年文明沃土上得以滋养，也正因如此，我们才能够有源源不断的创作灵感。在古典艺术与现代方式华丽演绎之下，这种全新的节目表达方式能够瞬间引发年轻人对传统文化的兴趣与热爱。

图4 《端午奇妙游》节目《洛神水赋》剧照

文化溯源，激活中国传统审美的 DNA

《端午奇妙游》中的一场《洛神水赋》横空出世，绝美的洛水之神以绝美的舞姿震撼国内外观众，让中国文化在国际视野中再度出圈。

"翩若游龙，宛若惊鸿"，曹植的《洛神赋》用八个字就写出了洛神的出尘仙姿，但什么样的表演，才能够真正展现出洛神的绝美风采呢？

在《洛神水赋》舞蹈的策划与编排中，主创团队通过打造"陌生视觉"来表现水下洛神，以水下舞蹈结合敦煌壁画中飞天形象来演绎洛神。另外，洛神舞者的服装色彩也做了精心搭配，譬如配色就是沿用了传统端午粽子所系的五彩粽绳颜色。

这一切看似简单，实则饱含了创作者对端午文化的深度揣摩与理解，也正因为主创团队这种精益求精的态度，才能向观众呈现出近乎完美的"水随舞动，衣袂蹁跹"的水下洛神。

　　相信很多人在看到水中洛神的第一眼，就产生了一种从未有过的敬仰之情，也有很多人在看完节目后，第一时间就搜索了与洛神有关的诗篇。《洛神水赋》之所以能够被人们称赞，并反复不停欣赏，并不是只凭借第一眼的惊艳，而是《洛神水赋》这一舞背后的深层次的中华传统文化的内涵。

　　"中国节日"系列节目让人们看到，文化不仅可以活起来，还可以美起来。这种美可以是女性的温婉，可以是男性的阳刚，还可以是佛教中的金刚。

　　《七夕奇妙游》的《龙门金刚》一舞，就采用实景拍摄，再辅以特效技术，将佛教中金刚之美展现得淋漓尽致。徐娜告诉记者，在中国的传统文化中，金刚本身还有护法的意思，能起到庇佑人心的作用，尤其是2021年河南还遭受了水灾，所以这一舞《龙门金刚》也包含了主创团队"金刚不坏、河南不败"的希冀。

图5　《七夕奇妙游》节目《龙门金刚》

　　《龙门金刚》的实景拍摄地，取自于龙门石窟的卢舍那大佛前。在配乐上，《龙门金刚》创新加入了现代化带有朋克风格的电音。在排练的时候，主创团听了无数遍音乐，舞蹈团队也练习了无数遍，审片更是审了至少十次。而在拍摄过程中，如果航拍机飞得太高，大佛看起来就不够庄严壮观，如果飞得太低，又无法展现出大佛慈悲目视众生的眼神。所以，摄制的过程中，摄影组在不停地找角度。

　　主创团队反复地推敲每一个节奏、每一个画面、每一个细节，终于做到了乐曲、舞蹈与画面的最完美的契合，将金刚之美淋漓尽致地展现在观众眼前。

二次元加工，国际影响力

每一个中国传统节日都包含着更深层的寓意，随着西方文化的影响，传统节日在现代人的认知里，慢慢出现了一些偏差。

"中国节日"系列节目，就是从文化溯源的角度，提炼出中国节日的真正内涵，再通过现代化的表现方式，给观众带来极致的视觉体验，同时启发他们对于传统节日文化的思考，这也是"中国节日"主创团队所追求的终极目标。

"就像七夕节，很多人觉得是中国的情人节，但它首先是个女儿节，希望家中女儿心灵手巧，貌美心美。而牛郎织女星，它其实是人类最早对于寰宇的一种探索，一种追求。直到今天我们成功探月的航天员，其实带给我们民族的势能是一样，就是中国人曾经对于星空的仰望。"徐娜谈到，《七夕奇妙游》节目播出之后，很多观众更是发出了"原来中国节日还可以这样"的感慨。但是，文化综艺节目创作中仍然有很多痛点，而目前传统电视节目面临的最大的痛点就是传播模式的改变，这也是所有电视行业从业者都在面临的挑战。

程万里认为，在互联网快节奏刷屏的新环境下，破局的关键就是"守正创新"。如何把传承与创新表现得恰到好处，如何以创新的视角、融合现代科学技术手段，编排并拍摄出真正能够表达中国传统文化内涵的节目，也让观众得到视觉上的享受，是现代电视行业从业者必须思考的问题。

程万里还告诉记者，2022年，"中国节日"团队即将推出的多档节目，体量会更大，内容也会更多。未来，河南广电还会与优秀的国货品牌合作，开发制作"中国节日"IP的文创类相关产品，持续提升"中国节日"品牌热度。

徐娜认为，"中国节日"系列节目的初衷并不是要做文化的搬运工，而是要做文化的二次元加工者，用创新理念与现代科技，赋予中国上下五千年文明全新的能量，使传统文化与现代科技碰撞出新的火花，成为具有国际传播力的中华文化符号。

程万里告诉记者，在最初做节目的时候，其实并没有太多想法，只想把节目打磨到最佳的状态。随着节目越做越多，突然间让他感受到，兴许他们离传统文化的复兴梦想已经不远了。如今对"中国节日"节目团队而言，弘扬中国传统文化已经成为一种责任，就仿佛是冥冥之中必须要去做的事情。

"中国节日"系列节目走到今天，从最初燃爆国内，到后来跨出国门，执行策划程万里最大的感受就是，文化和国家是密不可分的。无论是创作还是传播，祖国越强大，创作基础也就越坚实，文化传播的影响范围也会愈加地广阔。未来"中国节日"系列节目定会继续给国内外友人带来不一样的精彩。

案例评点

河南卫视"中国节日"系列节目以科技奇观缔造时空奇观，以意象奇观打造文化奇观，最终铸就了深厚而时尚的电视艺术视听奇观。

节目以虚实相生的艺术表达手法，将民舞、民乐、古诗、古画、非遗等丰富的文化意象融汇于画面之中，通过春晚、元宵、清明、端午、七夕、中秋、重阳等中国传统节日，让观众感受中国传统文化的飞动之美、古朴之美、和合之美。

中国节日系列节目通过思维创新、内容创新、表达创新，使节目全媒体覆盖和渗透能力强、话题衍生能力强、沉浸体验带入强，最终实现文化产业联动，引发博物馆热、文创热、文旅热。

——中国社会科学院新闻与传播研究所世界传媒研究中心秘书长、研究员　冷凇

博物馆文创，中国人骨子里的文化情结

摘要： 本案例描述了国家博物馆通过文创类产品的开发，唤起年轻人心中的文化情结。国博全资子公司——国博（北京）文化产业发展有限公司通过合作开发、商业授权等多种形式，将来自博物馆的灵感，通过解谜、推理、盲盒等文创行业的创意转化，让古老的文物通过另一种方式走近现代年轻人的生活中。

国家博物馆让文物上的精美纹样不再封存于博物馆之内，而是雕刻入人们的生活日常之中。国博脑洞大开的创意、沉浸式的体验，让年轻人更加深刻地了解中国历史。

在国博（北京）文化产业发展有限公司总经理朱晓云眼中，博物馆中的每一件文物，都如同一颗闪耀的星星，照亮了某一段历史的长夜。国家博物馆是全国唯一一个全面记录中华文化历史的博物馆。一件藏品如果能被收藏在国家博物馆，就说明它是中国某一特定历史时期的代表性物证。当然，朱晓云更希望能够把这些文物展现给更多的人，让他们能从中找到刻在中华民族骨子里的文化情结。

如今，国家博物馆中收藏着的珍贵重器，终于打破了以往"严肃刻板"的印象，以更加鲜活可爱的面孔，走近年轻人的日常生活。

汉代的长乐未央瓦当的纹样元素，被刻在了白瓷香膏瓷瓶上，晶莹膏体散发出一缕绵远悠长的淡雅香气；杏林春燕纹瓶的图案花纹经过匠心丝绣，变身为随身佩带的香囊，展现出一抹专属于东方的飘逸之美……

当国家博物馆中的文物以文创的面貌出现时，那些承载了时间和历史的古雅美物，用一种全新的方式走进当代人的视野、走入人们的日常生活。

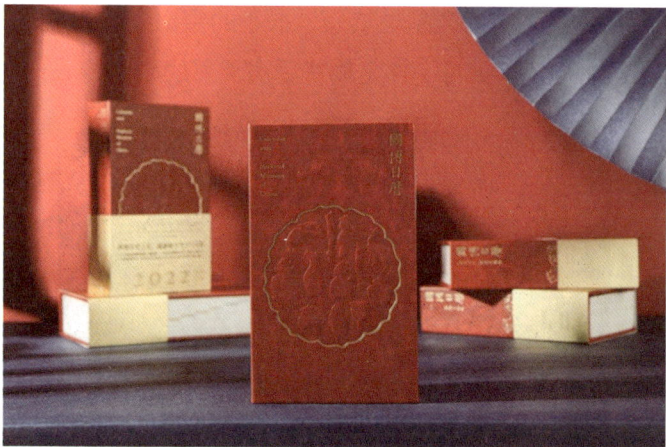

图1　国家博物馆推出2022年《国博日历》

年节文创，日子里的文化归属

传统节日原本就是传统精神和本土文化的代表，在对传统节日寻根溯源的过程中，国人的文化归属感和文化自信也在逐渐增强。春节作为中华民族最隆重的节日，更是承载了人们对未来一整年的美好期盼。

2021年，国家博物馆瑞彩平安新春礼盒走进直播间。瑞彩平安新春礼盒，不仅有福字春联，礼盒中还有一幅传统的葫芦形的挥春。作为新春佳节用来装点的饰物，瑞彩平安礼盒中的葫芦形挥春，纹样的设计灵感来自国博馆藏的粉彩葫芦福寿瓷板，取其"福禄"的美好寓意，为春节装饰物赋予了传统文化的记忆。

实际上，每一个平凡的日子，只要用心对待都可以成为值得纪念的节日。作为国博文创的明星产品，由国家博物馆每年推出的《国博日历》，就旨在把每个平凡、枯燥的日子变得美好且有趣。翻开《国博日历》，在"数日子"的过程中就如同穿行过中华文明的历史长河，一日一页，一年365件不同文物，一本小小的日历为人们呈现出中国古雅美物的万千气象。

国博文创最新推出的2022年《国博日历》，就带领读者一起领略展览馆里的文物，品文物里的中国。"中国古代服饰文化展""中国古代乐器展""中国古代玉器艺术"等十二场经典的主题展览，被浓缩于一方小小的日历之中，在纸间还原文物盛典的同时，也让读者每一日都能品味中国文化。

正如朱晓云所言，文创产品虽然只是很小的窗口，但是我们可以从这个窄小的窗口，让大众领略到每一件文物背后流淌着的中华传统文化。

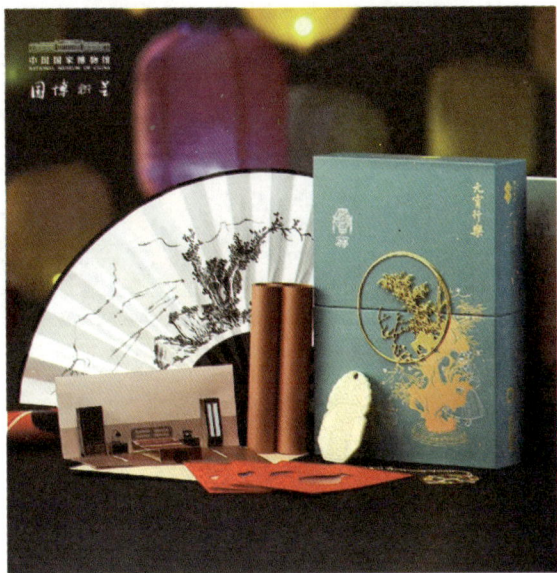

图2　国博首部文物主题互动解谜游戏书《博乐·元宵行乐》

解谜推理，沉浸式体验历史

博物馆文创的"破圈"之道，既在于其悠久灿烂的历史文化，也在于其层出不穷的颠覆性创意。国博文物中的各种元素，不仅可以被设计成日历、盲盒、纸雕灯、收录谜题、还可以融入一本现代道具的解谜书之中。

正值元宵佳节，主人公突然收到一个神秘的包裹。包裹里有一本古书和若干个来历不明的物件，还有一件来自前国博研究员父亲留给自己的书信……这就是《博乐·元宵行乐》解谜游戏书故事的开始。

而随着故事的发展，读者将走进一段不为人知的明朝秘史。在阅读故事的过程中，读者可以借助明朝锦衣卫牙牌、《明宪宗元宵行乐图》画卷、文徵明山水折扇等文物复刻道具，阻止一场精心策划的"阴谋"，并在阅读的过程中了解七十二个权威历史词条，解开百余道谜题。

无论是推理游戏达人，还是博物历史爱好者，都能在这本解谜游戏书中获得阅读和游戏带来的精彩体验。

图3　国家博物馆推出的古代中国兵俑系列榫卯积木

　　国家博物馆另一个脑洞大开的创意，就是"古代中国兵俑系列榫卯积木"盲盒系列产品。盲盒中的兵俑公仔积木将凝聚了古人智慧的榫卯结构融入其中，让年轻人在拼接积木玩具的过程中，深刻体会到中国古代建筑结构的灵魂。

　　朱晓云认为，博物馆文创最能激发人们购买欲的一点，就是文物背后深邃的中华文化，因此，博物馆文创如果想要在市场上长期占有一席之地，必须要提供足够精彩的创意，让文创产业变得更加有根有源，才能让文创设计从丰厚的历史文化中汲取到真正的营养。

图4　国家博物馆新青年文具套装

文物灵感，让设计有根有源

国博全资子公司——国博（北京）文化产业发展有限公司成立于1992年，目前公司共有包括采购部、授权业务部、电商业务部，以及线下销售部门在内的七十多名员工。2016年，国博文创建立了线上电商旗舰店，目前已经积累了200余万粉丝。如今，国博（北京）文化产业发展有限公司依托国家博物馆馆藏的140万余件文物资源，已开发出两千余款文创产品，并保持着平均每年200款的产品上新速度。

通常情况下，国博会根据文物不同特点，来开发不同系列的产品，比如说杏林春燕、海晏河清、古代文字系列等等，都是颇受消费者青睐的文创主题产品。

在产品的设计和制作方面，国博会先根据藏品来形成图库，再将图库中的元素设计图应用于不同类别的产品上。或者可以把文创产品的设计环节看作是一座桥梁，把来源于馆藏文物的灵感，以及文物背后的故事，通过文创行业的设计师赋能，再创造出兼具历史美感和现代质感的文创产品。

除了文创类产品的合作开发之外，目前国博（北京）文化产业发展有限公司还负责馆藏文物对外的商业授权业务。据公开资料显示，目前国博通过"国博衍艺"文创品牌，已与国内外百余家知名品牌商达成合作意向，授权近四百个文物IP资源，大约有五百余款授权商品面世。

无论是国家博物馆，还是馆藏的文物都属于IP资源，想要将专业的博物历史发扬光大，就要把IP的文化精髓提取出来，接受市场的考验。未来，国家博物馆会以更开放的姿态，与优秀商业机构达成合作意向，把专业的事交给专业的人，各司其职、发挥所长，来充分释放文创行业的市场活力，并将历史文物蕴含的思想、内涵与精神真正地传承下去。

案例评点

　　国家博物馆的《博乐·元宵行乐》《古代兵俑榫卯积木》两款产品，代表了两种国内文创产品的新高度。尤其是古代兵俑榫卯积木，这个项目在知乎上面用户评价非常好。榫卯作为中国古人的智慧的代表，绝对不输乐高。希望有更多更好的中国的文创产品能够通过众筹方式脱颖而出。

——摩点网创始人CEO　黄胜利

红色经典重温峥嵘岁月

——话剧《上甘岭》将红色题材演出"大片质感"

摘要： 本案描述了北京文化艺术基金资助项目原创话剧《上甘岭》，用现代审美的特效舞台演绎红色经典，致敬"最可爱的人"！话剧《上甘岭》是以志愿军战士在战场上的真实事件为基础改编而成的原创话剧。该剧将炊事班班长老马、学生气质的女卫生员林兰、通信兵杨根宝，以及一群以张卫国连长、姜长文指导员、胡云峰排长为代表的有着钢铁意志的志愿军战士，在狭小坑道内顽强对抗、坚守阵地、保家卫国的故事呈现在观众眼前。邀请到电影《八佰》和《金刚川》的特效团队，为话剧《上甘岭》在戏剧舞台上实现"大片质感"。该剧获得第四届华语戏剧盛典最佳男主角（黄宏）和最佳舞美（高广健）。礼赞百年，红色经典重温峥嵘岁月。2021年，为迎接中国共产党成立100周年，原创话剧《上甘岭》于"七一"期间，登上国家大剧院的舞台。观众通过观看演出的方式，可以从革命事迹中汲取前进的力量。

关键词： 红色精神；话剧艺术；上甘岭；抗美援朝；演出市场

图1 原创话剧《上甘岭》剧照

上甘岭战役，是抗美援朝战场上最惨烈的战斗之一。

1952年，美军于10月14日至11月25日，动用6万余人的兵力，在3000余架次飞机、300余门大炮、170余辆坦克的支援下，对上甘岭以南志愿军防守的阵地进行了43天的猛烈攻击，投掷炸弹5000余枚、发射炮弹190余万发，将阵地土石炸松2米深。

图2　主演黄宏及剧中唯一的女志愿军扮演者黄兆函分别在戏中饰演炊事班班长老马、卫生员林兰

志愿军先后投入4万余人的兵力，依托坑道工事与美军和韩国军展开激烈的争夺，最终将敌人全部赶出阵地，志愿军依托坑道坚守防御赢得了胜利。历史上的悲壮战场，也被搬上了戏剧舞台，根据英雄原型创作出的角色，他们的故事就在这狭小的坑道内开始了……13名志愿军战士面对美军猛烈炮火的袭击，医疗物资短缺，与组织失去通讯联络，即将断粮断水的困境，与敌人周旋，日夜坚守。

上甘岭的坚守，不褪色的红色精神

《上甘岭》根据真实历史事件及老兵口述进行改编，把炊事班班长老马、学生气质的女卫生员林兰、通信兵杨根宝，以及一群以张卫国连长、姜长文指导员、胡云峰排长为代表的有着钢铁意志的志愿军战士，在狭小坑道内顽强对抗、坚守阵地、保家卫国的故事呈现在观众眼前。

炊事班班长老马由观众十分熟悉的演员黄宏扮演，在一触即发的战场，黄宏饰演的老马却苦中作乐，诙谐地成为志愿军战士的开心果，"更多的时候，我更愿意悲剧喜唱，这是我们工作的特点。其实悲剧与喜剧的内核是一样的，喜到极处便是悲，悲到极处也是喜。悲剧不悲说，喜剧不喜唱，这样的表达方式反而更能让观众感到你是在讲故事，而不是在教育。"

图3　原创话剧《上甘岭》剧照

虽然是首次亮相话剧舞台，但是军旅生涯对黄宏来说却并不陌生，13岁入伍成为文艺兵，唐山地震、淮河水灾、九江决口、老山前线，每每奔赴前线，将自己创作的文艺作品奉献给军营部队，为战士鼓舞打气。"当兵这些年，我们与上甘岭一直是相通的，因为上甘岭的精神一直在鼓舞着部队前行。"当黄宏听到制作人刘忠魁、李东一直希望创作上甘岭的题材时，"这三个字一下就把我给激活了。"

对于制作人之一的李东来说，"我理解的上甘岭精神是坚守。"他在接受业内杂志采访时坦言，"做这部戏时我一直在思考，在如此恶劣的情况下，志愿军战士们为什么能有这样强大的承受能力？为什么能在战斗结果未知、结束时间未知的情况下坚守阵地？这是我想在这部戏里探讨和表达的。现在我们的物质和精神生活都得到极大提升和满足，但是为什么现代人在面对困难和挫折的时候，承受能力却又这么低呢？当下我们身处的国际局势也较为紧张，在这样的时刻，'钢'与'气'的坚守精神变得尤其重要，这也是历史赋予今天的深刻启迪。"

刘忠魁在剧目创排时，希望主创们用心把红色经典题材搬上舞台，却不希望演成刻板的说教。黄宏认为，"我们必须把观众的审美放于至上。只有把观众的审美当回事，你才能把自己不当回事，才能把自己创作付出的辛苦不当回事，才能够逐渐地去接近观众，用作品与他们实现沟通。"

图4　原创话剧《上甘岭》剧照

突破技术难题，实现舞台"大片质感"

为了让观众能够真实感受到战争局势的紧迫，导演李任表示必须突破以往战争题材在舞台上的呈现方式，他大胆提出"文戏文做，武戏武做"的概念，要让观众感受子弹从耳边飞过、如临战争现场的沉浸感受，为此下了极大的工夫。从舞美置景、服装道具、多媒体特效设计、音效设计严格按照实物一比一真实还原，还专门邀请到电影《八佰》和《金刚川》的特效团队在有限的舞台空间里研发出全国首例无明火的爆破技术，为确保爆破技术的安全性，导演李任更是亲自上阵感受爆破冲击。除了视听上的极致要求外，一部好作品的呈现还是得回到演员身上，他表示"剧中每个人物都是一类真实人物群像的浓缩凝练。上甘岭战役的残酷、伟大，战火纷飞中人性的光芒，这些东西不需要口号、不需要编造，真实的东西最有力量，最能打动人。"

为了让演员更能够贴近军人气质，导演李任还在正式排练之前将剧中全体演员带到军训基地，集中进行了为期半个月的体能与军事训练，持枪、投弹、障碍跨越、夜间紧急集合等，并且和演员参与全程训练。为了让演员体验当年上甘岭缺水缺粮的状态，在三伏天里关闭门窗、空调，进行高强度形体训练，训练结束后每位演员仅分得一瓶盖的水。这些都是使话剧《上甘岭》能在戏剧舞台上实现"大片质感"的关键。

李东坦言让观众在剧场里花2个小时耐心看完一段在山洞里的文戏是比较难的，需要有身临其境的视听效果，"这种身临其境跟电影不太一样，因为就在你眼前发生了，这些爆破特效，这绝对是中国舞台第一次，因为有一个很强的安全问题，这些技术难关我们都突破了。"

《上甘岭》让观众仿佛重新回到那段硝烟的岁月，机枪扫射舞台溅起泥土，兵荒马乱的火药味儿，坐在第一排的观众甚至捡到了退膛的子弹壳。

自从2020年9月25日试演出开始，至2021年10月25日，原创话剧《上甘岭》在全国32个城市的38家剧院，共计演出65场，累计观众约6万余人次。"一条大河波浪宽，风吹稻花香两岸"，每当阿云嘎重新演绎的男声版荡气回肠的《我的祖国》在剧目结尾唱响，都会让现场观众饱含热泪的共情合唱，这唱出了70年间亿万中华儿女矢志保家卫国的决心。

李任导演利用了电影中的"回放"以及蒙太奇手法，将剧中头尾故事重新调换顺序讲述，更是重击心灵。艺术总监黄宏表示非常喜欢这一次的改动，原本志愿军发车奔赴前线的开篇成为了结尾，战士们唱着《共青团员之歌》奔赴着前方凶险万分的战场，"祝福我们一路平安吧，再见吧亲爱的故乡，胜利的星会照耀我们。"一群稚嫩灿烂的脸庞、一曲激情洋溢的军歌、一列踏上征途没有归期的火车……

网友也为舞台的声光效果和演员的表现力点赞，"《共青团员之歌》和《我的祖国》响起时还是不由湿了眼眶。"

案例点评

　　《上甘岭》是在今年疫情期间话剧舞台诞生的最优秀的一部作品。从内容上说这部作品有很强的历史意义和现实意义，激励我们每个人要积极进取、为保家卫国和世界和平贡献力量。《上甘岭》的舞台呈现让我们感觉到一是真诚、二是震撼、三是动人。志愿军战士展示出的英雄气魄、钢铁意志，不怕困难的韧性，让我们每个人看戏以后精神上受到一次洗礼。

　　　　　　　——中国社会科学院文学研究所研究员　刘平（于该话剧专家研讨会上）

让天坛回音壁的奥妙走进大众生活

摘要：本案例描述了由北京国际设计周策划、设计和主导打造的非遗IP——创作天坛耳机品牌"声声漫"。

主创团队极具匠心地把天坛元素应用到小小的耳机产品设计制作之中。其中，"声声漫"耳机融入了"天坛蓝"与天坛文化元素，将最新科技应用到耳机产品之中。"声声漫"的礼盒包装上还采用了祈年殿立体纸雕工艺。

这既是对天坛历史文化的致敬，更是探索出一条用现代科技表达和传承中华传统文化的新途径。

图1 "声声漫"耳机的设计灵感来源于北京天坛

从中和韶乐到回音壁，聆听来自天坛的声音

天坛是当今世界最大的祭天建筑群，也是明、清两代帝王举行祀天大典

的场所。一直以来，中国的祭祀仪式都与音乐有着密不可分的关系。

作为中国古代最具典型意义的宫廷音乐，明、清两代在祭祀大典所用中和韶乐，延续了周朝礼乐制度的大部分内容，是集中国古乐文化于一体的大型音乐活动，其乐理和乐章充分体现了五音、七声、十二律吕等中国传统音乐文化，故也被称为"华夏第一乐章"。周朝的礼乐应用了十六种乐器，金、石、丝、竹、匏、土、革、木八音俱全。演奏中和韶乐的乐器，在周朝乐器基础之上加入的古代大型打击乐器编钟和编磬还有如今我们比较熟悉的琴、瑟、埙、箫等，以及韶乐中特有的柷和敔等等。

除了与音乐直接相关的中和韶乐，天坛在建筑上也应用了许多声学原理。其中，最典型的就是皇穹宇围垣，也就是大家熟知的天坛"回音壁"。

皇穹宇围垣之所以被称作"回音壁"，是因为站在殿中，能听到一两百米开外的声音。使两人分别站于皇穹宇东、西配殿之后贴墙而立，令其中一人靠墙说话，无论他的说话声音多小，在一二百米开外的另一人也能听得清清楚楚，而且声音悠长。对于古人来说，这种独特的声学现象，能让人感受到一种"天人感应"的神秘气氛，堪称奇趣。

此外，皇穹宇殿门外甬路上的三音石，同样也向人们展现出十分有趣的声学现象。如果站在三音石的第一块石板上，面向殿内说话，就能听到一次回声；而站在第二块石板上说话，就可以听到殿内有两次回声；站在第三块石板上面向说话，就可以听到三次回声。三音石的设计也充分展现出古代匠人对声学科学的极致运用。三音石中的"三"分别代表到了天、地、人三才，因此"三音石"也被人们称作为"三才石"。

而天坛圜丘的天心石，更是帝王与上天对话的场所。据说，站在天心石上大声说话，可以听到仿若从苍穹之上和地层深处传来的回响，似是真的在与上天对话那般。

打造非遗IP，用科技传递古乐文化

2020年是天坛建坛的六百周年。2021年，"天坛神乐署中和韶乐"被列为国家级非物质文化遗产。值此双喜之际，由北京国际设计周主导，将天坛文化融入了消费品牌，创作出了一款全新的天坛耳机品牌——声声漫。

全新IP"声声漫"的名字，则取自词牌名"声声慢"。声声漫品牌耳机采用了高通第二代aptX Adaptive自适应解码、TrueWireless Mirroring镜像传输、蓝牙V5.2等技术，实现了快速充电、13mm液晶高分子振膜、6+18小时续航、IP54级防尘防水等功能，是一款新科技赋能的耳机音响产品。

在产品设计方面，主创单位将祈年殿顶部明代琉璃瓦的色值"天坛蓝"与天坛的文化元素融入产品之中，打造出这款兼具现代科技感和中国古典美的耳机产品。在包装方面，声声漫的礼盒包装，用传统的纸雕工艺，将天坛的主建筑祈年殿，生动、立体地展现在人们的眼前。

主创团队极具匠心的设计和精雕细琢的制作工艺，不仅是在向天坛历史文化致敬，更是向大众展现了一种用现代科技表达和传承中华传统文化的新方式，为传统物质文化遗产创作新IP、打造国潮经典文创树立了新标杆。

图2：包装上采取了礼盒包装与祈年殿立体纸雕工艺

作为由北京市委宣传部牵头，北京市文旅局、北京市文物局、北京市园林绿化局和北京市公园管理中心共同打造的"北京市文化文物单位文创产品开发平台"的运营单位，北京国际设计周有限公司通过创意设计和文化赋能，将优秀文化遗产的内涵融入现代音频产品之中。北京国际设计周有限公司设计制作的天坛联名款"声声漫"耳机，必将成为"北京市文化文物单位文创产品开发平台"又一文创产品经典案例。

未来，北京国际设计周有限公司将不断完善"北京市文化文物单位文创产品开发平台"运营体系，并利用公司十余年在设计、品牌和文化资源方面积累的优势，继续深度挖掘中国传统文化内涵。另外，公司还将通过专业的市场运营，吸引更多社会力量参与。

相信在北京国际设计周有限公司优秀的资源整合能力更合理的利益分配机制之下，会有更多优质品牌加盟商和专业设计人才加入打造非遗IP的队伍中来，并在此基础之上不断地设计开发出新的文创爆品，构建以文创产品开发产业生态的新格局，最终形成以"政府引导、市场运作、社会参与"的文创产品设计开发新生态。

案例评点

祭祀大典所用中和韶乐更是中国传统音乐文化之集大成者，也被称为"华夏第一乐章"。而天坛作为世界最大的祭天建筑群，也是世界上集声学科技之大成的人类文化遗产。

天坛的皇穹宇围垣即是大众所熟知的"回音壁"，以及皇穹宇殿门外甬路上的三音石，同样也有着有趣的声学效果。另外，天坛圜丘可与上天对话的天心石也是一种声学科学的应用。

声音与音乐人类生活中不可或缺的部分，也是人们孜孜以求的精神文化享受。"声声漫"天坛耳机正是基于天坛的声学科技理念，将天坛的独特造型与色彩与现代自适应解码、镜像传输等新一代技术相结合，制作出的一款具有天坛IP的新科技耳机音响产品，兼具纪念性与实用性，是一款很好的文创旅游商品。

——"北京礼物"旅游商品大赛专家委员会主任　宋慰祖

用中国文化软实力与科技硬实力赋能收藏玩具，助力中国创造

摘要： 本案例描述了国内收藏玩具品牌52TOYS将文化理念与科学技术融入玩具的产品设计与研发之中，用全世界年轻人容易接受的创意产品——收藏玩具，助力"中国创造"。

在文化方面，52TOYS推出了超活化系列，将中国的传统文化与现代文化进行创意结合，打造出形象有趣的个性收藏玩具；在科技方面，BOX变形机甲系列则把先进科学技术理念融入玩具的设计制作之中。

52TOYS设计制作的收藏玩具，在成熟供应链体系的支撑下，不仅是一次文化软实力与科技硬实力的碰撞，更促进了中国文化的传播，彰显出中国创造实力。

据《百度2021国潮骄傲搜索大数据》显示，国潮产业历经十年的时间，终于实现了用复古打造流行的新趋势。从国潮1.0时代老字号商品逐渐回春，到国潮2.0时代产品品质的逐渐升级，如今国潮产品3.0时代到来，国潮产品的范围已经不再局限于实物，而是成为中华文化与现代科技相结合的一种输出。

作为国内首个定位于收藏玩具的品牌——52TOYS，正是乘着国潮3.0时代的浪潮，逐渐被大众关注，它以收藏玩具为载体，不断弘扬中国文化，展现中国创造的实力。

收藏玩具承载中国文化，延续中华文化生命力

早在2018年，52TOYS就在思考"应该如何通过收藏玩具来传递中国文化"这个问题。基于这个理念，52TOYS开发出了以"超越传统、活化历史、

传承文化"为理念的"超活化系列"。该系列将中国的历史文化与现代文化创意融合于玩具形象之中，创作出如"仕女瑜伽""仕女日常""战斗中的兵马俑""平板支撑"等多个脑洞大开的形象，以全新的方式诠释了中国文化，让年轻人可以通过有趣的产品，去了解中国古代历史文化。

其中，"仕女日常""仕女瑜伽"等产品中的唐朝仕女形象创意，均源自历史文物。由历史记载及文物中可见，盛唐时期文化开明。那么，唐朝仕女的日常生活和衣着打扮是什么样子的呢？

带着这样的思考，52TOYS的设计团队发挥想象，运用诙谐有趣的脑洞创意，将现代生活融入古代形象之中，设计出正在自拍、逛街、打拳击等、各种各样衣着颜色鲜艳的唐朝仕女形象。这些融合了古今元素的收藏玩具，既贴近了当下年轻人的生活，又展现出了盛唐时期的开放文化，也为弘扬中国传统文化开辟了一条全新的途径。

图1　超活化系列收藏玩具之光彩照人

2018年，52TOYS还与陕西历史博物馆合作举办了一场以"文物超活化"为主题的原型创作大赛，鼓励国内外的设计师和艺术家以中国传统文物为原型，设计出融合中国文化的创意收藏玩具。在大赛结束之后，52TOYS还会将优秀的创意作品转化成商品，传递到消费者的手中。

在"超活化系列"现已推出的产品中，"青铜小分队"和"马踏飞燕"系列玩具，便来自此次原型创作大赛。

"青铜小分队"系列的设计灵感与"仕女日常"相类似，这两个系列的收藏玩具都是在融合了中国传统文化的基础上，加入反差较大的现代元素进行设计制作的。

与"仕女日常"系列不同的是，"青铜小分队"以商、周时期青铜器中常见的造型及纹样作为设计基础，创作出以"鸮""饕餮""觥大""觥二""冷鸮""牺尊""凤鸟"等各种形象的收藏玩具。该系列通过古代器皿的质感融合卡通造型造成的反差感，同样诙谐有趣，更加接近现代人审美的玩具形象，富有趣味性和可玩性。

图2　马踏飞燕

图3　超活化系列收藏玩具之青铜小分队

除了通过产品来弘扬中国文化之外，52TOYS还将："超活化系列"中的IP融入文化旅游场景，使两者可以相互赋能，吸引更多的消费者和游客。比如说，最近52TOYS就与广州永庆坊、西安大唐不夜城联合举办展览和快闪等活动，就是将玩具形象落地实地场景的一次大胆的尝试。

通过这次活动，52TOYS极具创意的唐朝仕女形象，以另外一种形式展现走进人们的视线。在古代形象与现代文化旅场景发生碰撞之后，蕴含着中国传统文化唐朝仕女形象，也向人们展示出与众不同的魅力，继而让人们对其背后蕴藏的中华文明产生浓厚兴趣，从而进一步加强了国人的文化自信，也让唐朝仕女IP更加深入人心。

图4　超活化系列中的仕女IP与广州永庆坊合作的"仕女到坊"活动

首创国内变形机甲玩具，展现中国创造实力

随着国内设计水平和工艺制造水平逐渐提高，2016年，52TOYS的开发团队建立了"BOX变形机甲系列"玩具产品线，并推出了国内首款变形机甲类玩具。在此之前，国内收藏玩家想要购买变形机甲类玩具，只能买到如高达之类的国外品牌的产品。

这一次，52TOYS 设计的"BOX变形机甲系列"的产品将机甲元素融入各类生物，从而制作出造型新颖、极具质感的机甲类收藏玩具。现如今，"BOX变形机甲系列"已出品包括恐龙类、巨兽类、水生类、鸟类、虫类在内五大系列个性鲜明、独具创意的机甲收藏玩具。

而"BOX变形机甲系列"产品，因为其独特的设计创意与复杂的制作工艺，吸引了不少国外的收藏玩具爱好者。2019年，52TOYS带着"BOX变形机甲系列"系列的几十款产品，参加了SDCC（圣地亚哥动漫节）。当时，前来观展的国外玩家不仅被该系列玩具奇妙的设计与玩法深深吸引，更是被精致的做工深深感叹。

对于美国的变形玩具爱好者来说，变形金刚是他们印象中最先进、最厉害的变形玩具。令他们意想不到的是，如今由中国制造的"BOX变形机甲系列"，无论是在创意设计上，还是在工艺水准上，都不亚于变形金刚。而且，"BOX变形机甲系列"变形玩具，还融入了中国传统文化中特有的龙和熊猫等动物形象，这不仅让中国传统文化通过现代化的变形玩具走入世界人民的视野，也赋予了机甲变形类产品更强的生命力。

2021年，52TOYS在日本涩谷开设了一个以"BOX变形机甲系列"为主要产品的快闪店。该店一开张就受到日本玩家的青睐，仅半个小时的时间，销售额就达到了近30万日元。

实际上，"BOX变形机甲系列"早在产品设计前期就已建立了庞大的世界观，故事梗概。如今，目前52TOYS正与多方合作，为前期产品设计环节就已建立起世界观的《BOX变形机甲系列》延展出动漫、动画、电影等形式的内容，将文化与产品相结合，让大众在体验其有趣的玩法过后，还能继续深入了解其背后的文化故事。

近期，52TOYS还会推出极具中国文化元素的"瑞兽系列"的百余款产品。该系列的每一款产品都可以变形为边长5厘米的正立方体，并在此基础上形成了52TOYS独特的"产品语言"。

另外，52TOYS已于2021年的中秋节推出"FANTASYBOX月娘嫦娥"系列玩具。"FANTASYBOX月娘嫦娥"的设计灵感源自中国传统文化中月宫传说。52TOYS的设计团队以月宫传说的嫦娥、玉兔和广寒宫等元素为原型，设计出了一款以嫦娥形象为主的"FANTASYBOX月娘嫦娥"系列变形玩具。嫦娥的形象可以由一个月饼变形为一个正腾云驾雾的飞天嫦娥。该产品不仅体现了中国的创造实力，同时也用一种全新的方式向人们展示了传统的中国文化。

在52TOYS设计团队自主研发"超活化系列""BOX变形机甲系列"等收藏玩具产品获得成功之后，如今的52TOYS遥遥领先于同类玩具制造企业。未来52TOYS还会继续贴合"国潮"之风、深度挖掘消费者的需求，打造彰显"中国创造"的优质产品，走出一条适应时代变化发展之路。此外，52TOYS也会继续向国内外人们展现中国文化的魅力和中国创造的实力，用小小的收藏玩具让全世界人民看到中国文化软实力与科技硬实力。

案例点评

国内玩具行业如果想要长远发展，我们就必须从"制造"向"创造"转变，提升企业的自主创新能力，为中国玩具生态赋予真正的文化内核，去走一条持续发展之路，而不是一味追赶瞬息万变的潮流。

经过多年深耕，52TOYS已经在产品创新与研发方面具备了一定的核心优势，尤其是如"超活化"等系列IP收藏玩具产品，在推向市场之后得到了消费者的喜爱。希望未来52TOYS能在传递中国文化的这条道路上，打造出更多富有创造力的好产品。

——中国玩具协会

十年坚守舞台，演绎心中热爱的贵州

摘要： 本案例描述了一对夫妻十年坚守在贵阳大剧院《多彩贵州风》民族歌舞演出舞台的事迹。

多彩贵州文化艺术股份有限公司长期致力于传播与发扬贵州民族文化，是贵州省文化体制改革试点重点单位。

作为多彩贵州文化艺术股份有限公司独家推广运营民族歌舞类演出活动，《多彩贵州风》的大型民族歌舞诗汇聚了苗、侗、布依、水、彝族等贵州少数民族多彩文化。这场史诗级的演出，不仅在舞台上描绘出了黄果树瀑布的壮丽与飘逸，还向观众展示了苗银与苗绣的悠久历史与文化内涵，以及浓郁的贵州民族风情。

如今，《多彩贵州风》民族歌舞演出更是走出了国门，到美国、法国、加拿大、英国、俄罗斯、韩国、匈牙利、瑞士、波兰、捷克等二十余个国家进行巡演，向世界人民展现出中国少数民族的独特风采。

任何一位到贵阳旅游的游客，都会听说贵阳有一出"经典必看"的民族歌舞晚会，那就是《多彩贵州风》大型民族歌舞演出。十年以来，每个夜幕降临之际，就是贵阳大剧院的舞台苏醒之时。从周一到周日，这场以贵州民族文化为主要内涵的歌舞演出从未间断过。

这一出被人们盛赞的"一夜《多彩贵州风》，演绎贵州六百年"大型歌舞晚会，由六百多位演员倾情出演，先后经历了四个版本的更迭。截至目前，《多彩贵州风》的演出场次已高达四千余场，绝对称得上是常演不衰。

此前，《多彩贵州风》还被国家文化和旅游部定为"优秀出口文化产品和服务项目"，并前往全球二十个国家及地区的五十多个城市巡演，还被加拿大第22任总理哈珀和英国第51任首相布莱尔誉为"全球最生态的歌舞演出之一"。

图1　主持人曹锦鹏和主唱郑涵月在民族歌舞晚会《多彩贵州风》演出

一对夫妻的十年坚守

在数百位演员之中，主持人曹锦鹏和主唱郑涵月是《多彩贵州风》舞台上的"夫妻档"。为了让《多彩贵州风》最好地呈现观众，曹锦鹏、郑涵月夫妇二人连续十年坚守在舞台之上，为这出大型民族歌舞舞台奉献出自己的最热忱、最精彩的表演。

想起在《多彩贵州风》舞台上的点点滴滴，郑涵月都不禁感慨道："从走上《多彩贵州风》舞台到如今已经有十年左右的时间了，我们夫妻俩最青春的年华也几乎都是在这个舞台上度过的。即便来贵州观光的游客们无法走访贵州所有的少数民族，但是他们能在这台大型民族歌舞晚会上，了解到贵州各个少数民族的风情。"

来看演出的观众来自天南海北不同的地区，为了能与观众更快、更好地互动起来，曹锦鹏私下里会做很多功课，去了解全国各地的历史文化和风土人情。如今的曹锦鹏无论遇见来自哪个地区的观众，就能瞬间进入状态，成为他们半个老乡，与他们畅聊家乡的饮食习惯和生活习俗。

在曹锦鹏看来，不同地区的文化需要交流和沟通，想要让观众了解贵州的风土人情，并不是一味地展示自己的地域文化就可以了，而是要先了解观众的家乡和他们的文化习俗，否则就会给人带来一种不近人情的感觉，观众也不容易接受。

图2　民族歌舞晚会《多彩贵州风》演出现场

贵州民族文化的"亮丽名片"

贵州的地貌以高原、山地、丘陵和盆地为主，过去的贵州不仅经济落后、交通不便，也在一定程度上阻碍了文化的交流。现在的贵州却与以前大不一样了。

如今，贵州省已实现了"县县通高速、村村通公路"，再加上贵州拥有世界十大高桥中的七架，另外贵州地区宜人的气候和良好的生态环境，让现在的贵州拥有了得天独厚的旅游资源，也让更多人看到贵州、了解贵州。

对于曹锦鹏来说，把家乡风土人情介绍给世界各国和祖国各地的朋友，是他作为一名贵州人和贵州旅游文化传播大使的义务和使命。十年来，曹锦鹏用最生动的语言，向每一位前来贵州的游客描绘着家乡之美。

郑涵月表现家乡之美的方式又有所不同。她用自己柔美的嗓音，把悦耳的贵州民族歌曲展现给远道而来的国内游客和外国友人。曾经有位法国友人，在听了她的歌声之后，不禁赞叹道："中国太美好了。不仅中国的歌声美、服饰美，人也很美。"

《多彩贵州风》浓浓的民族风情，也使这台演出走出了国门，到美国、法国、加拿大、英国、俄罗斯、韩国、匈牙利、瑞士、波兰、捷克等二十多个国家进行巡回演出。在国外演出的时候，苗族飞歌、侗族大歌等极具民族特色的节目，令当地的观众沉浸其中，不仅仅是因为音乐是没有国界的，还因为演员们充满激情的表演让他们在情感上获得共鸣。

《多彩贵州风》的全球巡演不仅把中国的民族文化展现给世界，更让世界看到了中国竟有如此精彩的歌舞、如此美妙的音乐。

图3　青年歌手郑涵月在后台化妆准备演出

贵州民族文化的"门面担当"

"贵州，一个美丽的地方；藏在深闺的地方，只要看上一眼，就会永远不忘……"

这一曲多情的《贵州恋歌》，《多彩贵州风》演出了多少场，郑涵月就唱了多少遍。每次在接受采访的时候，记者都会问她，每天都演唱同样的歌曲，不会厌倦吗？郑涵月的回答是，不会。因为她与大多数观众只有今朝的一次相逢，演出结束之后，他们便各奔东西，或许一辈子都不会再见面。因此，即便她每天演唱的是同一首歌，但她每天面对的都是不同的观众。因此，她要在观众面前以最好的状态，唱出最好听的歌曲，让他们怀着美好的期待来到贵州，也带着同样美好的记忆离开贵州，去往各自人生的下一站。

光影交错《多彩贵州风》舞台上，贵州姑娘的裙摆上下翻飞；民族舞蹈热情而又绚烂；用舞动的肢体描绘出黄果树瀑布，壮丽而又飘逸；伴随着侗家华侨鼓楼一路走来的侗族大歌，让观众能够现场聆听到自远古而来的天籁之音……

演员用欢快灵动的歌舞，诉说着苗银与苗绣的历史，以及苗、侗、布依、水、彝族等各个少数民族的浪漫风情。现代光影视效和多媒体手段，让这台载歌载舞的演出成为贵州民族文化的"门面担当"。

"奇风异俗动魂魄，笙歌鼓舞入梦乡；拦路酒送客礼，让人沉醉欢畅。贵州，一个多情的地方，一见钟情的地方。只要牵手一回，就会记在心上……"

《多彩贵州风》的歌手郑涵月，用最动听的歌声表达自己对贵州这片土地的热爱之情；而《多彩贵州风》的主持人曹锦鹏，则用轻松幽默的语言带领观众进入一个载歌载舞的世界。十年来，这对"夫妻档"一直孜孜不倦的学习和探索，不仅把自己最美好的青春奉献给了舞台，也用自己独有的方式表达了对贵州这片土地的深深的爱恋，让越来越多的人了解贵州，爱上贵州。

案例评点

　　大型民族歌舞《多彩贵州风》集多民族风情为一体，以新颖的舞台展现形式为观众呈现一台既有身后文化底蕴、又有时尚元素，具备超强视觉冲击力的视听盛宴。在多个旅游平台、社交账号上，可以看到观众们对《多彩贵州风》的留言是好评如潮。《多彩贵州风》饱含了光阴的沉淀，表现出深刻的文化力量，在多个国家的巡演中收获众多海外观众的喜爱与赞扬，已成为享誉世界的一张贵州文化旅游名片。《多彩贵州风》引起了世人对贵州的关注，更为重要的是，让贵州人重新认识了自己的家乡，怎么去爱自己的家乡。

—— 本书编写组

非遗技艺锻造"博物馆收藏品级嫁礼"

——梦洁让高品质床品成为美好生活的载体与桥梁

摘要：本案例描述了梦洁将中国四大名绣非遗技艺注入床品的设计和应用中，尤其以婚庆产品作为一个特殊的场景化产品系列，在本年度推出"盛世婚典"秋冬婚庆产品，把古代精粹与现代艺术的大胆碰撞，赋予传统以新生，让如今的年轻消费者能在人生最重要的一天，感受到盛世婚典文化美好。

作为专注于高端床上用品65年的家纺品牌，梦洁率先引入高端原料、设计、工艺等进入到床上用品行业。其中，婚庆产品作为一个特殊的场景化产品系列，历年来，在梦洁的开发、生意层面承载着较高的战略意义。很多家庭的第一套床上用品，正是从婚庆产品开始。

图1　梦洁"盛世婚典"系列《敦煌传奇》

莫高窟的壁画，传承千年的图腾元素

2021年，中国经济腾飞、社会和谐发展，中国在各个方面领跑于世界，再现盛世景象。这让梦洁的设计师们联想到同样领先于世界之巅的中国唐朝文明。盛唐时期，各国朝拜，文化交融，艺术空前繁荣，唐朝也因此成为历代华夏文明的盛世朝代之一。

梦洁2021秋冬婚庆产品，即以盛世大唐为背景，从唐朝诗歌、舞曲、敦煌壁画等艺术瑰宝中汲取灵感，并结合中国非物质文化遗产的工艺精髓，携手非遗传承人，手绣还原盛世婚典。

敦煌莫高窟承载着超千年的历史文化，其中盛唐便是鼎盛时期。作为中西方文化的交融地区，这里诞生了众多灿烂的文化。梦洁婚嫁床品《敦煌传奇》，以盛唐宝相花、飞天藻井纹样为灵感，将其融于床品，寓意吉庆美满，更凸显地位的尊贵，传承盛世千年祝福。

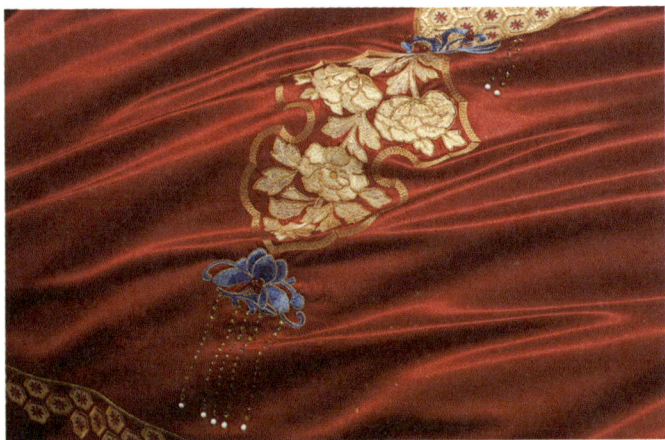

图2 "盛世婚典"系列主推款《翠相思》采用湘绣针法还原点翠之美

珍贵非遗手绣，重现帝王的点翠

"盛世婚典"系列主推款《翠相思》，取名自王维的唐诗《相思》中的名句："愿君多采撷,此物最相思"。梦洁联合四大名绣之一、国家级非物质文化保护生产基地、湘绣非遗传承人潘妍老师及团队，耗时126小时手绣开版，以点翠为主题灵感合作打造。

由于翠鸟是国家保护动物，点翠工艺日渐式微，湘绣非遗传承人采用湘绣针法，高度还原帝王帝后的点翠首饰的惊艳，复刻于盛世红的床品之上。

为了解决复刻手绣的难题，梦洁还通过记录湘绣大师的针法与针脚的变化，采用世界最先进的进口绣花设备，1∶1还原手绣技法，保证刺绣层次的细腻精致，大气高贵。

《翠相思》于2021年3月被湘绣研究所列入创新型非遗文化开创产品，手绣绣片在湘绣博物馆展出，该婚庆床品也因此被称为"博物馆收藏品级嫁礼"。

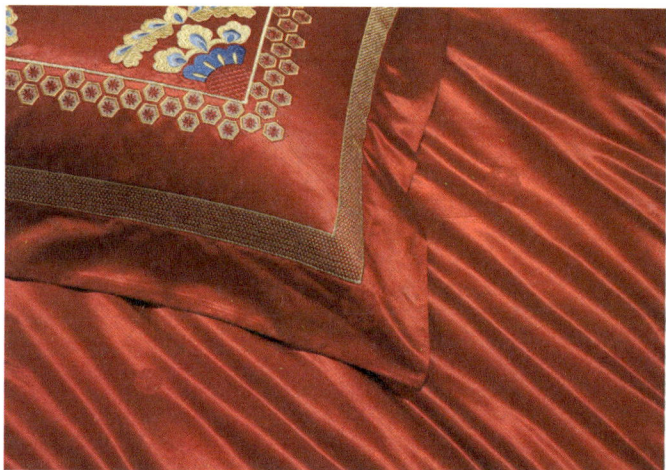

图3 "盛世婚典"系列以非遗技艺重现盛唐艺术

首创运用缂丝工艺，重新定义高端婚庆床品

缂丝又称"缂丝"，是中国传统丝绸艺术品中的精华。作为中国丝织业中最传统的一种挑经显纬、极具欣赏装饰性丝织品，耗时耗力、擅长织就的工匠甚少，缂丝自宋元以来便是皇家御用织物之一，常用以织造帝后服饰、御真（御容像）和摹缂名人书画。对于百姓而言，缂丝是远比黄金还要珍贵的存在，因此常有"一寸缂丝一寸金"的盛名。

因缂丝织造过程极其细致，摹缂常胜于原作，而存世精品又极为稀少，成为当今织绣收藏、拍卖的亮点。被誉为"织中之圣"的缂丝制品具备了工艺与艺术双重价值，梦洁率先将缂丝挑经显纬的织造技术应用于婚庆床品上，还原缂丝立体轻盈之美，重现盛唐时期宝相花开的惊艳景致，寓意美好。

图4 《敦煌传奇》采用皇家御用缂丝工艺，重现盛世婚典

古今工艺精粹融贯碰撞，再现中国文化艺术盛世

"我们的床品和传统印象里是完全不一样的，这得益于我们对外界的触觉和灵敏度。"梦洁集团董事长姜天武在采访中向记者表示，"我觉得视野要开放，把设计做得更具有全球化视野，好的资源会引进来，也邀请设计师用国际语言解读中式元素，互相学习、互相成就。"

作为床上用品行业的代表性品牌，梦洁一贯坚持汇通古今、融贯中西。2021年4月，梦洁在长沙发布了"2021高端战略"，正式任命LV前御用设计师Vincent du SARTE为全球床品研发中心（法国巴黎）创意总监，并聘请清华美院教授张宝华担任国风美术设计顾问，以践行品牌"100%精选全球原料与设计"的理念，据了解，在"盛世婚典"与新中式的作品中亦倾注了张宝华教授的专业指导。

姜天武告诉记者，随着多年国内设计人才的培养、与外国设计团队的交流磨合，以及近年来梦洁将中国四大名绣非遗技艺注入床品的设计和应用中，惊艳于世界舞台，收获了来自国际同行的认可与尊重，这让他更加有自信，"中国家纺行业目前完全走在世界前沿，尤其我们的工艺更认真、更讲究、更有细节。"

2021"盛世婚典"婚庆系列作为梦洁的年度巨制，以极致匠心与珍稀用料和与时俱进的工艺设计，并探索使传统的刺绣技法和工艺能够通过现代化设备进行传承，赋予传统以新生，也让如今的年轻消费者可以在人生最重要的一天，感受到盛世婚典文化美好。

案例评点

"我欣赏中式的典雅与韵味，但也喜欢西式的时尚和浪漫。当西式浪漫遇上中式传统，创新与专业是匠心的诠释。梦洁一直致力于为消费者提供高品质床上用品，在设计领域不断创新突破，打造出床品中的高定，创新实力领先行业。"

——中国服装设计师 兰玉

自发

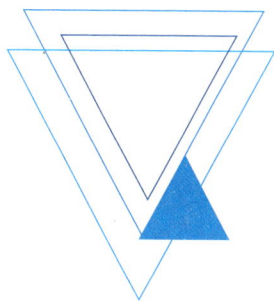

——社会责任　公益担当

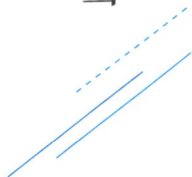

社会责任开篇语

中国七十多年的发展能取得如今的辉煌成就，其中一个根本原因是中国共产党始终将不断提高人民群众的生活水平，不断满足人民群众日益提高的物质、精神生活需求放在重中之重的位置。2021年7月1日，习近平总书记庄严宣布中国全面建成小康社会。在这个大背景下，脱贫攻坚工程全面转向乡村振兴战略，共同富裕的理念也在神州大地上不断深入人心。

共同富裕是指全体人民的富裕，但不是"同时富裕、同步富裕、同等富裕"，而是一个渐进实现的过程。中国已经全面建成小康社会，在这个基础上，要继续把做大蛋糕和分好蛋糕两件事情办好，同时要大力鼓励和推动先富带动后福，先富帮助后富，大家携手实现共同富裕。这一点，在中华民族全面推动实现伟大复兴的今天，已经越来越成为大家的共识，也越来越成为许多先行者和先进者自动自发地行为。

践行教育平等，在本书案例中，您可以看到波音中国坚持优化航空科普教师培训体系，立足自身优势拓展乡村学子的眼界。"放飞梦想"作为助力乡村地区学校航空科普教育的启蒙"第一课"，已累计带领13万名青少年畅览飞行背后的奥妙。

践行法律服务，在本书案例中，您可以了解到炜衡律师事务所筹建懂农村，爱农村，爱农民的队伍，通过送法下乡、宣讲民法典、现场法律咨询、法律援助、赠送书籍等形式，以法律之长补乡村发展之短，以法治力量助推乡村振兴。也可以看到2021年虎牙公司推出反诈RAP，以生动活泼的形式在网络上广为传播，科普课堂、"反诈早茶"等反诈宣传也因为别出心裁的创意，广泛引起群众兴趣，使反诈意识深入群众的脑海之中。

践行金融普惠，在本书案例中，您可以了解到光大理财通过养老理财产品试点串联起集团旗下大健康平台生态圈的相关企业，养老社区、云缴费、养老保险、夕阳红旅游等，围绕金融、康养和医疗相结合，真正打造出全链条产品，为需求群体提供全面服务。

践行电商赋能，在本书案例中，您可以看到昔日的"土鸭蛋"，成了"网红蛋""致富蛋"，辛选直播为乡村搭建农产品上行渠道，除了切实的销量，更带来当地在区域品牌传播性上的积极变化。

践行实业帮扶，在本书案例中，您可以了解到龙湖帮助重庆涪陵等地区家庭困难残疾人进行危房改造、精准扶持残疾人创业帮扶基地，搭建残疾人致富平台和支持残疾人高科技领域就业创业等项目，不断投资支持重庆市涪陵区12个残疾人种养殖基地，辐射带动352户残疾人种养殖发展。也可以了解到澳优联合多方资源，通过爱心义诊、专业培训、科普教育、物资捐赠等多种方式，积极投身西藏营养扶贫工作，助力提升西藏母婴生活质量及营养健康水平，推动西藏更好、更快地发展，为健康中国战略目标的实现贡献一份力量。还可以看到在"双碳"目标全面提出的背景下，"秸秆托盘"项目作为企业践行"碳中和"发展理念的一个缩影，惠普通过将秸秆"变废为宝"，不仅实现了资源的优化配置、减少了环境污染，同时也缓解了大量使用木制托盘给森林资源带来的压力。

小康的路上一个人也不能少，共同富裕的康庄大道上更要惠及全体中国人，这是中华民族伟大复兴的不变底色，也是我们伟大事业的共同愿景。

在山野间播种航空梦

摘要： 本案例通过对波音航空科普教育项目"放飞梦想"的介绍，描述了波音携手友成企业家扶贫基金会，助力乡村地区学校突破师资与资金等因素的限制，推动乡村航空科普教育发展的相关举措。

2021年，波音公司立足自身于优势，持续优化航空科普教师培训体系，并通过"放飞梦想"科普教育项目，拓展乡村学子的眼界，培育他们科学创新的思维。该项目不久前在"教育的科学性和有效性"评估中，获得了较高评价。

数月之前，河南沈丘县范营乡东风小学的校长张积惠前往洛阳市参观学习。之后，张校长每每对人说起这次参观学习的经历，语气中就充满着惊奇与感叹："当我在洛阳某个学校的操场上，看到一架很大的、可以飞行的飞机模型，我心里就在想，我们学校的孩子什么时候才能有机会参加这样的航空科普课？"

作为一名扎根乡村多年的教育工作者，张校长多年来一直在探索如何能将优质的特色课程引入校园，帮助孩子们增长见识，开阔眼界。然而，由于缺乏专业师资和资金支持，范营乡的特色教育发展软件基础较为薄弱，尤其是像东风小学这样的农村学校，很难自行构建出系统化的创新课程体系。

作为一个有责任感的企业，波音公司于2009年创立了"放飞梦想"航空科普教育项目。该项目旨在增进中国青少年对航空知识的了解，培育下一代的创新思维。

2017年，波音携手友成企业家扶贫基金会，将高质量的航空科普教育资源输送至偏远地区，为那些有志于培养高素质人才的灵魂工程师们，带来了新的机会和可能。

确立分阶教学内容，优化教师培训体系

我真的能学得会航空知识吗？我能给学生们上好航空科普课吗？在接触"放飞梦想"项目的初期时，绝大多数参与该项目的乡村教师都会产生类似这样的疑问。

乡村教师的教授科目多种多样，有的主课教师甚至还要教授美术、音乐等艺术类课程，但几乎所有的乡村教师，都没有教授科技类课程的专业能力与经验。针对乡村教师的实际情况，"放飞梦想"为老师们设计了三年成长路径：

第一，邀请资深的航空科普专家，为乡村教师提供线上与线下相结合的公益教学实践培训；

第二，定期组织直播答疑活动，及时帮助乡村教师解决在课堂中遇到的困难和问题；

第三，在cctalk、哔哩哔哩、爱学堂等主流网络平台上传内容丰富的视频课程，方便参训的乡村教师灵活安排自主学习的时间。

图1　航空科普教育专家穆燕城在指导基础班教师放飞飞机模型

为进一步完善"放飞梦想"项目的培训体系，项目组与专家们专门总结了多年的教学经验，从2020年起，逐步确立起面向乡村教师的三级培训目标及内容，分别针对参训时长不同、专业基础不同的乡村教师进行因材施教。

其中，基础班的目标是帮助新加入项目的老师们，掌握基本的理论基础与简易套材的授课方法；提高班则要求教师尝试自主设计、组装模型，并进行探究式实验教学；而毕业班会进一步加大难度，对乡村教师开展操纵遥控飞机的教学指导和培训，并鼓励老师们策划和组织区域性的航空科普活动。

2021年，"放飞梦想"还面向已完成三年常规培训的优秀毕业教师，推出了"骨干教师成长计划"项目，从教学、教研、活动组织等多个方面助力乡村教师的职业发展。另外，项目组还在当地组织航空科普类教学培训，提升航空科普教学项目在当地的影响力。

培育特色校园文化，开阔乡村少年眼界

"放飞梦想"航空科普课程以航空科普知识讲解、飞机模型制作为主要内容，以动手实践及小组合作为主要模式，并以其独特性、趣味性和轻松的课堂氛围，广受项目校学子们的喜爱。

当然，航空知识的学习绝不仅限于封闭的教室，而是应该在更加广阔的天地之间。因此，除日常的课堂教学外，"放飞梦想"项目还会依据季节特点与当地特色节庆等，为项目校提供风筝节、航空科技节、远程邀请赛等校园活动的策划方案及资金支持。

形式多样的游戏和竞赛类主题活动，不仅通过寓教于乐的方式丰富了校园生活，也将课程的影响力有效拓展至校园的周边区域。就以航空科技节为例，授课教师仅需利用项目组提供的模型套材和小巧的物料工具，便能为全校学生设计出十余个科普体验项目。而学生们也可以通过参与回旋飞机绕标、弹射飞机穿靶和定点降落等游戏，了解飞行相关原理，锻炼动手实践能力与科学创新思维。

2021年8月，波音推出了一架以"放飞梦想"为主题彩绘飞机，同时还发布了一则记录飞机喷涂过程的短片。在视频短片中，镜头深入记录了波音舟山737的完工和交付过程，实景展现"放飞梦想"主题彩绘飞机从制定喷涂方

案、刻绘蒙片到完成喷涂，最后进行质量检测的全工艺流程。另外，更有一线工作人员亲自上阵，讲解与飞机喷涂相关的工作内容与专业知识。

图2 "放飞梦想"彩绘涂装飞机在波音舟山737完工和交付中心亮相

波音公司希望通过这次别开生面的航空科普课，引领身处边远地区的孩子们领略现代航空的工业之美，激励他们大胆创新，勇于逐梦。

持续拓展影响区域，厚植航空科普教育沃土

从2009年成立航空科普教育项目"放飞梦想"开始，破音公司已深耕航空科普教育领域逾十三载。

截至目前位置，"放飞梦想"项目已覆盖了甘肃、广西、河南等二十多个省市中的1600多所学校，累计培训教师近3800余次，配发模型套材近18万套，共计带领了13万名青少年畅览飞行背后的无限奥妙。在"放飞梦想"项目的支持与鼓励下，多位优秀学员代表考入航空航天专业，并立志为航空事业的蓬勃发展奉献青春与智慧。

经过多年的探索，如今的"放飞梦想"已逐步发展为较为成熟的项目模式。未来，项目组将继续推进系统化教学体系建设，加强针对航空科普教学方法的培训，并尝试为项目学校定制支持方案，鼓励学校教师建设个性化的乡村航空科普课堂。相信在各地教育工作者的配合下，"放飞梦想"项目将在

乡村地区生根发芽，为航空科普教育的发展源源不断地注入活力。

图3　重庆木楠小学航空科普教师汪久万带领学生们试飞回旋飞机

案例点评

　　由波音推出的"放飞梦想"航空科普教育项目立足于对乡村教育实际需求的探察，通过与项目学校的教师、学生及项目负责官员等利益相关群体的深度交流与实地调研，为乡村教师提供专业的航空教育培训，极力支持乡村学校开展航空科普课程与主题活动。

　　目前，"放飞梦想"项目在赋能乡村教师、丰富乡村学校科学课程建设及学校校园文化等方面，已经取得了显著的成效。

——21世纪教育研究院教育创新中心主任　郭婷婷

百亿养老理财启航，助力实现共同富裕

摘要：本案例描述了光大理财在成立两年之际，成功入选首批养老理财试点机构，并参与践行国家深化养老金融供给侧改革，进一步丰富了第三支柱产品和服务。

这两年中，光大理财积极布局参与多层次养老保障体系建设，并在服务实体经济、支持绿色低碳发展方面不断地探索实践。截至2021年8月，光大理财管理的产品规模突破1万亿元，在产品增速和增量上都有显著的提高。

光大理财之所以能够取得如此斐然的成绩，一方面，源自由光大理财构建的完善的"七彩阳光"净值型产品体系，为投资者创造了收益；另一方面，则因为光大理财明确自身定位，以融入国家发展之大局为己任，不断地优化管理体系和产品体系。

根据2021年9月银保监会发布的《关于开展养老理财产品试点的通知》（下简称《通知》），银保监结合国家养老或金融领域改革试点区域，选择"四地四家机构"进行试点，即工银理财在武汉和成都、建信理财和招银理财在深圳、光大理财在青岛开展养老理财产品试点，试点期限为一年。在试点阶段，单家试点机构养老理财产品募集资金总规模限制在100亿元人民币以内。

2021年10月，据银行业保险业第三季度数据信息暨监管重点工作发布会上发布的消息，相关机构的试点理财产品已经进入报备阶段，即将于十月底或者十一月跟广大的消费者正式见面。

银保监会副主席肖远企在金融街论坛"实体经济与金融服务"平行论坛上致辞时表示，随着社会对养老金融产品的需求进一步释放，第三支柱有着巨大的市场潜力。目前，我国60岁及以上老年人口约为2.64亿，占总人口的

18.7%左右，养老金融需求非常巨大。而我国居民存款已经超过90万亿元，可转化为长期养老资金的金融资产的金额也非常可观。在这样的大环境之下，规范发展第三支柱的基础和条件已经比较成熟。

作为首批养老理财试点机构之一，成立刚满两年的光大理财，将在金融监管部门的指导下，依托理财产品的创新和投研能力建设，进一步丰富第三支柱养老保险方面的产品和服务。如今，光大理财的管理规模已突破万亿，未来将如何更好地融入国家发展之大局，将成为光大理财公司需要思考的新课题。

丰富第三支柱

从监管角度来说，可以通过试点机构来深化养老金融供给侧改革，丰富第三支柱产品和服务形式；而对于像光大理财这样的公司而言，能够参与养老理财试点同样具有十分重要的意义。对于光大理财进入国家规定的养老理财试点名单，我们可以从以下三个方面进行解读。

首先，从金融产品层面来说，光大理财自成立以来，就构建了完善的"七彩阳光"净值型产品体系。该体系一方面能够提升公司的产品管理能力和投资风控能力，另一方面，还能在运营基础方面发力，进一步强化科技赋能。基于"七彩阳光"净值型产品体系，仅2021年上半年，光大理财就累计为投资者创造收益150亿元以上。

其次，从集团战略层面来说，光大理财能够通过养老理财产品试点，串联起集团旗下的所有相关企业，如光大养老的养老社区、光大云缴费的便民缴费、光大永明的养老保险，以及中青旅的夕阳红旅游等。光大理财借助全金融牌照及陆港两地的优势，打造出产融结合、金融与康养和医疗相结合的全链条养老保险理财产品，为消费者提供更加可靠的服务。

此外，光大理财公司的注册地青岛，还是全国唯一一个以财富管理为主题的国家级金融综合改革试验区。而养老理财恰是居民财富管理的重要内容之一。实际上，光大理财自成立以来就开始酝酿在养老保险领域布局。

2020年3月，光大理财发行了公司首款产品"阳光金颐享1号"，就是一款定位养老主题的净值型理财产品。"阳光金颐享1号"采用了五年期封闭式管理、运行两年后每年分配初始投资份额25%的形式，来满足养老客户的生活及医疗费用等流动性需求。

在参与此次试点之后，光大理财即将发行的养老理财产品，无论是在产品设计、风险波动处理机制，还是在申购赎回开放和管理等方面，都与现存的公募基金以及保险行业的养老产品有着明显区别。从整体上而言，光大理财未来推出的养老理财产品，将会更加符合中国养老主题投资的需求。

助力共同富裕

光大理财总经理潘东表示，养老金是各类要素市场的长线资金。通过养老理财试点方式汇聚的长线资金，对于促进资本市场发展，支持基础设施建设和科技创新改善，进而服务新旧动能转换，提高经济、发展质效等方面，都起着十分重要的作用。而此次养老理财产品的推出，也是国家金融监管部门深化金融供给侧结构性改革、推动共同富裕的重要举措之一。

理财业务对于实现共同富裕，共创美好生活，也具有十分重要的推动作用。在助力共同富裕方面，不仅仅是光大理财，其他多家理财公司也都有着相同的发展思路，即以产品为抓手，一方面通过完善金融产品体系，为用户提供差异化的服务；另一方面，还需继续完善投研能力，从投资理念和方法等多方面，优化社会资源配置。

光大理财公司还在投资布局方面，助力实现共同富裕。比如光大理财紧跟党和国家的大政方针做布局，参与了高速公路、体育场馆、学校等基础设施建设。自公司成立以来，光大理财已累计投资粤港澳大湾区、浙江共同富裕示范区等项目近500亿元。

另外，在发挥资管行业产融结合方面，光大理财公司还起到了增强金融普惠性的桥梁作用。

2021年，光大理财已累计投资普惠ABS近173亿元，用于支持小微企业、农业农村等领域发展，为乡村振兴、小微和民营企业的发展提供多层次、差异化的金融服务。

2021年上半年，光大理财还创新尝试了在城市保障性住房建设项目上的投资，通过支持某市的保障房中心公租房及其配套资产支持专项计划，切实保障城镇化进程中新市民、青年人的基本住房需求。

创新产品服务

无论是布局第三支柱养老保险领域，还是助力实现共同富裕，光大理财公司认为，打造创新的服务和差异化理财产品，始终是参与市场竞争的硬实力。

2021年，光大理财在产品创新上实现多个"第一"。

比如说，2021年9月27日，光大理财发布第一支"抗通胀"主题理财产品"阳光橙增盈抗通胀1号"。根据中国理财网显示，光大理财推出的"阳光橙增盈抗通胀1号"是目前第一支、也是唯一一支以"抗通胀"为主题的理财产品，该产品将满足用户通过资金端抗通胀的需求。

根据联合智评统计排名及其他官方数据显示，光大理财2021年上半年发行的"阳光橙增盈稳健1号、2号、3号"，三支金融理财产品累计销量已突破500亿元。其中，"阳光橙增盈稳健3号"，系光大理财2021年推出的阳光橙增盈稳健系列产品，资金募集规模高达159.9968亿元；"阳光金丰利增强（光大行庆专享）"的资金募集规模也达到了111.4472亿元。另外，截至7月16日"阳光橙增盈稳健1号"的年化收益率高达9.23%，显著超过普通理财产品4.2%~6%的业绩比较基准。

融入发展大局

2021年，光大理财差异化特色，还体现在将自身发展融入国家的发展大局之中。

在碳中和、碳达峰的背景之下，光大理财在绿色金融领域和ESG领域的投资也在逐渐提升。上半年，光大理财在节能环保、清洁生产、清洁能源、生态环境、基础设施绿色升级等行业，先后投资了绿色金融主题债券、节能减排、ESG、碳中和等相关项目近百亿元。

此外，光大理财分别在铁路、公路、水运、城市轨道交通建设等交通运输领域，电力、水利及清洁能源等绿色资源领域，以及城市更新、保障房和城镇老旧小区改造等城市建设领域做出了全新的布局规划。据统计，2021年上半年光大理财在上述领域中累计新增规模性投资超过了866亿元。

值得关注的是，2021年，九支基础设施证券投资基金（以下简称"基础设施REITs"）正式上市交易，这是国内首批基础设施方面的政权投资基金。而光大理财也分别以"战略配售、网下、网上"三种模式参与了这九支的基础设施REITs。此外，光大理财更是以"战略投资人"身份，深度参与了其中的六支证券投资基金，占投数量在众多金融机构中排行首位。

全面布局基础设施投资基金项目，不仅能够有效盘活基础设施存量资产、拓展基础设施投融资渠道、引导中长期社会资金投资基础设施建设，还能为投资者提供除了传统债券、股票之外的投资品类选择，使更多投资者能够享受到基础设施建设带来的红利。

案例点评

养老理财将通过长期限的投资策略来穿越周期、熨平波动，使得广大群众能够分享资本市场长期发展的红利，增加居民财产性收入，实现财富的保值增值，让投资者老有所养。

在共同富裕理念引导下，养老金融覆盖更多的灵活就业人口，成为具有普惠性质的重要民生工程。对于即将迎来快速发展的养老金融，银行、基金、保险、信托，作为养老金融服务重要供给方，应该抓住机遇，主动作为，在养老财富管理、养老资产管理、养老便民服务和养老产业服务方面，为客户提供全生命周期的金融养老服务。

——环球趋势案例编委会

扶农先扶志，用公益法律服务助力乡村振兴

摘要： 本案例描述了北京市炜衡律师事务所始终秉持着"人民律师为人民"的服务宗旨，深入贯彻落实党中央、国务院实施乡村振兴战略决策部署，持续开展深入人心的乡村公益法律服务，以扎实的法律专业知识助力"三农"工作，巩固拓展脱贫攻坚成果，推动乡村全面振兴。

长期以来，北京市炜衡律师事务所携手乡村政府，持续开展了"结对共建 法治同行"系列活动，通过送法下乡、宣讲《民法典》、现场法律咨询、法律援助、赠送书籍等形式，助力乡村法治建设，为乡村居民提供便捷、专业、精准、高效的公益法律服务。

与此同时，炜衡的律师还自发开展了公益实践活动，为乡村公益普法和法律援助倾注智慧、凝聚力量。炜衡律师事务所生动地展现了法律人践行社会责任的良好精神风貌。

2021年是我国脱贫攻坚战取得全面胜利的一年，也是全面推进乡村振兴的"元年"。然而，无论是在深度还是广度上，全面实施乡村振兴战略的难度都不亚于脱贫攻坚战，因此必须要有强有力的法治保障，才能确保乡村振兴战略政策实施的连续性和稳定性。

北京市炜衡律师事务所深入贯彻落实党中央、国务院实施乡村振兴战略，通过乡村公益法律服务将决策部署落到实处，赋能乡村法治建设，助力乡村振兴战略实施。

强国先强农，扶农先扶志。北京市炜衡律师事务所始终秉持的"人民律师为人民"的服务宗旨，充分发挥行业优势，坚持携手农村基层党组织开展"结对共建 法治同行"系列活动，将"学党史、践初心"的理念，切切实实地落实在为社会服务、为人民群众办实事上。另外，炜衡律师事务所还通过

送法下乡、宣讲《民法典》、现场法律咨询、法律援助、赠送书籍等形式，助力乡村法治建设，为乡村居民提供便捷、专业、精准、高效的公益法律服务。

图1　炜衡律师事务所与双新村"结对共建、法治同行"座谈会

送法下乡，提供村居法律服务

在党委书记、管委会主席张小炜带领下，北京市炜衡律师事务所始终坚持"党建带所建，党建促所建"的工作思路，坚持把党建工作放在核心位置。为了推动党史学习与公益普法在农村基层党组织扎实、深入、有效开展，炜衡律师事务所不忘初心，牢记使命，充分发挥村居法律服务优势和经验，以"结对共建、法治同行"系列活动助力乡村振兴。

图2　"结对共建、法治同行"活动现场

在活动现场，炜衡律师事务所集合了优秀的法律专业人才和丰富的法律文献信息资源，为村民们提供便捷、专业、精准、高效的公益法律服务。炜

衡律师组成的公益普法志愿者队伍，不仅会针对村民普遍关心的继承法、债务纠纷、婚姻家庭法等相关法律问题，进行耐心地解答，还会根据村民的实际情况，为他们提供专业的法律建议。

为了与乡村政府建立长久的结对共建关系，炜衡律师事务所还向乡村政府发出以下三点倡议：

一，定期组织开展各类活动，与律所建立良好的共建关系；

二，持续推进普法教育，强化乡村干部依法治村理念；

三，积极响应国家政策号召，扎实做好乡村振兴工作。

为农民工讨薪，维护村民合法权益

为了加大农民工法律援助力度，加快推进案件的办理，炜衡律师事务所针对农民工开展了多种形式的法律援助宣传，还为农民工特别设立了法律援助绿色通道，为农民工的欠薪案件优先提供公益援助，切实维护被欠薪农民工的合法权益。

2021年2月9日，炜衡律师事务所为农民工杨某办理其与某公司的劳动争议一案。在接案当天，炜衡的律师就联系了当事人，并全面细致地了解案情。炜衡律师发现，该案不仅存在一定的法律风险，而且胜诉的难度也相当大。

从接案开始到开庭前的数个月时间，炜衡的律师每天都会积极地与法院及相关部门联系，询问承办法官二审立案的有关情况。与此同时，律师还与当事人保持密切的联系，及时与其沟通案件的进展。在庭审过程中，因对方临时增加了诉讼理由，辩论也愈发激烈。在这样的情况之下，炜衡的律师凭借扎实的专业能力和充分的准备，回应了对方所有观点与主张。最终，该欠薪案件以农民工杨某胜诉、并在胜诉当天拿到所有赔偿款，为这个案件画上一个完美的句号。

运用法律专业知识和过硬的业务能力帮助农民工讨薪，只是炜衡律师为弱势群体提供法律援助的其中一项内容。但从社会的角度而言，维护农民工的合法权益，使他们的生活得到基本的保障，却有着十分重要的意义。

设置便民服务箱，破解沟通限制

作为"1+1"中国法律援助志愿者，为了让乡村同胞在遇到纠纷时能够及时获得法律援助，化解纠纷，炜衡律师在征得了受助县政法委、县司法局同意后，创新定制了一批"1+1"中国法律援助便民服务箱，挂在乡镇和人流量较为集中的村寨。村民可以通过拨打服务箱上电话，得到法律援助，或者把需要法律援助的信息投入便民服务箱。炜衡律师会按照服务箱里的信息，及时赶往最需要法律援助的村民身边，帮助他们解决问题。

"1+1"法律援助便民服务箱，为乡村同胞普法和提供法律援助方面，取得了良好的成效。之后，受助地区的司法厅还把便民服务箱作为法律援助"便民、利民、为民"的创新举措，向全省范围内推广。最终，小小的法律援助便民服务箱，慢慢地演变成全省范围内的"一村一标牌"便民法律援助服务。此后，全省的村民委员会都悬挂了"标牌"，推动法律援助网络由乡镇向村（居）延伸，做到了真正地服务于基层群众。

"1+1"法律援助便民服务箱的设置，不仅方便了人民群众寻求法律援助，也及时化解了村民之间纠纷，更好地维护了社会的和谐与稳定。

"四勤"工作法，将法律援助落到实处

在法律援助活动中，炜衡律师经常带上干粮跋山涉水，深入村寨、农户、工厂、学校等场所，宣讲政策法规，现场解答群众遇到的法律问题。另外，炜衡律师还力求做到与困难群众、边境同胞、下岗职工、未成年人、农民工等需要法律援助的人群，进行面对面地交流，竭尽所能为他们提供法律援助。

针对往年法律援助案件变化不大的情况，炜衡律师还与当地各部门负责人一起，深入村寨查找原因。另外，炜衡律师事务所还通过积极开展社会矛盾纠纷勤排查、法律援助勤宣传、法援知识勤培训、法援人员勤办案的"四勤"工作，主动为基层人民群众普及法律知识，并提供相应的法律援助。如今，云南省司法厅已将法律援助"四勤"工作方法作为经验，在全省范围内进行推广。

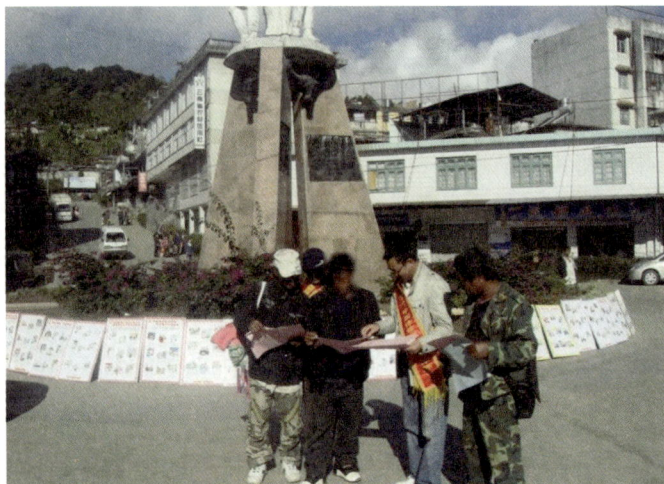

图3 炜衡律师事务所举办的普法宣传活动

为了进一步增强基层依法行政的意识，提升基层司法干警的业务水平，便于基层司法所更好地开展法律援助工作和卷宗材料归档管理等工作，炜衡律师事务所还将律师派驻到基层司法所值班，与司法所一起走访当地村民，以便更好地了解当地的情况。

炜衡律师花了半年左右的时间，收集整理了当地民事诉讼、民事非诉讼、刑事辩护、中彩金、矫正对象管理等法律援助案件，最终制作出一整套服务于基层群众的法律援助卷宗模板。之后，此模板也被云南省司法厅作为统一的标准，向全省的基层司法所推广实施。

公共法律服务是保障和改善民生的重要工作之一，也是全面依法治国的基础性、服务性和保障性的工作。在面向乡村的公益法律服务中，北京市炜衡律师事务所确定了"三类"服务对象：

一，农民工和农业生产经营人员。炜衡律师事务所会为此类人员对涉及其切身利益的劳动争议、土地纠纷、养殖种植、环境污染等事项提供法律援助；二，农村高龄、失能、失独、空巢老人，留守儿童、事实无人抚养儿童、留守妇女和重度残疾人等乡村困难群体；三，脱贫不稳定户、边缘易致贫户、因病因灾致贫户等。对于第二类和第三类需要法律援助的特定人群，炜衡律师事务所会应援尽援、应援优援。

与此同时，炜衡律师事务所创新实施了国家司法部倡导的"三办"工作法，积极推广"优先办、重点办、协作办"，力求做到法律援助服务高效化、便捷化、可及化，为乡村公益法律服务开辟"绿色通道"，优先援助对"三农"案件。除此之外，炜衡律师事务还针对行动不便的老年人、残疾人等受援人群提供了预约上门服务；而对于符合司法救助、社会救助的受援人，炜衡律师事务所还会主动引导并协助他们，向办案机关和民政部门申请救助。

乡村公益法律服务意义深远，一直以来，炜衡人都致力于以法律专业之长补乡村发展之短。未来，无论炜衡人是在天南，还是在海北，都会全心付出，共同担当，为助力乡村振兴提供法律专业方面的支持。

案例点评

实施乡村振兴战略，是党的十九大做出的重大战略部署。推动乡村振兴，离不开一支懂农村、爱农村、爱农民的"三农"队伍。

炜衡律师事务所通过送法下乡、宣讲民法典、现场法律咨询、法律援助、赠送书籍等形式，以法律之长补乡村发展之短，以法治力量助推乡村振兴。以时不我待只争朝夕的精神投入到乡村法治建设中，努力引导广大人民群众形成办事依法、遇事找法、解决问题用法、化解矛盾靠法的良好法治环境，构筑乡村普法依法治理工作新格局，谱写乡村振兴新篇章。

——中央财经大学中国公共财政与政策研究院院长　乔宝云

反诈说唱+反诈早茶+系列直播

摘要：本案例描述了虎牙公司在2021年国家网络安全宣传周期间，推出了诸多反诈创新宣传举措。虎牙公司通过线下宣讲互动结合线上直播的方式，多渠道守护市民的"钱袋子"，为社会传播了正能量。

在国家反诈中心、广东反诈中心的指导下，虎牙公司推出了反诈说唱歌曲《Say No》。这首歌的歌名取"对诈骗说不，拒绝上当"之意，歌词部分重点科普了游戏诈骗、理赔诈骗、刷单诈骗和杀猪盘诈骗四种常见电信网络诈骗手法。虎牙直播通过政企联合宣传的形式，并运用了群众喜闻乐见的说唱形式，进一步扩大反诈宣传的传播范围，提升广大人民群众的识诈防诈能力。

此外，虎牙公司还联合广州番禺反诈中心，举办了一场"早茶反诈"公益活动。主办方制作了特色"反诈菜单"，以创新的手法将反诈小知识融入广式早茶的茶点之中，并针对网络诈骗高危人群——老年人群体，进行重点宣传。

作为有担当的线上直播平台，虎牙公司还联合相关政府单位推出了"网络安全科普课堂"的直播活动。虎牙视频通过直播的方式，从电信诈骗的起源到各种新型网络犯罪手法、从用户数据安全到个人信息保护，向广大观众进行了全面的网络安全知识科普。

近年来，不法分子利用互联网平台实施诈骗的手法不断翻新，隐蔽性也逐渐增强，不仅给互联网平台、用户甚至整个网络环境都带来了极大的困扰，也对社会造成了严重的危害。

为了进一步防范和打击电信网络诈骗，维护网络平台及用户权益，虎牙公司积极响应"全民反诈"号召，在国家网络安全宣传周（下称"网安周"）期间，充分发挥内容策划、传播渠道优势，组织策划了多场线上、线下的反诈科普活动，全力打造"线上+线下"双传播矩阵，尽可能地扩大网络安全宣传的传播范围。

在线上传播方面，虎牙公司与国家反诈中心、广东反诈中心联手打造了一首有趣的原创洗脑说唱歌曲《Say No》，并在《Say No》歌曲的MV中植入网安周专题页面及专属直播间。另外，虎牙公司持续开展原创内容策划、政企联动直播、专属直播间开辟、科普内容池搭建等工作，同时为反诈直播提供8M蓝光高清等直播技术支持。

在线下传播防线，虎牙公司联合广州番禺反诈中心，创新举办了一场"早茶反诈"公益宣传活动。虎牙公司将反诈小知识融入早茶的茶点之中，巧妙地结合了广府特色，推出了"舌尖上的反诈"这一创新的反诈宣传手法，将反诈小知识变得更加有趣，从而能够有效地传递给网络诈骗高危人群——老年人群体。

多方联合，打造反诈说唱

虎牙公司推出的反诈说唱歌曲《Say No》，歌名取"对诈骗说不，拒绝上当"之意，歌词部分则重点向人们科普了游戏诈骗、理赔诈骗、刷单诈骗和杀猪盘诈骗四种常见电信网络诈骗手法。据了解，《Say No》由虎牙安全员作词、《中国有嘻哈》著名歌手徐真真和著名音乐人杨溢升共同唱作。这首说唱歌曲兼具旋律感和节奏感，歌曲中多处以反复哼唱的方式，再配合形象的舞蹈手势，反复提醒广大用户对诈骗"Say No"，给观众留下了极为深刻的印象。

图1　反诈说唱歌曲《Say No》宣传海报

在《Say No》MV的剧情演绎方面，广东反诈中心警员和虎牙安全员与各个诈骗场景下的"诈骗份子"，通过沉浸式的互动，将剧情演绎得淋漓尽致。而MV的开头和结尾，则由热心的反诈大爷，通过的粤语广播喊话提醒。MV结束后的花絮部分，再次将正片中出现过的诈骗手法及专业名词重新解释了一遍，进一步强化反诈说唱的趣味性和记忆点。

《Say No》反诈说唱推出之后，就率先获得了公安部刑侦局和国家反诈中心的背书，并吸引了多地的政务新媒体号转发。现如今，该作品已上架QQ音乐、酷狗音乐、酷我音乐等主流音乐平台。截至2021年10月21日，《Say No》歌曲及其MV的总曝光量已接近5000万，全网MV播放量超过了300万次，进一步加强了反诈知识的宣传力度，提高了网民的反诈防范意识。

联手警官，推广科普课堂

在这次反诈科普活动中，虎牙公司旨在做网络安全的维护者，倡导公众树立网络安全防范意识。

为了保证2021年网安周系列活动的传播效果，虎牙公司还提前设计规划了"网安周"专属直播间，将反诈说唱MV《Say No》提前放在了专题直播页面。在2021年10月11日反诈专题直播开启的当天，直播间还开通了"反诈全攻略""安全守护课""阳光伴你行"等多个内容版块，向网民全方位地展示了网络安全知识。

2021年10月14日，虎牙公司还联合相关政府部门推出了"网络安全科普课堂"直播活动。在这次直播活动中，虎牙的人气主播小雨霏与警官在轻松有趣的互动中，向群众全面科普网络安全

图2　网络安全科普课堂直播

知识：从电信诈骗的起源，到如今演变出的各种新型网络犯罪手法，从用户数据安全到个人信息保护……

在虎牙直播间互动新玩法的加持下，此次反诈科普课堂的宣传效果极好，仅在直播半小时左右，直播间的在线人数就突破了三十万人次。

"反诈早茶"，创新宣传方式

2021年10月17日，虎牙公司联合反诈中心举办了一场"反诈早茶"公益活动。主办方将反诈小知识融入早茶的茶点之中，还创新制作出特色的"反诈菜单"。比如说，在韭菜猪红这道菜上，贴上印有"韭菜两行泪，警惕杀猪盘"的贴纸，并将这道菜重新命名为"警惕杀猪盘"；在白糖糕上用巧克力粉印上了"切莫刷单"字样，并把这道菜命名为"切莫刷单糕"；另外，叉烧包上也被插上了印有反诈宣传语的小旗，并取名为"包你稳阵"。虎牙公司还通过"线下宣讲互动+线上直播"的方式，并结合广府特色传统的早茶文化，主要针对网络诈骗高危人群——老年人群体进行重点宣传。

虎牙公司在通过"反诈早茶"和"反诈菜单"的创新方式，对网络安全反诈知识进行趣味科普的同时，反复提醒群众"不听、不信、不转账"，确保个人财产平安、"稳阵"，多渠道地守护了市民的"钱袋子"，为社会传播了正能量。

图3 茶楼推出的反诈茶点

　　"反诈早茶"一推出，就受到了央媒和党媒重点关注。央视新闻的《东方时空》《共同关注》《24小时》、央视财经《第一时间》，以及人民日报、新华社等央媒和党媒都对"反诈早茶"进行了重点报道。由新华社发布微博话题"粤式反诈早茶上桌""反诈早茶菜单"，话题阅读总量，更是高达1000万以上，连续多日占据新浪微博同城热搜榜首位。

图4　"反诈早茶"海报

　　在反诈科普线下活动方面，虎牙公司还参加了由广州市委网信办主办、越秀区委网信办承办的2021年广州市网络安全宣传周启动仪式。在启动仪式上，虎牙公司不仅设计了"反诈知识专场""安全法规专场"等主题的互动试题，还策划了个人信息安全体验互动活动。虎牙公司以沉浸式的互动体验，让人们更加深刻地体会到网络诈骗的危害，提高公众对个人信息安全重要性认知，增强个人信息的保护意识。

　　根据官方数据显示，2021年1月至8月，虎牙安全团队共协助公安机关破获诈骗案件603起，捣毁诈骗窝点25个，抓获犯罪嫌疑人91名，总涉案金额为1719万元。除此之外，虎牙公司还通过青少年反诈教育公开课、反诈直播进校园等活动，持续创新反诈宣传形式，提高全民的反诈意识。

案例评点

　　中老年人群体是反诈宣传的重点人群之一。此次，我们广州番禺反诈中心与虎牙公司共同策划了"反诈早茶"活动，希望能以新颖的形式将反诈科普和广东特色的早茶相结合，更好地引起人民群众，尤其是中老年人的关注和重视，让反诈意识深入人心。

——广州番禺反诈中心　黄警官

行远自迩，奔赴绿水青山之约

摘要： 本案例讲述了惠普作为全球领先的科技企业，积极践行可持续发展理念，在"秸秆托盘"项目中努力创新，最终将秸秆"变废为宝"的故事。

每年的秋收时节，中国都会出现大量废弃的秸秆。以往，这些秸秆都要集中焚烧处理，不但造成了资源的浪费，还严重地污染了空气和环境，但惠普却敏锐察觉到了秸秆作为环保材料的天然优势。

结合中国国情，惠普因地制宜、大胆创新，不断地探索秸秆托盘在中国落地的可能性。惠普还通过与供应商的密切沟通与合作，成功探索出一套成本可控、生产高效、质量优异的秸秆托盘生产方案，才让秸秆托盘真正地"飞入寻常百姓家"。

秸秆托盘的成功落地，不仅实现了资源的优化配置、减少了环境污染和森林资源的浪费，同时也为农民增产增收创造了有利条件，实现了社会效益和经济效益的统一。该项目也彰显惠普作为负责任的企业公民，主动承担社会责任、积极应对气候变化，"不以绿小而不为"的可持续发展理念。

2020年9月，习近平主席在第七十五届联合国大会上表示，中国将力争于2030年前实现碳达峰，2060年前实现碳中和。

2021年9月，在双碳目标提出一周年之际，习近平主席又在第七十六届联合国大会上，对于中国的绿色转型再次做出新的承诺。习近平主席表示，中国将大力支持发展中国家能源的绿色低碳发展，不再新建境外煤电项目。

习近平主席在碳中和问题上的频频表态，以及中国企业在低碳领域积极实践，不仅体现出中国作为负责任大国的格局和担当，同时也表明应对全球气候变化刻不容缓。

但是，碳中和的实现之路不能仅靠豪言壮语，还需要有壮士断腕的决心和勇气，彻底告别传统粗放的经济增长方式，将低碳发展真正落到实处。

负责任企业公民的"零碳"承诺

作为一家致力于用创新技术缔造美好生活的科技公司，惠普公司凭借在科学技术方面的不断创新和深厚积淀，不仅在商业领域取得了巨大的成功，也在全球科技发展史上留下了浓墨重彩的一笔。然而，惠普并不仅仅满足于财富的创造和利润的增长，还非常注重作为企业公民应当承担的社会责任。

自2001年发布了首份环境与社会影响报告以来，惠普已经连续二十年发布环境方面可持续影响报告，并为公司的可持续发展设立了清晰的目标。

面对气候变化带来的威胁和挑战，惠普积极推动本企业绿色转型，并坚定不移地朝着低碳发展的方向迈进。2021年4月，惠普发布了"气候行动目标"，承诺将通过实施一系列长期可持续发展策略，推出绿色环保的产品和服务，减少商业活动对整体环境的影响，实现覆盖生产、销售、运营等环节在内的全价值链的温室气体零排放，全面促进循环经济的发展。

另外，在碳排放方面，惠普承诺在2025年之前，公司全面实现碳中和；在2030年左右，实现价值链的温室气体排放减少百分之五十，并促进供应商的相关业务达到碳中和；到2040年，惠普公司争取实现整个价值链上的温室气体的净零排放。

惠普公司的宏伟目标为本企业的碳中和之路，规划出了清晰的方向与路径，同时也彰显出惠普全面践行低碳发展的坚定决心。

行远自迩，可持续理念的积极实践

不积跬步无以至千里，不积小流无以成江海。再远大的雄心壮志也需要脚踏实地的努力，作为科技行业领军者，惠普更是深谙行远自迩的道理。因此，惠普公司身体力行，将可持续发展的理念贯穿在日常生产运营中的方方面面。

惠普在中国开展的"秸秆托盘"项目，就是公司立足当下在可持续领域探索所进行的一次积极实践。

图1　秸秆回收

全面考量，寻求平衡经济效益和环境保护的最优解

托盘是现代物流运作过程中重要的装卸、储存和运输设备。作为20世纪物流产业的关键性创新之一，托盘的应用实现了物品包装的单元化、规范化和标准化，从而极大地提高物品装卸效率。因此，托盘是否能够高效运用是决定物流的成本和效率关键因素之一。

在众多不同材质的托盘中，木质托盘的整体制作成本较低，还可以随意定制不同尺寸和规格。简而言之，木质托盘不仅能够满足客户的不同需求，而且具有一定的价格优势。也正因如此，木质托盘成为目前全球使用最多的托盘。

作为全球知名的IT设备厂商，惠普每年运输数以百万计的IT设备，在运输过程之中，就需要使用的大量的托盘。单从成本角度来考虑，木质托盘无疑是托盘产品的最佳选择。然而，木质托盘的制作和使用，需要砍伐大量的树木，再加之木质托盘的使用寿命普遍偏短，这就进一步加重了对森林资源的破坏。

面对木质托盘给森林资源带来的压力，惠普一直在寻找可以平衡经济效益和环境保护的最优解。

图2　秸秆回收

因地制宜，让秸秆变废为宝

众所周知，中国是一个农业大国。每年秋收时节，中国都会有大量的废弃秸秆，需要进行集中焚烧处理，而这种传统的农业垃圾处理方式，不仅会产生大量污染空气的物质，造成雾霾天气，还给环境和人们的身体健康带来极大的危害。

在传统农业领域中，秸秆是农业生产中产生的一种废弃物，利用价值低。但是惠普公司发现，由秸秆加工制作而成的托盘，具有很多木质托盘不可比拟的优势。比如说，秸秆托盘不仅防潮、防虫、无甲醛、承载力强、不易变形，还便于组装拆卸，更重要的是秸秆的可降解性极强，因此它还是一种完美的环保材料。

惠普在敏锐地察觉到了秸秆托盘的天然优势，便开始积极探索让秸秆变废为宝、循环利用的可能性。作为秸秆的"资源大国"，中国具有强大的秸秆供给能力。于是，惠普因地制宜，对秸秆综合利用提供可持续发展的商业化思路。

低碳之路的创新挑战

虽然有了思路和理念，但要真正用秸秆托盘来替代木质托盘并不是一件容易的事情。面对复杂的现实环境，任何大胆创新的想法想要真正落地，都必须越过重重障碍，经过层层考验，才能在千锤百炼之后，顺利地"飞入寻常百姓家"。

以往，惠普所使用的运输IT产品的木质托盘，都是根据产品特性和尺寸大小定制的标准化产品，经过多年的积累，生产工艺已经十分成熟。对于如何平衡质量、产能和成本，供应商也总结出了一套行之有效的解决方案。而秸秆托盘作为一种创新的产品，虽然被各方寄予了厚望，但想要真正做到高性价比替代木质托盘，仍需要经历很长一段时间的摸索与探究。

秸秆托盘的诞生需要经过秸秆回收、切割、打碎、烘干、搅拌、塑性、热压、组装成品这一整套流程。在制作秸秆托盘的过程中，要确保每个环节都万无一失，才能打造出质量过硬的秸秆托盘产品。但秸秆托盘的生产制作是一项全新的工艺，前期的试错在所难免，而试错的成本也是一笔不小的开支。

为了解决生产成本方面的痛点问题，2016年，在"秸秆托盘"项目启动之初，惠普就与供应商进行密切沟通，共同寻求成本可控、质量优异的秸秆托盘生产路径。在多方的共同努力之下，秸秆托盘生产的综合成本终于做到了与木质托盘基本持平。

惠普在追求成本优化的同时，并未降低秸秆托盘的质量标准。为了最大程度提升秸秆托盘的使用效率，惠普对秸秆托盘的承重能力提出了与木质托盘同样高的要求。在设计秸秆托盘的时候，惠普和供应商就充分考虑了秸秆的特点。在经过精心地设计和制作之后，惠普终于成功打造出了可承重能力在1.2吨–1.4吨左右的、较为成熟的秸秆托盘产品。

与木质托盘相比，秸秆托盘虽然具有明显优势，但要真正完成托盘领域的"供给侧改革"，还有许多潜在的问题需要解决。而最迫切需要解决的问题就是如何突破产能瓶颈。

中国是惠普重要的生产基地，每年惠普从中国出口的IT产品数量非常之大，对于托盘的需求量可想而知。如果要用秸秆托盘来替代木质托盘，满足惠普的托盘需求，在产能上必须要实现质的飞跃。为此，惠普团队和供应商携手，不断地提升秸秆托盘生产技术水平，还通过对生产线进行自动化改造，提高生产效率。

从2020年开始，新冠疫情也给"秸秆托盘"项目带来了严峻挑战，但惠普团队并没有因此而退缩。惠普在确保工人生命健康安全的大前提下，积极恢复生产，推进产能爬坡。通过不断精进生产工艺，惠普秸秆托盘出货量从2017年平均每月出货量1000个，到2020年平均每月出货量6000个以上。在这短短的三年之间，秸秆托盘的月平均出货量增长了近六倍左右。

另外值得一提的是，秸秆托盘完全采用绿色工艺制造，是一款真正将可持续发展理念贯穿于全生命周期的绿色产品。

图3　惠普工作人员参加秸秆收储观摩会

不以绿小而不为，秸秆托盘成功落地

在多方的共同努力之下，承载着惠普可持续发展理念的秸秆托盘，终于在中国成功落地。作为全球首家使用秸秆托盘的IT公司，惠普在2017年1月至2021年10月期间，累计回收秸秆1.8万吨，并利用这些秸秆生产了三十六万个环保托盘。

惠普的"秸秆托盘"项目，不仅将废弃的秸秆变废为宝，还减少了环境污染、实现了资源的优化配置。与此同时，秸秆托盘的使用，还缓解了木制托盘给森林资源造成的压力。而秸秆托盘的推广，更是带动了产业链上下游的发展，为农民提供了一条新的增产创收途径，具有积极的社会意义。

随着生产流程和供应链管理的不断成熟，相信未来秸秆托盘产品的质量和成本都会得到进一步优化。另外，考虑到中国有限的森林资源地，因此导致的木质托盘成本不断上涨趋势，秸秆托盘将会越来越具有成本优势和推广价值。

惠普在"秸秆托盘"项目中的积极尝试，是企业践行可持续发展理念的一个缩影。为了实现全人类的共同目标，惠普一直秉持着"不以绿小而不为"的理念，在可持续发展的道路上不放弃任何一个低碳创新的可能性。相信随着惠普的一路摸索、一路前行，绿水青山也不再是遥不可及的梦。

案例点评

推广轻量化绿色新材料、扩大绿色托盘的使用场景和应用范围，是未来托盘领域的重要发展方向。在"双碳"目标实施的当下，秸秆托盘作为一款绿色环保的创新产品，具有极大的推广价值。

随着疫情之后全球经济的逐渐复苏，世界各国之间的经济贸易往来也日益频繁，对于托盘的需求量也将迎来一波井喷式的增长。因此，大力推广以秸秆托盘为代表的绿色托盘，对于积极应对气候变化、保护森林资源，以及实现可持续发展具有十分深远的意义。

——中国惠普可持续发展经理　刘芳

看12个残疾人创业扶贫基地的滴水效应

摘要：自2011年以来，龙湖公益基金会已先后捐赠了超过5000万元的资金，帮助重庆涪陵、巫溪等地区家庭困难的残疾人。截至2021年初，龙湖已帮助3769户残疾人增加收入总计6000多万元，受益人群超过10000人以上。

多年来，龙湖公益基金会不仅助力残疾人危房改造项目、还为残疾人创业帮扶基地搭建致富平台，支持残疾人在高科技领域就业创业。如今，龙湖仍然在不断完善"授人以渔"的帮扶链条，助力帮扶对象持续、稳定地"自我造血"，也让更多帮扶对象从"接受帮扶"向"帮扶他人"转化。

早在2014年，龙湖就与重庆残疾人福利基金会合作，在涪陵区推出了"溪流计划"。该计划主要针对农村家庭困难的残疾人，进行种养殖方面的创业扶持。当地的11位残疾人创业者成为此次"溪流计划"的首批扶持对象。

受益于此次"溪流计划"，11位残疾人创业者在成功实现脱贫增收之后，又建立起11个残疾人创业帮扶基地，助力了周边380户农村残疾人困难家庭的家庭创富增收。

在此基础上之，2021年，龙湖公益基金会又捐赠了近300万元，用于支持重庆市涪陵区12个残疾人种养殖基地。目前，该种养殖基地已经辐射带动352户残疾人在种养殖行业创业发展。

虽然这些残疾人的创业过程异常艰辛，但他们却选择了将爱心继续传递下去，帮助更多与他们一样家庭困难的残疾人。他们用实际行动，书写了一个又一个温馨而又感人故事。

爱心传承，杨安蓉资助50位残疾孩子

今年51岁的杨安蓉是"溪流计划"首批扶持的11位残疾创业者之一。

2000年，杨安蓉因病截肢，被鉴定为三级残疾。之后很长一段时间，她都活在病痛和截肢的阴影之中。

2003年，杨安蓉贷款承包了家乡的499亩荒山养羊，开启了自己的创业之路。

2006年，杨安蓉靠着养羊的收入，又投资种植了400多亩地的梨树。

2014年，龙湖公益基金会的"溪流计划"启动之后，撬动了区政府配套资金50万。杨安蓉从中申请到了20万元，又得到了区残联配套的10万元资助金，帮助家乡修通了几辈人渴望的公路。当1.5公里长、3.5米宽的公路通到村里的时候，几百个村民自发放鞭炮庆祝。

家乡的公路修通了之后，商贩可以直接到村里收购如谷子、土豆、水果、油醪糟等农村土特产。杨安蓉也可以将在深山种植基地里培植的观赏苗木，直接运往城区。公路的建成不仅给村民的出行提供了便利，也在一定程度上增加了他们的收入。

因为在困难的时候受到了帮扶，杨安蓉的内心逐渐埋下了"将爱心传承下去"的想法。

2020年，十多户残疾人创业者养殖场的猪得了猪瘟，导致猪全部都死了。杨安蓉得知了这个消息，立刻捐出了两万元，并为每户残疾人创业家庭送去一百只一斤重的小鸡。另外，杨安蓉联系了其他几个残疾人创业大户捐出三万余元，给受灾的另一位残疾人蹇海燕送去了五头母猪。

杨安蓉说，在她在创业最艰辛、生活最困难、最想放弃的时候，工商、残联、妇联等政府部分和龙湖这样的爱心企业帮助了她。现在，她也要将爱心的接力棒继续传递下去。

多年的创业历程，使杨安蓉深知其中的艰辛，所以她下定决心，等自己有能力，也要继续帮助残疾创业者。正因如此，现在她一直在资助残疾学生和残疾人的子女，帮助他们完成学业，希望他们通过学习知识文化，来改变自己和家庭的命运。

杨安蓉每年都会资助五名残疾人孩子，截止到现在，她一共资助了五十位残疾孩子读书求学。在资助的这些学生中，已经有两人成功考上了大学，其中一名学生读的是法学专业，另一名学生学的是计算机专业，这些孩子都亲切地叫她"杨妈妈"。

孩子们也受到了杨安蓉的影响，他们都希望自己能够努力成才，未来继续把这份爱心传承下去，让大爱得以延续。

回馈社会，彭从刚带动养殖致富

和杨安蓉一样，彭从刚也是一位残疾人创业者。

彭从刚两岁的时候患上了小儿麻痹症，但他从未向命运低头，靠着发展种养殖业和开办农家乐，他成为村里第一位残疾人企业家。如今，他已经拥有4000多平方米的养殖场和农家乐，占地约五十多亩的鱼塘，以及三百多亩的苗圃基地。

在彭从刚二十来年的创业过程中，也曾受到过涪陵区残联和龙湖公益基金会的帮助。为了回馈社会、政府和爱心企业，彭从刚决定带动更多的残疾人困难家庭增收致富。

彭从刚每年都会不定时地给残疾人困难家庭免费赠送种母猪和一百六十余斤的饲料，还为他们提供养殖技术方面的支持。在彭从刚看来，给残疾人雪中送炭，并不是简单地给他们送钱、送米、送油，而是要从根本上解决他们的困难，就像龙湖公益项目这样，帮助残疾人增收致富才是可行之策。

自2014年，龙湖公益项目"溪流计划"启动以来，彭从刚已经给残疾人创业家庭送出了一百二十头种猪。之后，他还会从这些家庭收购由种母猪所生的猪崽，帮助残疾人实现创业增收。目前，他已经帮助残疾人家庭实现了人均增收一万元以上。

公益反哺，蹇海燕继续传递爱心

二级肢体残疾人蹇海燕当年就是靠着"溪流计划"项目送来一头种猪，实现了万元的增收，走上养殖致富之路。蹇海燕的养殖场规模最大的时候，共养了两百多头猪，最高年收入达到十万元以上。

2014年，龙湖的"溪流计划"公益项目启动后，由马武镇板桥村2组的残疾人夏家权负责，搭建起了以专业合作社为基础的合作平台，通过"企业出钱向合作社购买种猪，赠送给残疾人，合作社为残疾人免费提供的养殖技术、销售等后续服务"的合作模式，对残疾人困难家庭实施精准扶贫。夏家权是养殖大户，他的养殖场最多的时候养了八九百头猪，他也是最早送种猪给蹇海燕的人。

"残疾人生存不易，生活更不易！光扶上马还不行，还要再送一程。"夏家权对残疾人创业帮扶深有感触，自搭建合作平台至今，他的电话都是二十四小时开机，随时为受助残疾人解答创业中遇到的各种问题，如今平台最大的特点就是"合作"。截至目前，"溪流计划"已经通过该合作模式为涪陵区龙桥、龙潭、马武、义和等多个乡镇街道的130名残疾人，免费赠送了一百三十多头种猪。

据统计，龙湖"溪流计划"的农村残疾人困难家庭种养殖创业扶持项目，在残疾人致富合作平台的基础上，共计投入创业扶持资金四百多万元，精准扶持了十二个残疾人的创业帮扶基地，辐射带动了周边七百三十余户农村残疾人家庭实现增收，成功改善了农村残疾人困难家庭的生活质量。

赠人玫瑰，手留余香。蹇海燕在夏家权的帮扶之下，成功实现创业增收之后，便开始反哺"溪流计划"公益项目。他同样采用送种猪的方式，带动了周边二十多户残疾人困难家庭实现增收致富。

从接受帮扶，到转身帮扶更多人，这也是龙湖公益项目的特有之处。如今这种行为，还继续在受助人群中扩散，他们不断地将手中"玫瑰"传递给更多人，从而使帮扶触及面由个体转向群体，受助人群正一乘十、十乘百地翻倍增长。

正如夏家劝所说，创业难，残疾人创业更难。做公益、做慈善，并不是简单的送油送米送钱，要把残疾人创业项目扶上马，还要让他们的创业项目发展得更好、更加长远。"溪流计划"是龙湖在残疾人公益帮扶领域的一次有益的探索。截至2021年初，龙湖先后捐赠资金超5000万元，用于重庆涪陵、巫溪等地区，实施农村贫困残疾人危房改造、农村贫困残疾人脱贫增收和残疾人高科技领域就业创业等项目，帮助3769户残疾人增加收入六千多万元，受益人群超万人。未来，龙湖公益基金将会在助老扶贫领域继续投入，开辟出一条全新的公益慈善之路。

案例点评

2022年，政府提出全面推进乡村振兴重点工作，其题中要义是产业振兴、人才振兴、文化振兴、生态振兴和组织振兴。在乡村振兴过程中，政府、公益组织发挥着积极作用，企业的公益行动亦是一支不可忽视的力量。

龙湖公益基金会通过资金扶持和创业帮扶相结合的方式，帮助乡村残疾人群体发展致富产业，并搭建致富平台，利用自身积累的庞大用户群体优势，为乡村开拓了产业振兴、消费帮扶的振兴乡村新路径。

在"授人以渔"的过程中，龙湖的帮扶对象不仅实现"自我造血"，还将这份善意传递下去，形成致富"传帮带"的效果，乡村产业因此而蓬勃发展，带动村民就近就业，携手共同致富。

龙湖在乡村振兴的探索与经验，为企业参与乡村振兴提供了新的思路，成为全面推进乡村振兴的一个企业范本。

——环球趋势案例编委会

一款海鸭蛋卖出3000多万枚，直播间成了品牌"孵化器"

——辛选直播为乡村搭建农产品上行渠道

摘要：本案例描述了江门海鸭蛋从地方土特产成长为区域标杆品牌背后的电商助力。电商通过直播带货助农，为乡村打开更多的产品销量渠道，也构建了乡村振兴的长效机制。乡村振兴战略是我国经济社会发展到一定阶段的必然结果，也是从过去依靠城市辐射被动发展到探寻可持续的乡村内生增长模式的转变。通过新兴的直播电商商业模式，可以打造产地名片、搭建农产品上行渠道，多渠道增加农民收入。从辛选集团助力江门海鸭蛋成为"地标品牌"来看，直播助农效果显著，不仅助力企业创造了超过3800万元的销售额，还间接带动当地增加1500多家养殖户，切实帮助了海鸭蛋上下游产业链的员工和养殖农户走向致富路。

"Hello，大家好，今天是爱心助农的活动，向大家推荐的这款海鸭蛋来自广东江门……"在直播间中，随着辛选主播的热情介绍，这款海鸭蛋销售量呈现出爆发式增长，不到5分钟的时间里，一件单品就卖出了47万单940万枚，销售额突破978万元。

借助直播带货，很多具有地方特色的农产品找到了新销路，并拥有了一张具有自身区域特色的"金名片"。江门海鸭蛋、贵州干炒辣椒、湖北土鸡蛋……如今，这些土特产早已成为网友购物车里的"常客"。

2021年，中央一号文件正式发布，明确了接下来的关键任务是做好巩固拓展脱贫攻坚成果与乡村振兴的无缝衔接。直播电商作为一种新兴的商业形式，为农产品产区带来了理念、资源、产业等全方位变革，并通过调动不同资源、技术，打开了产品销量渠道，带动了乡村产业升级。在直播电商的助力下，乡村将地方特产打造成区域品牌实现"自我造血"，多渠道增加农民收入，形成充沛的内生动力，构建乡村振兴的长效机制。

对于农民来说，最直观的感受就是直播电商拉动了农产品的销量，为农产品销售开了"一扇对外的窗"。从更广义的层面来说，在三农工作的重心向乡村振兴转移的过程中，直播电商给多个农产品产区带来了新理念、新资源、新产业的全面革新。

直播间里走出了"地标品牌"

江门市，地处广东省中南部、珠江三角洲西部。此地拥有绵延的滩涂，以及红树林资源，鱼、虾、蚬、蟹及海藻等物产资源丰富，是适合放养海鸭的原生态养殖场。正宗的江门海鸭蛋，会选用生长在海边、自然散养的海鸭产的蛋，经过烤制，蛋白偏茶色，蛋黄为松沙质地、细腻爽滑、口感咸香适中。

然而如此具有地域风味的食物，却始终未在全国咸蛋品牌中成功突围。其实，不少偏远或者电商不发达地区的农特产，因为渠道、物流等原因都无法售卖到全国，不被消费者所周知。

2019年9月，一家江门海鸭蛋公司通过助农活动首次选择与专业电商团队辛选合作，江门海鸭蛋的销量和品牌迎来转机——昔日的"土鸭蛋"，成了"网红蛋""致富蛋"。

数据显示，2019年9月，在辛选辛巴助农专场直播中，江门海鸭蛋数分钟内销售金额突破300万，登上当日天猫行业排名第一名；同年的"双11"购物节上，仅1分钟就售出了160万枚江门海鸭蛋；2020年"618"专场活动中，实现了2分钟成交45.6万单；2021年5月24日，该款海鸭蛋在辛巴直播间卖出23万单，销售额突破543万元……据统计，该款海鸭蛋在辛选直播间已累计售出3000多万枚，创造销售额超过3800万元。

图1　辛选直播销售海鸭蛋

电商助农，除了切实的销量，对于当地更大的意义在于，区域品牌传播性的变化。

现在，烤海鸭蛋已成为江门特色的农产品。2020年，江门市还举办了"中国广东·江门海鸭蛋云展会"，面向全国"云看客""云吃客"展现了江门海鸭蛋产业的独特魅力，打造区域品牌，探索原产地风味。

通过一次直播助农活动，江门海鸭蛋从此有了一张"金名片"，而更多带有地方区域特色的高质量农产品，又将如何"出村入城"？

业内人士坦言，农产品直播带货需要在平衡宣传经费、包装成本的基础上进行有效宣传，这样才能做到良性带货，生态带货。"关键在于'直播+供应链赋能+品牌孵化'三管齐下，包括选品要经由专业团队进行多次筛选，对产品进行升级调整，并且对发货、售后等环节进驻产业全程监测，这样才能让农产品'走出去'，成为地标品牌。"

图2　海鸭蛋从地方特产变成了包装精美的区域品牌

用"深耕"模式持续助农

直播助农的模式，打破了采购商、经销商的重重步骤，让消费者直观看到产品，能够短期内扩大销量和知名度，对农产品的宣传起到了积极的作用。但是，农产品上行仍在面临新问题。

一般而言，农产品属于高频低额消费品，具有短期内大量上市、生产周期性强等特点，其中水果、蔬菜、鱼虾蟹等初级农产品，保质期限短、运输成本较高；酒类、肉食加工品、速食食品等深加工农产品，耐储存性强、食品质量稳定。

而若要初级农产品、深加工农产品均能降低运输成本，合理规划生产周期，保证产品质量等，则需要在农产品上行的过程中，建立成熟稳定的产业链供给，打通物流运输体系，实现更多品类的以销定产。

为持续有效助力乡村振兴，辛选集团发挥自身供应链优势，为当地企业提供强大的选品品控、客服、智慧仓储物流等支持，深耕各大产业带，建立"头部主播+地标产品+IP升级"全产业链数字化应用，将"直播助农"常态化运营。在帮助一些区域做产品推广的同时，辛选集团更注重以供应链优势带动该地农产品产业链升级，孵化品牌，如使其包装更年轻时尚，适合电商销售和运输等，助力乡村产品真正走出去。

据悉，目前辛选集团已在云南、贵州、四川等地，实行了具体助农帮扶计划，挖掘引入当地农产品；推动供应链运营对于农产品的爆款打造和线上促销；通过直播专场推荐相关的农产品，进行品牌端产地溯源，帮助不同地区建立规范化、规模化的农产品上行渠道。据辛选官方统计，2020年迄今，辛选全国巡回助农直播总销售额已超6亿元，推动直播电商成了乡村振兴新引擎之一。

惠及企业员工及周边农户

电商直播助农，不仅仅对于品牌有意义，也切实帮助了海鸭蛋上下游产业链的员工和养殖农户。

当海鸭蛋在直播间打开销路后，江宁当地的海鸭养殖户数量也从原来的500家增长到2000多家。当地的海鸭蛋生产公司扩大了生产线，日生产能力可达70万枚左右，员工数量超过100人，年销售额突破亿元。同时，海鸭蛋生产公司与当地养殖户直接合作，定期收蛋，带动贫困养殖户致富，实现良性的生产模式。

据辛选集团相关负责人介绍，在摸清海鸭蛋生产制作周期后，其在年内可以组织多次有节奏的售卖活动，且将用户真实需求提供给品牌方和农户，帮助他们实现最短链路的消费反馈，以实现正向循环。同时，辛选集团还将直播经验传授给当地企业和农户，让当地百姓有效利用产地优势自运营直播。

当地海鸭蛋工厂负责人称，"这种公益精神已经感染到周围人，辛选通过直播给工厂带来了生机，我们在效益提升之后，也开设了低保户生产线，帮扶低保人群提高收入，还向周边学校捐赠了教具和书籍，希望把爱心传递下去，让当地人的生活都能越来越好。"

爱心会接力，小小一方屏幕，帮助乡村打造了产地名片、搭建农产品上行渠道，又间接帮助当地企业员工以及养殖户走向致富路。

屏幕背后，我们看到电商通过直播带货助农，打开了更多的产品销量渠道，也构建了乡村振兴的长效机制。在乡村振兴的推进中，需要以乡村特色产业为突破，调动不同的资源、新技术转化来为乡村创造出新的产业升级引擎。

案例评点

　　直播电商助力乡村振兴，最重要的是探索直播电商背后价值的挖掘和产业链关系，真正促进"产业＋互联网"的转型升级。不久的将来，直播将成为多数企业营销的必备工具。品牌对直播的功能价值诉求会越来越多样化，品牌传播、话题营销将成为直播电商的重要功能。

——中山大学广州直播电商研究院院长　张志安

科学性、系统性、持续性投身公益慈善事业

——澳优助力西藏营养扶贫

摘要： 本案例重点描述了澳优为提升西藏孕育人群营养水平，助力西藏营养扶贫，连续5年开展的公益项目——"澳优U基金海普诺凯格桑花母婴营养提升公益行动"。由于特殊的地理环境以及健康教育、医疗保健条件等问题一直影响着部分西藏人民，特别是母婴家庭的营养健康状况，为此，5年来澳优联合多方资源，通过爱心义诊、专业培训、科普教育、物资捐赠等多种方式，积极投身西藏营养扶贫工作，助力提升西藏母婴生活质量及营养健康水平，推动西藏更好、更快地发展，也为健康中国战略目标的实现贡献企业的一份力量。

2021年10月17日晚，一列从拉萨飞来的航班顺利降落在长沙黄花机场，展开了一场联动千里的爱心救助。带着社会各界的爱，患有先天性心脏病的9岁藏族男孩旦增抵达长沙，在机场出站口，他一眼便见到了等候他多时的湖南省儿童医院的医护人员和海普诺凯格桑花团队。在湖南省儿童医院、长沙市澳优公益慈善基金会（简称"澳优U基金"）、"顺丰公益基金会"共同的资助和努力下，小旦增在长沙顺利接受了"补心"手术，修复了通往健康的"心"路。

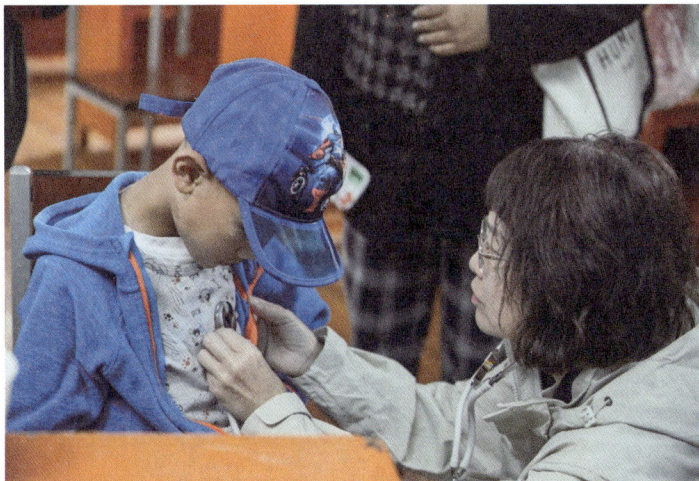

图1　2021澳优U基金海普诺凯格桑花公益项目开展期间，黄瑞文教授为旦增进行初诊

暖心的故事从一个公益活动开始

2016年，中共中央、国务院印发并实施《"健康中国2030"规划纲要》，旨在推进健康中国建设，提高人民健康水平。《规划纲要》提出制定实施国民营养计划，帮助提升营养健康信息化水平，改善重点人群营养不良状况，提升居民营养健康素养。随着广大贫困地区在经济上脱贫以后，在营养改善方面的需求日渐显著。

在此背景下，9月24日至30日，2021澳优U基金"海普诺凯格桑花西藏母婴营养提升公益计划"（以下简称"海普诺凯格桑花"）公益团队携手北京大学营养专家，湘雅二医院、湖南省儿童医院临床专家第5度走进西藏，在西藏拉萨、山南、那曲等地开展村医专干科普培训、爱心义诊及爱心物资捐赠等活动，致力于持续提升西藏母婴群体营养健康水平，小旦增即是此次项目的受益者。

实实在在地帮扶

2021年9月，"海普诺凯格桑花"项目开展期间，其公益团队在给当地村医进行专业培训时，发现一名9岁藏族男孩旦增的检查报告有问题，经检查其心脏上有一个5.17毫米的继发孔型房间隔缺损，这是一种常见的先天性心脏病，随着年龄的增长，患儿可能会逐渐出现疲惫、疲乏或者劳动耐量下降等表现，加之长期处于高原缺氧的环境，会影响孩子的健康成长，现下应采用封堵器封堵缺损部位以解除病症。

10月项目阶段性结束后，在湖南省儿童医院、澳优U基金"海普诺凯格桑花"项目、"顺丰公益基金会"多方联动资助和努力下，小旦增在长沙顺利接受了"补心"手术。湖南省儿童医院医师通过介入手术将封堵器成功植入他心脏上的缺损处，为小旦增修复了通往健康的"心"路。

"海普诺凯格桑花"于2017年发起，是澳优携旗下海普诺凯生物，联合北京大学公共卫生学院、西藏自治区红十字会、西藏大学、西藏母子协会等公益团队针对西藏母婴群体共同开展的公益项目。澳优U基金于2019年正式加入该项目。

该项目拟通过西藏孕婴知识科普能力提升、村医专干医疗专业技术水平培养、物质捐赠保障和专项救助基金帮扶等途径，持续提高西藏母婴人群对生命早期营养的关注，帮助孕婴人群养成更好的卫生、饮食和喂养习惯，助力孕婴人群健康素质提升。

今年，"海普诺凯格桑花"项目来到了西藏那曲，除了村医专干科普培训、爱心义诊及爱心物资捐赠等固定项的开展，还在那曲市儿童福利院揭牌成立了"海普诺凯乐梦空间"音乐教室。

创新的公益形式

从2017年到2021年，澳优U基金今年已是第5年在西藏开展公益，从助力母婴营养提升到帮扶人才培养，从物资援助到爱心义诊……在项目开展多年后还能为西藏人民带去什么？这是摆在"海普诺凯格桑花"项目组面前的问题。

"海普诺凯格桑花"项目组观察到，近年来，在西藏人民物质生活水平日益提升的同时，人们也期待更加美好丰富的精神世界。对西藏孩子们而言，用心的陪伴和教育是帮助他们创造丰富的精神世界，呵护他们成长的重要途径。

图2　奥尔夫课堂互动

因此，"海普诺凯格桑花"在项目原有辅助内容的基础上，今年创新性地提出以"乐"筑梦，以音乐教育为纽带，通过音乐教学开展，在陪伴中打造一个多元艺术空间为一体的音乐基地，以音乐来传递爱与正能量，为西藏儿童创造更加丰富的艺术世界。

今年项目组在那曲揭牌成立的"海普诺凯乐梦空间"即以奥尔夫音乐教育为链接。奥尔夫音乐教育体系是当今世界知名的三大音乐教育体系之一。在奥尔夫的音乐课堂中，音乐不仅仅是旋律和节奏，而是与儿歌说白、律动、舞蹈、戏剧表演甚至是绘画、雕塑等视觉艺术相联系，以培养全人格发展和创造性能力为宗旨。"海普诺凯乐梦空间"的设立，将有助于西藏儿童发掘出原本的、内在的音乐潜能，在音乐的节奏、节拍、旋律中激发更丰富的精神世界。

科学系统地"持续"

谈及未来的发展，"海普诺凯格桑花"提出了一个"十年规划"：在扶助方面，项目将坚持营养补给与精神补给并举；在学术方面，成立专项基金帮助贫困孕妇、患儿免费进行治疗；在基础设施方面，与当地医院、协会来合作，成立定点服务基站，常态化服务更多的人群；在科普方面，打造系列孕妈育儿知识科普讲堂、孕育知识手册、线上讲解音频视频，帮助当地孕妈人群更加科学育儿；在卫生水平提升方面，着重进行医护人员、社区卫生服务人员、志愿者团队的培养；与此同时，结合澳优的企业属性，建立西藏母婴数据库，针对高原孕婴常见疾病进行课题研究，探讨更针对性的营养解决方案。

公益不是一个人做很多，而是很多人做一点点。五年来，海普诺凯格桑花公益项目得到了西藏自治区红十字会的大力支持。西藏自治区红十字会表示，"从2017年到2021年，格桑花公益项目把爱的种子播散在了西藏很多地方，体现了企业的大爱和人道主义精神；也希望通过红十字会'人道、博爱、奉献'的精神，引导和号召广大爱心人士、爱心企业积极伸出温暖的手，把爱心传递到更多人的心中，让爱的力量像格桑花一样永远绽放。"

澳优执行董事、澳优U基金名誉理事长吴少虹也谈到，健康是人民对美好生活向往的重要组成部分。作为一家在营养健康领域持续深耕的企业，澳优有责任、有信心并且有使命持续投身公益事业，践行社会责任，同时也希望与更多爱心组织、爱心人士一起，共同来推动西藏母婴健康水平的提升。

据了解，从2017年的"格桑花　营养行"，到2018年"营养筑梦香巴拉"，再到2019和2021年的"营养匠心　让格桑花美丽绽放"。"海普诺凯格桑花"项目在驻地西藏5年时间，足迹遍布西藏多地，组织当地市政府、红十字会、妇幼医院单位、疾控单位等开展村医专干科普培训、爱心科普、爱心义诊及爱心物资捐赠等活动，助力提升西藏母婴营养健康水平，成功举行爱心义诊11场，爱心捐赠20次，学术交流19场，直接培训西藏村医专干800余人，覆盖母婴家庭2500余家，共捐赠价值454万的爱心物资及现金，也是被业内视为做得较有系统性、科学性和持续性的公益项目之一。

营养匠心，以爱传承。"海普诺凯格桑花"项目团队表示，未来澳优将联合澳优U基金汇聚更多力量及资源，共同致力于切实提升西藏孕育人群营养水平，为满足民众对美好生活的向往贡献力量，助推实现健康中国战略落地实施。

案例评点

澳优怀揣着"让营养与健康更美好"的初心，积极响应国家精准扶贫政策，结合营养健康食品企业资源优势，帮助西藏提升母婴生活质量及营养健康水平，在实现自身快速发展的同时，以科学性、系统性、持续性的公益行动践行企业责任与担当，用爱心传递温暖与力量，成为一名优秀的"企业公民"。

——环球趋势案例编委会

无障碍化改造促金融公平

摘要： 本案例描述了微众银行微粒贷致力于不断提升薄弱领域的金融服务能力与品质，并为此进行无障碍化改造，为残障人士提供了便捷的金融服务。针对听障用户，开通远程视频服务机制，提供身份核验流程、借款意愿核查等服务；针对视障用户，启动信息无障碍化项目，支持借还款以及客户咨询等功能读屏适配；此外，还更新升级了"微众银行零售服务"小程序，针对业务上的疑难问题，通过图文、语音等手段，辅助传图、传资料功能等多媒体交互服务方式，有针对性地服务不同用户。目前，小程序已累计服务咨询与办理业务超过8万人次，办理效率和用户的服务体验极大提升，获得了不俗的用户评价。

2021年，针对视障用户，微粒贷启动了信息无障碍优化项目，支持借还款以及客户咨询等功能的读屏适配，帮助视障人士获取无障碍的金融服务。为此，微粒贷组建了无障碍专项团队，主动与信息无障碍研究会紧密合作，多次深入开展调研交流，对产品进行无障碍改造，全方位提升视障人士的金融服务体验，让他们可以便捷地获取金融服务。

根据数据显示，目前，我国障碍群体（肢体残障、视力障碍、听力障碍等）总数已超2亿人，他们努力工作、自食其力、积极生活；借助信息无障碍改造和优化等技术手段，障碍群体就有机会平等享受互联网时代的诸多便利。

为了让更多的特殊群体享受数字经济红利，推动普惠金融发展，一直以来，微众银行悉心关注特殊客群需求，持续运用科技手段为残障人士提供便捷金融服务。微粒贷是微众银行面向微信用户和手机QQ用户推出的纯线上小额信用循环贷款产品。过去5年，微粒贷致力于通过各种技术手段，实现无障碍化的用户体验。

改造的一小步，体验的一大步

2016年，微粒贷客服在一次电话联系用户，进行身份核查时，发现对方为听障用户，无法进行交流；这一情况引起了大家的重视；按照传统金融机构办理贷款，交流障碍是最大的问题；而当前，我国拥有上千万听力障碍人群，这都会造成交流障碍，他们的金融需求该如何得到满足呢？

随后，微众银行微粒贷客服团队招聘了一名手语老师，为听障人士开通了远程视频服务机制，提供身份核验流程、借款意愿核查等服务，并逐步扩充了团队，保证听障客户同样能够享受到快速、便捷、安全的普惠金融服务。

图1　微粒贷App手语服务界面示意图

再进一步，让服务覆盖视障用户

2021年，针对视障用户，微粒贷启动了信息无障碍优化项目，支持借还款以及客户咨询等功能的读屏适配，帮助视障人士获取无障碍的金融服务。为此，微粒贷组建了无障碍专项团队，主动与信息无障碍研究会紧密合作，多次深入开展调研交流，对产品进行无障碍改造，全方位提升视障人士的金融服务体验，让他们可以便捷地获取金融服务。

事实上，早在2019年，微众银行便基于原有成熟的微粒贷手语客服团队，上线了"微众银行视频客服"小程序，专项用于手语客服的视频沟通和服务。此次随着信息无障碍优化项目的推出，小程序也面向微粒贷的听障用户开放，这也是微粒贷对手语客服服务的一次升级。听障用户可在小程序上面与专门的手语客服人员进行文字或手语交流，弥补了服务过程中的沟通问题，大大提升了听障人士的金融可得性。

随后，根据这一成熟的小程序，微粒贷更新升级了"微众银行零售服务"小程序，通过多媒体的技术手段服务不同人群。针对业务上的疑难问题，小程序即通过图文、语音等手段，辅助传图、传资料功能，通过小程序多媒体交互服务方式，方便不同用户快速定位、解决问题；同时也支持视频内容，快捷服务听障用户。

据了解，通过无障碍化的改造，微粒贷的无障碍化服务在今年已经覆盖听障、视障两大类障碍群体，为不同用户提供无障碍化的金融服务。

目前，小程序累计服务咨询与办理业务超过8万人次，办理效率和用户的服务体验极大提升，获得了良好的用户评价。

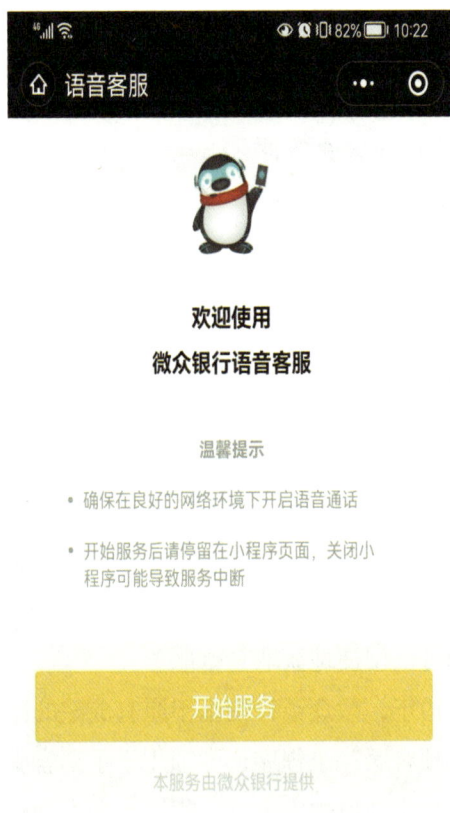

图2 微粒贷App语音服务界面示意图

图3　微粒贷零售服务小程序界面示意图

普惠金融，从服务开始

做普惠大众的金融服务，微粒贷从建立专业的手语客服团队，到打造服务障碍群体专属的小程序平台，始终在坚持为这一人群提供服务，倡导金融公平、促进普惠金融发展，肩负起企业社会责任，促进社会进步。

微粒贷是全国范围内第一家增设手语视频客服的银行借款产品；同时，微众银行零售服务小程序，是金融业中较早通过小程序视频服务为用户提供手语服务的尝试之一。

相较于传统银行进行手语培训，微众银行通过互联网手段，可以实现专业服务不同障碍用户的能力，不受时间、地域的限制，极大地提升了手语服务的覆盖面和可得性。

此外，通过现有手语客服渠道，微众引用也在积极进行手语金融知识视频制作，为听障用户群体，提供产品说明、金融知识和安全信息等内容，提升听障客户的金融风险意识，保护客户权益。

微粒贷将始终在坚持倡导金融公平、促进普惠金融发展，肩负起企业社会责任，促进社会进步。

（以上数据均截至2021年）

案例评点

据全国第二次残疾人抽样调查，我国听力障碍人数达2780万，是数量最大的残障群体，然而听障相关的基础配套设施和专业服务人员远远落后于群体需求。《中国听力健康报告（2021）》蓝皮书显示，80%听障群体有不同程度的理解和交流障碍。缺乏有效、充分、无障碍的沟通，是影响听障人群成长、教育、医疗、出行、就业等的关键因素。

微粒贷借助科技的力量，让金融服务"看得见，听得到"助力信息无障碍环境的建设，满足听障人群的精准需求，让全社会可以关注听障人群的现状，共同去倡导提升社会包容度，用一种开放的心态去接纳听障人群，去理解他们、尊重他们，营造更友好的社会环境。让城市建设有了温度。

——中国听力医学发展基金会